日商簿記1級

試験に

とおるトレーニング

工業簿記・原価計算 I

管理会計編

Net-School

ネットスクール出版

『日商簿記１級に合格するための学校　エクササイズ』からの主な改訂点

★２分冊構成で効率よく学習！

旧版（学校シリーズ）では「基礎編Ⅰ」、「基礎編Ⅱ」、「完成編」という３分冊構成であったものを、**『管理会計編』**、**『製品原価計算編』**の２分冊に再構成しました。

これにより、工業簿記・原価計算の各学習分野について、基本レベルから応用レベルまでをスムーズに学習を進めることができるようになりました！

また、基本的に、**『管理会計編』**は、試験科目の「原価計算」での出題内容に対応し、**『製品原価計算編』**は、試験科目の「工業簿記」での出題内容に対応しています。

これにより、トレーニングと試験科目が１対１で対応するため、直前期の答案練習などで「この内容、どのトレーニングに載っていたっけ？」と迷うことなく、効率的に学習することができます。

はじめに

選ばれし者達よ、さあ最高峰に挑もう！

商業簿記・会計学では**『収益の認識基準』**や**『時間価値の計算』**、工業簿記・原価計算では**『意思決定会計』**や**『予算実績差異分析』**といった、本当に力になる知識が、いよいよ皆さんの前に展開されてきます。それが、日商１級です。

これらの知識の修得は、日商２級という壁を超えるレベルの人にしか許されていない、というのが現実でしょう。でも、本書を手に取った皆さんは、既にその条件をクリアしていることでしょう。

すべての人の中で、簿記を学ぶ人の割合、その中で２級レベルまで修得した人の割合を考えれば、それだけでも素晴らしいことです。

では、この最高峰から見える景色を想像してみましょう。

今の知識は、皆さんの足元を固める存在になり、目には真実を見る力が、耳にはあらゆる情報をキャッチする能力が、足には利害を見ての行動力、手には物事を動かす力が宿っているはずです。そしてそこからは、峯続きに税理士、その向こうには公認会計士という人生も見渡せることでしょう。

つまり、**スーパーなビジネスパーソンや経営者になるにしても、税理士や公認会計士といった士（サムライ）業を目指すにしても、大いに展望が開ける、それが日商１級**です。

いま皆さんは、日商１級という名の大きな扉の前に立ち尽くしているかもしれません。

でも、よく見てください。

目の前にあるのは、**そんな大きな扉ではなく、商業簿記であれば現金預金、有価証券といった、いくつもの小さな扉が並んでいる**に過ぎません。**未知の扉を１つ１つ開けていく**というのは、これまで皆さんがやってきたことと同じです。

最後にこの扉をうまく開けるコツを、お伝えしておきましょう。

それは**「楽しむこと」**です。

これから目の前に展開されてくる１つ１つの扉を、ぜひ楽しみながら開けていってください。

この、楽しむという気持ちが、皆さんの未来を輝けるものにしていきますから。

CONTENTS

本書の特徴

ネットスクールでは、日商簿記２級を修了された方が１級に合格するまでの過程として、次の３段階があると考えています。

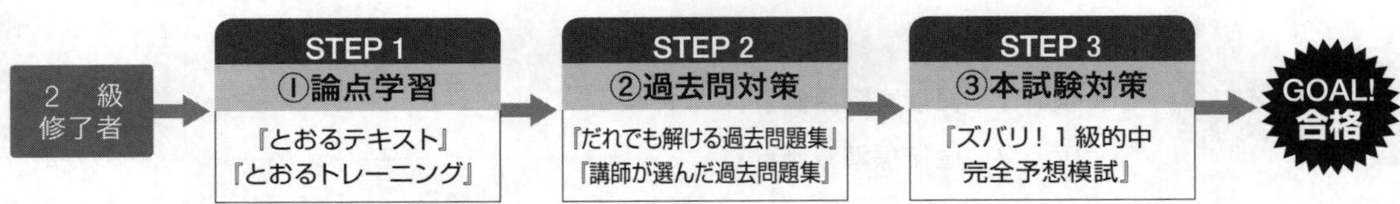

本書は、このうち**①論点学習を行うための問題集**で、２級を修了された方が「無理なく効率的に１級の内容をマスターでき、さらに次のステップの**②過去問対策**や**③本試験対策**に役立つ知識を身につけることができる」ように構成され、次の特徴があります。

❶ 良質の練習問題を厳選

『とおるテキスト』に完全対応。

また良質の練習問題を厳選して、収載しました。ぜひテキストとともに活用してください。

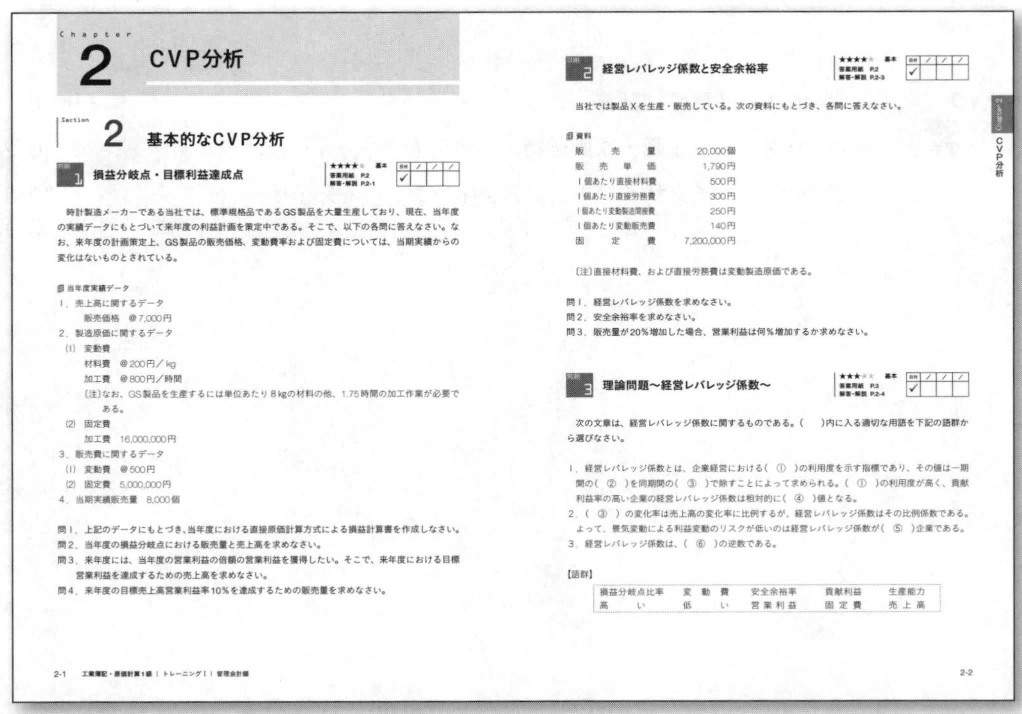

Chapter 2 CVP分析

Section 2 基本的なCVP分析

問題1 損益分岐点・目標利益達成点

★★★★☆ 基本　答案用紙 P.2　解答・解説 P.2-1

時計製造メーカーである当社では、標準規格品であるGS製品を大量生産しており、現在、当年度の実績データにもとづいて来年度の利益計画を策定中である。そこで、以下の各問に答えなさい。なお、来年度の計画策定上、GS製品の販売価格、変動費率および固定費については、当期実績からの変化はないものとされている。

当年度実績データ

1．売上高に関するデータ
　販売価格　@7,000円
2．製造原価に関するデータ
　(1) 変動費
　　材料費　@200円／kg
　　加工費　@800円／時間
　　〔注〕なお、GS製品を生産するには単位あたり8kgの材料の他、1.75時間の加工作業が必要である。
　(2) 固定費
　　加工費　16,000,000円
3．販売費に関するデータ
　(1) 変動費　@500円
　(2) 固定費　5,000,000円
4．当期実績販売量　8,000個

問1．上記のデータにもとづき、当年度における直接原価計算方式による損益計算書を作成しなさい。
問2．当年度の損益分岐点における販売量と売上高を求めなさい。
問3．来年度には、当年度の営業利益の倍額の営業利益を獲得したい。そこで、来年度における目標営業利益を達成するための売上高を求めなさい。
問4．来年度の目標売上高営業利益率10%を達成するための販売量を求めなさい。

2-1　工業簿記・原価計算1級｜トレーニングⅠ｜管理会計編

問題2 経営レバレッジ係数と安全余裕率

★★★★☆ 基本　答案用紙 P.2　解答・解説 P.2-3

当社では製品Xを生産・販売している。次の資料にもとづき、各問に答えなさい。

資料

販売量	20,000個
販売単価	1,790円
1個あたり直接材料費	500円
1個あたり直接労務費	300円
1個あたり変動製造間接費	250円
1個あたり変動販売費	140円
固定費	7,200,000円

〔注〕直接材料費、および直接労務費は変動製造原価である。

問1．経営レバレッジ係数を求めなさい。
問2．安全余裕率を求めなさい。
問3．販売量が20%増加した場合、営業利益は何%増加するか求めなさい。

問題3 理論問題～経営レバレッジ係数～

★★★☆☆ 基本　答案用紙 P.3　解答・解説 P.2-4

次の文章は、経営レバレッジ係数に関するものである。(　　)内に入る適切な用語を下記の語群から選びなさい。

1．経営レバレッジ係数とは、企業経営における(　①　)の利用度を示す指標であり、その値は一期間の(　②　)を同期間の(　③　)で除すことによって求められる。(　①　)の利用度が高く、貢献利益率の高い企業の経営レバレッジ係数は相対的に(　④　)値となる。
2．(　③　)の変化率は売上高の変化率に比例するが、経営レバレッジ係数はその比例係数である。よって、景気変動による利益変動のリスクが低いのは経営レバレッジ係数が(　⑤　)企業である。
3．経営レバレッジ係数は、(　⑥　)の逆数である。

【語群】

損益分岐点比率	変動費	安全余裕率	貢献利益	生産能力
高い	低い	営業利益	固定費	売上高

2-2

Chapter 2 CVP分析

❷ 過去問レベルまでムリなくステップアップ

工業簿記や原価計算の問題は、**設問と設問につながりがあり、少し応用的な設問までを正解しないと合格ラインに届かない**ことが通常です。そこで、本書では、各学習分野について、基礎的な問題から応用的な問題を収載しています。

これにより、全範囲の修了前に、学習分野ごとにすぐに過去問にチャレンジすることができます。

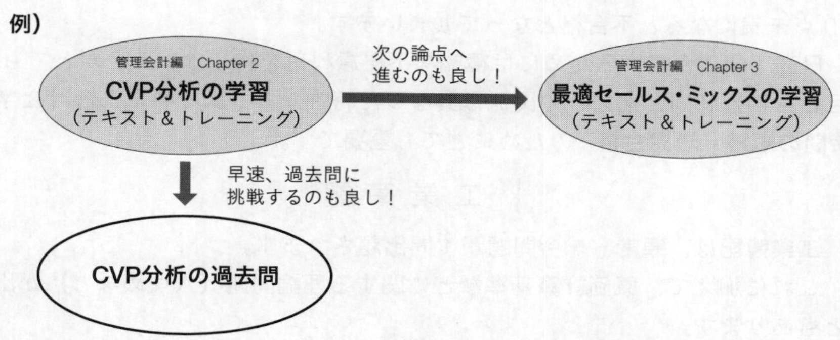

❸ 重要度が一目でわかる

本書は、読者の皆さんが効率的に学習を進められるように、問題ごとに重要度と難易度を示してあります。重要度と難易度の区別は次のようになります。

重要度

★★★★★：本試験によく出題され、必ず得点すべき問題

★★★★：
★★★　：　本試験にそれなりに出題され、得点できた方が望ましい問題

★★：
★　：　本試験では重要性がそれほど高くない問題

難易度

基　本：テキストレベルで比較的簡単に計算できる問題

応　用：基本問題と比較して、比較的計算・集計の手間がかかる問題

❹ 過去問題集『だれでも解ける過去問題集』(別売り)で、本試験への対応力を付ける！

『だれでも解ける過去問題集』の工業簿記・原価計算編は、過去問題の特に重要なテーマについて、一つの問題を分解して、難易度順に各設問を段階的に解いていくスタイルになっています。これにより、現時点の実力をチェックしながら、テキストの復習の重点箇所を把握することができます。

その次は、**『講師が選んだ過去問題集』**に進みましょう。数多くの過去問題から、受験生が解いておくべき問題がピックアップされていますので、短期間での実力アップを図ることができます。

日商１級の攻略方法

日商１級の試験科目は**商業簿記・会計学・工業簿記・原価計算**の４科目で各 25 点の 100 点満点で出題されます。合格点は 70 点ですが、各科目に 40%（10 点）の合格最低点が設けられていて、１科目でも 10 点未満になると不合格となってしまいます。

ですから、日商１級に合格するためには極端な不得意科目を作らないことがとても重要です。

また各科目とも学習時間と実力との関係は異なった特性があり、それにあわせた学習をすることは“**学習時間の短縮＝短期合格**”のためにとても重要です。

工業簿記

出題形式➡ 工業簿記は、通常、総合問題が１問出題されます。

これに加えて、原価計算基準などに関する理論問題（穴埋めなど）が出題されることもあります。

科目特性➡ 工業簿記の学習内容の多くは、２級の内容がベースになっています。近年の試験では、２級の受験生でも得点できる設問も珍しくありません。

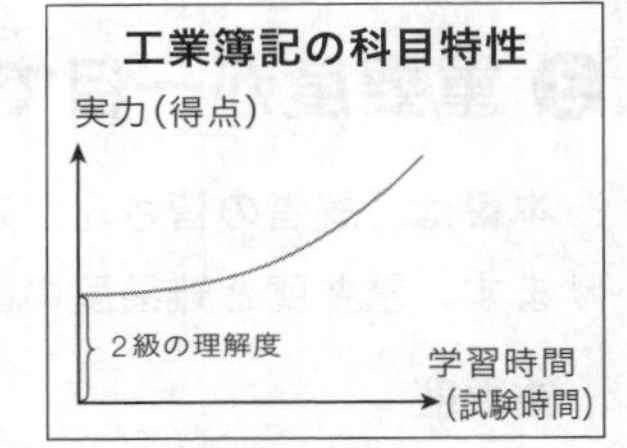

１級の工業簿記は、２級の内容に肉付けしていく学習となるため、２級レベルの理解度が学習の進み具合に大きな影響を及ぼします。

また、工業“簿記”なので、「帳簿への記入」に関する内容も重要です。例えば、総合原価計算での完成品原価や月末仕掛品原価の計算も大切ですが、それを仕掛品勘定などの勘定にどのように記入するのかまでを理解することが工業簿記の学習です。

学習方法➡ １級の学習をスムーズに進めるためには、まずは２級の内容が重要です。１級での各分野の学習前に２級の内容を復習し、１級の『テキスト（製品原価計算編）』と『トレーニング』での学習後に苦手を感じた部分は、再度２級の内容をチェックしましょう。

原価計算

出題形式➡ 原価計算は、通常、総合問題が１～２問出題されます。計算問題に加えて、理論問題（穴埋めなど）が出題されることもあります。

科目特性➡ 原価計算で出題の多くは、２級では学習していない分野（意思決定会計や予算管理など）からです。また、工業簿記に比べて、各分野が内容的に独立しているため、学習時間に比例して実力が伸びていきます。

学習方法➡ 『テキスト』（本書（管理会計編））と『トレーニング』で、まずは最後までひと通り学習しましょう。上でも触れたように、比較的各分野が独立しているため、苦手と感じる分野があってもそこに時間をかけすぎずに、いったん先に進むことが得策です。

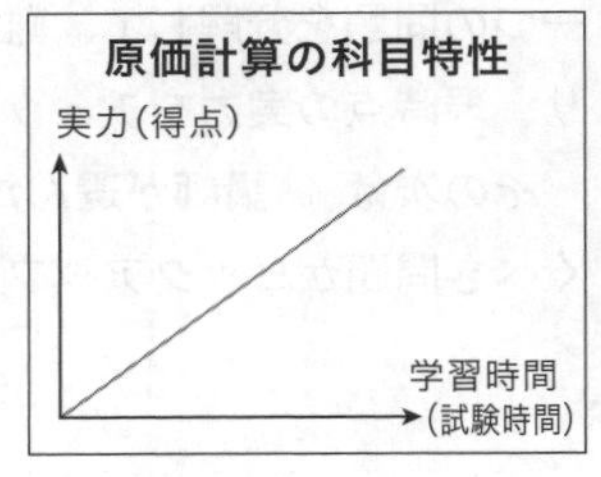

問題編

日商１級のプロフィール

1. 過去の合格率

年度	2014年		2015年		2016年		2017年		2018年		2019年	
回　　数	137	138	140	141	143	144	146	147	149	150	152	153
受験者数	8,738	9,931	8,108	9,087	7,792	8,416	7,103	8,286	7,501	7,588	6,788	7,520
合格者数	847	877	716	873	846	783	626	487	1,007	680	575	735
合 格 率	9.7%	8.8%	8.8%	9.6%	10.9%	9.3%	8.8%	5.9%	13.4%	9.0%	8.5%	9.8%
平均合格率	9.3%		9.2%		10.1%		7.4%		11.2%		9.2%	

※　139回、142回、145回、148回、151回、154回は２・３級のみで、１級は実施されていません。

2. 受験資格

年齢、性別、学歴、国籍など、一切制限はありません。日商簿記２級を持っていなくても受験できます。

注１　受験に際しては、本人確認を行いますので、必ず身分証明書（氏名、生年月日、顔写真のいずれも確認できるもの＜例＞運転免許証、旅券（パスポート）、社員証、学生証など）を携帯してください。身分証明書をお持ちでない方は、受験希望地の商工会議所（または試験施行機関）にご相談ください。

注２　刊行時のデータとなります。最新の情報は検定試験のホームページをご確認ください。
https://www.kentei.ne.jp/bookkeeping

3. 試験日

年間２回（６月、11月）実施されます。

4. 試験会場

全国の商工会議所、もしくは商工会議所の指定する会場。
詳しくは最寄の商工会議所または検定情報ダイヤルへお問合わせください。

5. １級の試験内容

級　別	科　目	配　点	制限時間	程　　度
１級	商業簿記	25点	１時間30分	税理士、公認会計士などの国家試験の登竜門。大学程度の商業簿記、工業簿記、原価計算並びに会計学を修得し、財務諸表等規則や企業会計に関する法規を理解し、経営管理や経営分析ができる。
	会 計 学	25点		
	工業簿記	25点	１時間30分	
	原価計算	25点		

※　１級の場合、１科目でも得点が40％（10点）に達しない場合、不合格になります。

Chapter

1 工業簿記・原価計算の基礎

Section

1 「工業簿記・原価計算」と管理会計

問題 1 理論問題～財務会計と管理会計～

★★★★★ 基本
答案用紙 P.1
解答・解説 P.1-1

日付	/	/	/
	✓		

次の各文章について、内容が正しければ○を、誤りがあれば×を答案用紙に記入しなさい。

1. 財務会計は、企業外部の投資家や債権者などの利害関係者に対して、必要な情報を提供するための会計である。
2. 管理会計は、企業内部の経営管理者に対して、必要な情報を提供するための会計である。よって、管理会計の計算は会社法の会社計算規則にしたがって行う必要がある。
3. 管理会計の一つの分野である意思決定会計は、企業外部の投資家がある企業に投資を行うべきかどうかといった意思決定のための会計である。
4. 工業簿記が製造業における簿記であるように、管理会計は製造業のための会計である。
5. CVP分析における損益分岐点は、貢献利益と固定費が等しくなるときの販売量や売上高のことである。

Section

2 原価計算の基礎

問題 2 理論問題～原価計算の目的～

★★★★★ 基本
答案用紙 P.1
解答・解説 P.1-1

日付	/	/	/
	✓		

次の文章は『原価計算基準』から、原価計算の目的に関する文章を一部抜粋したものである。空欄に入る適切な語句を解答しなさい。

原価計算には、各種の異なる目的が与えられるが、主たる目的は、次のとおりである。

1. 企業の出資者、債権者、経営者等のために、過去の一定期間における損益ならびに期末における財政状態を(　ア　)に表示するために必要な真実の原価を集計すること。
2. 経営管理者の各階層に対して、(　イ　)に必要な原価資料を提供すること。
3. (　ウ　)の編成ならびに(　ウ　)統制のために必要な原価資料を提供すること。
4. 経営の(　エ　)を設定するにあたり、これに必要な原価情報を提供すること。

Chapter

2 CVP分析

Section

2 基本的なCVP分析

問題 1 損益分岐点・目標利益達成点

★★★★★ 基本
答案用紙 P.2
解答・解説 P.2-1

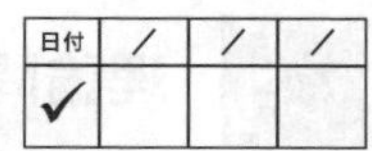

時計製造メーカーである当社では、標準規格品であるGS製品を大量生産しており、現在、当年度の実績データにもとづいて来年度の利益計画を策定中である。そこで、以下の各問に答えなさい。なお、来年度の計画策定上、GS製品の販売価格、変動費率および固定費については、当期実績からの変化はないものとされている。

当年度実績データ

1．売上高に関するデータ
　販売価格　@7,000円
2．製造原価に関するデータ
(1) 変動費
　材料費　@200円／kg
　加工費　@800円／時間
　〔注〕なお、GS製品を生産するには単位あたり8kgの材料の他、1.75時間の加工作業が必要である。
(2) 固定費
　加工費　16,000,000円
3．販売費に関するデータ
(1) 変動費　@500円
(2) 固定費　5,000,000円
4．当期実績販売量　8,000個

問1．上記のデータにもとづき、当年度における直接原価計算方式による損益計算書を作成しなさい。
問2．当年度の損益分岐点における販売量と売上高を求めなさい。
問3．来年度には、当年度の営業利益の倍額の営業利益を獲得したい。そこで、来年度における目標営業利益を達成するための売上高を求めなさい。
問4．来年度の目標売上高営業利益率10%を達成するための販売量を求めなさい。

経営レバレッジ係数と安全余裕率

★★★★★ 基本
答案用紙 P.2
解答・解説 P.2-3

日付	／	／	／
✓			

当社では製品Xを生産・販売している。次の資料にもとづき、各問に答えなさい。

資料

販売量	20,000個
販売単価	1,790円
1個あたり直接材料費	500円
1個あたり直接労務費	300円
1個あたり変動製造間接費	250円
1個あたり変動販売費	140円
固定費	7,200,000円

〔注〕直接材料費、および直接労務費は変動製造原価である。

問1．経営レバレッジ係数を求めなさい。
問2．安全余裕率を求めなさい。
問3．販売量が20％増加した場合、営業利益は何％増加するか求めなさい。

問題 3

理論問題～経営レバレッジ係数～

★★★★★ 基本
答案用紙 P.3
解答・解説 P.2-4

日付	／	／	／
✓			

次の文章は、経営レバレッジ係数に関するものである。(　　)内に入る適切な用語を下記の語群から選びなさい。

1．経営レバレッジ係数とは、企業経営における(　①　)の利用度を示す指標であり、その値は一期間の(　②　)を同期間の(　③　)で除すことによって求められる。(　①　)の利用度が高く、貢献利益率の高い企業の経営レバレッジ係数は相対的に(　④　)値となる。
2．(　③　)の変化率は売上高の変化率に比例するが、経営レバレッジ係数はその比例係数である。よって、景気変動による利益変動のリスクが低いのは経営レバレッジ係数が(　⑤　)企業である。
3．経営レバレッジ係数は、(　⑥　)の逆数である。

【語群】

損益分岐点比率	変動費	安全余裕率	貢献利益	生産能力
高い	低い	営業利益	固定費	売上高

損益分岐点、安全余裕率

★★★★★ 基本
答案用紙 P.3
解答・解説 P.2-5

日付	/	/	/
✓			

製品Sを製造販売する当社では、来期の短期利益計画を策定中である。当期の実績にもとづく損益計算書および来期計画予算上の損益計算書は以下のとおりである。

	当期実績	来期計画予算
売上高	1,000万円	1,200万円
売上原価	600万円	680万円
売上総利益	400万円	520万円
販売費及び一般管理費	200万円	220万円
営業利益	200万円	300万円

なお、上記の予算策定上、製品Sの販売単価、変動費率および固定費については、当期実績からの変化はないものとされている。また、期首・期末に仕掛品・製品の在庫はない。

問1．当期の損益分岐点売上高と安全余裕率を求めなさい。
問2．来期計画予算によれば、安全余裕率は何ポイント改善されるか。

Section 3 応用的なCVP分析

問題5 感度分析

★★★★★ 基本
答案用紙 P.3
解答・解説 P.2-6

日付	/	/	/
✓			

問1. 当社の次の資料を参考にして、×1年度の損益分岐点販売量を計算しなさい。

資料

×1年度のデータ

(1) 原価データ

直接材料費	@85円	／kg
直接労務費	@1,000円	／時間(直接作業時間)
変動製造間接費	@300円	／時間(機械加工時間)
固定製造間接費	1,000,000円	

(2) 製品単位あたりに要する生産要素の消費量

直接材料費	単位あたり	4kg
直接労務費	単位あたり	0.5時間(直接作業時間)
製造間接費	単位あたり	1.2時間(機械加工時間)

(3) 販売価格および販売費

販売価格	単位あたり	2,000円
変動販売費	単位あたり	300円
固定販売費		500,000円

問2. ×1年度の実績販売量は、3,500個であったとする。×2年度において変化が予想される条件を加味して、×2年度は×1年度よりも営業利益がどれだけ増加または減少するかを計算しなさい。なお、その他の条件は、×1年度と同じであると仮定する。

条件

×2年度に変化すると予想される事項

(1) ×1年度の販売価格を10%値下げする。これにより販売量は増加し、4,500個となる見込みである。

(2) 新設備を導入することによりランニングコストが増え、変動製造間接費は310円／時間となるが、製品単位あたりの機械加工時間が減少するため、製品単位あたり1時間の機械加工時間で済む見込みである。また、固定製造間接費も×1年度より50,000円多くかかる見込みである。

製品種類が複数のときのCVP分析（販売量の割合が一定の場合）

★★★★★ 基本
答案用紙 P.3
解答・解説 P.2-7

日付	／	／	／
✓			

当社では、製品Q、製品Rの生産・販売を行っており、次期の利益計画を策定中である。そこで以下の資料をもとに、目標利益額500,000円を達成するために必要な製品の販売量を計算しなさい。ただし、次期において製品Qと製品Rの販売量の割合は7：3で安定的であると仮定する。

資料

1．製品1個あたり変動費に関する予算データ

	製品Q	製品R
直接材料費	500円	1,000円
直接労務費	100円	450円
変動製造間接費	300円	550円
変動販売費	300円	400円

2．固定費に関する予算データ

固定製造原価	150,000円
固定販売費	30,000円
一般管理費	30,200円

3．販売価格に関する予算データ

製品Q	@2,000円
製品R	@5,000円

問題7 製品種類が複数のときのCVP分析（売上高の割合が一定の場合）

★★★★★ 基本
答案用紙 P.4
解答・解説 P.2-8

日付	/	/	/
✓			

当社は製品X、Y、Zを生産・販売している。次の資料にもとづき、当年度の①損益分岐点販売量、②安全余裕率を計算しなさい。期首および期末の仕掛品、製品はないものとする。

資料

当年度の予算データ

1．製品単位あたりの販売価格および変動費（単位：円）

	製品X	製品Y	製品Z
販売価格	8,000	5,000	3,500
直接材料費	1,800	1,200	800
直接労務費	1,400	1,000	400
製造間接費	1,100	800	500
販売費	500	500	225

2．固定製造間接費は6,456,000円である。

3．固定販売費は3,735,000円、一般管理費（すべて固定費）は2,759,000円である。

4．製品X、Y、Zの売上高の割合は常に2：2：1で一定であるとする。

5．各製品の予算販売量は、製品Xが3,500個、製品Yが5,600個、製品Zが4,000個である。

全部原価計算によるCVP分析

★★★★★ 応用
答案用紙 P.4
解答・解説 P.2-9

日付	／	／	／
✓			

当社では、全部原価計算を採用している。そこで以下の資料にもとづき、全部原価計算方式による当月の損益分岐点販売量と安全余裕率を求めなさい。

資料

1．製品1個あたりの予算原価

原　料　費	5,000円	（@500円／kg × 10kg）
変動加工費	3,500円	（@700円／時間×5時間）
固定加工費	1,500円	（@300円／時間×5時間）
	10,000円	

なお、固定加工費は年間加工費予算 3,600万円、年間正常機械加工時間 120,000時間をもとに計算されており、この 120,000時間を年間基準操業度として予定配賦される。

2．販売費・一般管理費予算

製品1個あたり変動販売費　@2,400円／個

月間固定販売費・一般管理費　1,372,000円

3．当月の計画生産・販売量

月初在庫量	400個
当月生産量	1,800個
当月販売量	1,900個
月末在庫量	300個

〔注〕月間計画生産量は、計画時当初は 2,000個であったが、近年の不況のため前月になって 1,800個に下方修正した。操業度差異は当月の売上原価に賦課するものとする。

4．製品1個あたりの予定販売価格は 13,500円である。

Section

4 原価の固変分解

問題 9 高低点法

★★★★☆ 基本
答案用紙 P.4
解答・解説 P.2-10

日付	/	/	/
✓			

当社における製造間接費と生産量に関するデータは、以下のとおりであった。高低点法によって原価分解を行った場合、生産量が1,100個のときの製造間接費発生額はいくらであると推測されるか。ただし、当社の正常操業圏は1,000個を基準としてその80％から130％である。

	製造間接費(千円)	生産量(個)
1月	48,100	950
2月	47,000	980
3月	51,500	1,020
4月	52,100	1,040
5月	55,000	1,260
6月	50,600	1,030
7月	48,300	1,010
8月	39,700	710
9月	47,800	1,000
10月	51,200	1,050
11月	45,100	930
12月	50,200	990

問題 10 最小自乗法

★★★☆☆ 応用
答案用紙 P.4
解答・解説 P.2-11

日付	/	/	/
✓			

当社の保全部には重要な費目として補助材料費がある。保全部門における保全作業時間と補助材料費の過去4カ月分のデータは以下のとおりであった。このデータから最小自乗法により変動費率と月間の固定費を計算しなさい。

	保全作業時間(x)	補助材料費(y)
9月	40 時間	23 万円
10	20	12
11	60	27
12	80	38
合計	200 時間	100 万円

Chapter

3 最適セールス・ミックス

Section

1 最適セールス・ミックス

問題1 最適セールス・ミックス1（共通の制約条件の数）

★★★★☆ 基本
答案用紙 P.5
解答・解説 P.3-1

日付	/	/	/
	✓		

問1．当社では製品Z_1、Z_2、Z_3を生産販売している。Z_1、Z_2、Z_3に関する次の資料にもとづいて、最も利益を上げることができる各製品の生産販売量を求め、そのときの営業利益を算定しなさい。

資料

	Z_1	Z_2	Z_3
販売単価	1,000円	1,400円	750円
1個あたり変動製造費	370円	600円	400円
1個あたり変動販売費	70円	80円	50円
製品1個あたり機械加工時間	2時間	3時間	1時間
製品の予想需要限界量	3,000個	5,000個	3,500個

Z_1、Z_2、Z_3の共通固定費 ……1,000,000円
利用可能な機械総加工時間……11,000時間

問2．当社では、製品X、Yを生産販売している。製品X、Yに関する次の資料にもとづいて、線型計画法により、最も利益を上げることができる各製品の生産販売量を求め、そのときの営業利益を算定しなさい。

資料

	製品X	製品Y
販売単価	15,000円	12,000円
1個あたり変動製造費	10,000円	9,500円
1個あたり変動販売費	2,000円	500円
1個あたり材料消費量	2kg	3kg
1個あたり直接作業時間	3時間	1時間
1個あたり機械作業時間	1時間	1時間

X、Yの共通固定費 … 12,000,000円
材料の利用可能量 … 36,000kg
最大直接作業時間 … 33,000時間
最大機械作業時間 … 13,000時間

最適セールス・ミックス2（最適セールス・ミックスの変化）

★★★★★ 基本
答案用紙 P.5
解答・解説 P.3-3

日付	／	／	／
✓			

当社では、製品A、Bの2種類の製品を共通の設備を用いて製造販売している。資料にもとづき各問に答えなさい。

資料

1．販売価格その他

製　　品	A	B
販　売　価　格	84,000円	57,600円
単位あたり変動費	64,400円	45,000円
年　間　固　定　費	1,306,000円	

2．製品1単位の完成に必要な生産要素の消費量

製　　品	A	B
直接材料消費量	2kg	3kg
直　接　作　業　時　間	4時間	2時間

〔注〕当社において利用可能な直接材料は年間290kg、直接作業時間は年間300時間までである。

3．その他

(1)　次期の製品の最大需要は、製品Aが50個、製品Bが90個であると見積もられている。

(2)　毎期末において、製品在庫は存在しないと仮定する。

問1．当社における製品A、Bの最適セールス・ミックスを答えなさい。また、そのときの年間営業利益を答えなさい。

問2．製品Bについては、将来さらに競争が激化し、値下げをする可能性が予想される。そこで他の条件変更はないものとして、この製品1個あたりの貢献利益が、いくらより少なければ問1で求めたセールス・ミックスが変化するかを答えなさい。

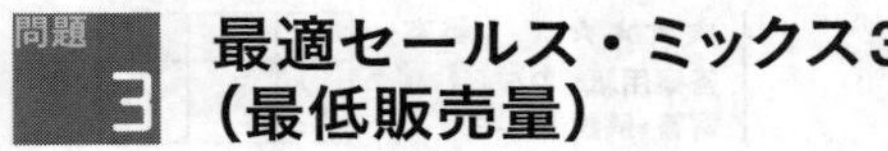

問題3 最適セールス・ミックス3（最低販売量）

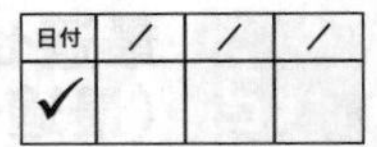

★★★★★ 応用
答案用紙 P.6
解答・解説 P.3-5

当工場は、製品A、製品B、製品C、製品Dの４種類の製品を製造販売している。従来、当工場は本社からの作業命令に従い各製品を製造販売していたが、次期からは当工場の権限のもとで各製品の製造販売を任されることになった。そこで、工場長は次期における第１四半期予算を編成している。次の資料をもとに以下の各問に答えなさい。

資料

1．第１四半期予算原案

製品	計画製造販売量	最低販売量	最大販売量
A	9,000個	4,000個	12,000個
B	7,000個	3,000個	7,500個
C	4,000個	2,000個	6,000個
D	10,000個	4,000個	15,000個
合計	30,000個	13,000個	40,500個

〔注〕最低販売量は、顧客との契約により必ず提供することを要するものであり、最大販売量はこの最低販売量を含む市場需要量である。

2．加工費

加工費については、高低点法による原価分解を行っており、最低操業度は5,000機械時間(34,000,000円)、最高操業度は18,000機械時間(60,000,000円)であった。

3．機械時間

製品	製品１個あたり加工時間
A	0.6時間
B	1.0時間
C	0.4時間
D	0.4時間

機械設備の最大生産能力は18,000時間であり、第１四半期予算原案における計画製造販売を行えば、機械設備はフル操業となる。

4．製品１個あたりの販売価格と材料費

製品	販売価格	材料費
A	2,000円	400円
B	7,000円	1,000円
C	9,000円	5,000円
D	5,000円	900円

問１．加工費の原価分解を行い、機械時間あたり変動加工費と固定加工費の第１四半期予算額を求めなさい。

問２．直接原価計算方式による計画損益計算書を作成しなさい。

問３．部長が予算原案を調査したところ、当初の計画製造販売量によるセールス・ミックスよりも営業利益を増加させることのできるセールス・ミックスがあることがわかった。そこで、当工場の営業利益を最大にする最適セールス・ミックスを求めるとともに、最適セールス・ミックスにおける営業利益が、問２で計算した営業利益よりもいくら増加するかを求めなさい。

問題4 最適セールス・ミックス～生産ライン上のボトルネック～

★★★★★ 応用
答案用紙 P.6
解答・解説 P.3-7

日付	/	/	/
	✓		

当工場では、部品aと部品bを自製して、製品Aと製品Bを生産している。各製品は、金属を溶解したものを自製部品に取り付け、それと買入部品とを組み立てて生産される。

なお、製品Aを1単位生産するには、金属1単位と、部品a 1単位と、買入部品1単位を必要とし、製品Bを1単位生産するには、金属1単位と、部品b 1単位と、買入部品1単位を必要とする。

次の資料を利用して、下記の各問に答えなさい。なお、当工場は、標準原価計算を採用している。

資料

1. 各部門の月間生産能力

	月間生産能力
金属溶解部門	900時間(機械作業時間)
部品a製造部門	1,800時間(機械作業時間)
部品b製造部門	1,800時間(機械作業時間)
組立部門	1,350時間(機械作業時間)

2. 1単位あたりの作業時間

	標準作業時間
金属溶解部門の標準機械作業時間	1.0時間
部品a製造部門の標準機械作業時間	2.0時間
部品b製造部門の標準機械作業時間	2.0時間
組立部門の標準機械作業時間	1.2時間

3. 1単位あたりの直接材料費

	直接材料費
金属溶解部門	8,000円
部品a製造部門	7,000円
部品b製造部門	6,000円
買入部品	3,000円

4. 製造間接費

各部門における製造間接費配賦基準は、機械作業時間である。

	固定製造間接費	変動製造間接費
金属溶解部門	2,000,000円	3,000円/時間
部品a製造部門	1,500,000円	2,000円/時間
部品b製造部門	1,500,000円	2,000円/時間
組立部門	1,000,000円	1,000円/時間

5．製品の販売価格

	販売価格
製品Ａ	40,000円
製品Ｂ	35,000円

6．製品の需要

製品Ａ、製品Ｂの需要の上限は、いずれも月間800単位と見込まれている。

問１．当工場において、製品Ａと製品Ｂの月間総販売量を最大化しようとするときに、もっとも制約となっている要素は何かを答えなさい。

問２．当工場における最適セールス・ミックスと、そのときの貢献利益を求めなさい。

Chapter

4 業務的意思決定

Section

2 特殊原価と差額原価収益分析

問題 1 理論問題 〜意思決定会計における原価概念〜

★★★★★ 基本
答案用紙 P.7
解答・解説 P.4-1

日付	/	/	/
✓			

次の文章は、意思決定会計における原価概念に関するものである。空欄に入る適切な語句を下記の語群から選びなさい。なお、同じ記号には同じ語句が入る。

経営者は、競合他社との激しい競争に対応し、企業価値を最大化するために、絶えず選択可能な代替的行動案の中から最良と考えられる行動を選択し、実行することで結果を導き出し、企業間競争力を高めている。

経営者は、代替案の評価において貨幣的要因を測定するために(　ア　)分析を行い、その意思決定に役立てている。ここで、代替案によって発生額の異なる原価を(　イ　)原価という。また、代替案によって発生額の変化しない原価を(　ウ　)原価という。さらに、特定の代替案を選択した結果失うことになる機会から得られるであろう(　エ　)の利益逸失額を(　オ　)原価という。

(　イ　)原価は、(　カ　)の支出原価と(　オ　)原価によって測定されるが、支出原価は現実に支出する現金の金額によって測定されるのに対し、(　オ　)原価は、現実の現金支出とは結びつかないという特徴をもつ。

【語群】

損益分岐点	未来	無関連	最小	機会
差額原価収益	関連	過去	最大	非原価

Section

3 差額原価収益分析のケース・スタディ

問題 2 追加加工の意思決定1（基本）

★★★★★ 基本
答案用紙 P.7
解答・解説 P.4-2

日付	／	／	／
	✓		

当社では、製品Xを生産・販売しており、原価計算方式として直接標準原価計算を実施している。今、製品単位あたりの直接標準原価の他、各製品固有の固定製造原価および固定販売費用などを考慮して、利益計画を設定する。そして、販売部門や製造部門の予算は当該利益計画にもとづいて編成される。そこで、資料にもとづいて以下の設問に答えなさい。

資料　当事業年度における利益計画設定の基礎

1．直接標準原価算定に関するデータ

(1)　製品Xは、直接材料を工程の始点で投入することによって生産される。この直接材料の標準価格は750円／kgであり、完成品1個あたりの標準消費量は4kgである。

(2)　直接工の標準賃率は1,500円／時間であり、完成品1個あたりの標準直接作業時間は3時間である。

(3)　変動製造間接費の配賦基準としては機械作業時間が用いられており、その標準配賦率は900円／時間である。また、完成品1個あたりの標準機械作業時間は2時間である。

2．その他のデータ

(1)　製品X1個あたりの販売価格は12,500円と見積もられており、また製品X1個あたりの変動販売費は700円と見積もられている。

(2)　市場における潜在的な需要量は4,000個と予想される。

(3)　計画生産量と計画販売量は一致させる。

〔設問〕製品Xはさらに追加加工することによって、より高価な製品Pとして生産・販売することも可能である。製品Pの価格は20,000円であり、製品Xを製品Pに追加加工するのに要する1個あたりの直接作業時間は2時間、機械作業時間は3時間と見積もられている。また、これにより追加的に固定費が6,300,000円発生する。なお、変動販売費は、製品Xのときと変化しない。このとき、当社として追加加工すべきか否かを判断しなさい。

Chapter 4 業務的意思決定

※次の問題の解答には、“連産品”の知識が必要です。本書のシリーズ『テキストII 製品原価計算編』で取り扱っていますので、初学者の方はその学習後に解いてみましょう。

問題 3 追加加工の意思決定2（連産品）

★★★★★ 応用
答案用紙 P.8
解答・解説 P.4-4

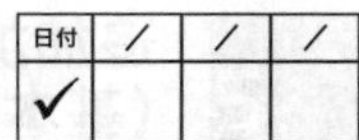

当工場では、原料Aを投入して、連産品B、CおよびDを生産している。その生産プロセスは、まずAからBとXを生産し（製造工程Ⅰ）、次にXからCとDを生産している（製造工程Ⅱ）。Xは、Aから最終製品CとDを生産する過程での中間生産物である。当年12月の生産計画および予想されるコストは、次の①から⑤のとおりである。なお、月初・月末仕掛品および製品は存在しない。また、最終製品B、CおよびDの単位あたりの市場価格は、それぞれ20,000円、12,000円および9,000円である。

① 9,000kgのAを投入して、Bを2,000単位、Cを4,000単位およびDを3,000単位生産する。
② 製造工程ⅠでAからBとXが分離されるが、その分離点までの製造原価は5,400万円である。分離点後のBの追加加工費（個別費）は900万円である。分離点における追加加工前のBをB´と呼ぶ。Xの追加加工は製造工程Ⅱで行われる。
③ 製造工程Ⅰの分離点におけるB´とXの産出量は、それぞれ2,000kgと7,000kgである。
④ 製造工程ⅡでXからCとDが分離されるが、その分離点までの製造原価は1,400万円（Xのコストを除く）である。CとDの個別費は、それぞれ400万円と200万円である。分離点における追加加工前のCとDをそれぞれC´とD´と呼ぶ。
⑤ 製造工程Ⅱの分離点におけるC´とD´の産出量は、それぞれ4,000kgと3,000kgである。

以上の条件にもとづいて、次の各問に答えなさい。

問1．物量（重量）を基準に連結原価を配賦し、各最終製品の単位あたり製造原価、および製品別の売上総利益を計算しなさい。端数が生じる場合には、小数点以下第1位で四捨五入すること。

問2．中間生産物B´、C´、D´およびXに外部市場があり、それぞれの1kgあたりの市場価格は、B´12,000円、C´11,000円、D´2,000円およびX8,000円である。分離点における市価を基準に連結原価を配賦し、製品別の売上総利益を計算しなさい。

問3．上記の各計算結果は異なっている。同じ製品が黒字であったり赤字であったりするかもしれない。それでは、どのような意思決定を行えばよいか。そこで、次の各場合の工場全体の売上総利益を計算しなさい。

⑴ BとDは生産するが、Cの生産は中止し、C´のままで販売する場合。ただし、C´は上記外部市場ですべて販売できるとする。

⑵ BとCは生産するが、Dの生産は中止し、D´のままで販売する場合。ただし、D´は上記外部市場ですべて販売できるとする。

⑶ Bは生産するが、CとDの生産は中止し、Xのままで販売する場合。ただし、Xは上記外部市場ですべて販売できるとする。

※次の問題の解答には、問題3と同様に、"連産品"の知識が必要です。

追加加工の意思決定3（連産品と副産物）

★★★★★ 応用

答案用紙 P.8

解答・解説 P.4-7

日付	/	/	/
✓			

当工場では原料αを投入して連産品A、Bと副産物Cを生産している。連産品AとBはそのままでも販売可能ではあるが、追加加工によりさらに価値の高い製品として販売することも可能である。現在、来期の製造計画の策定中である。次の資料にもとづいて、追加加工の可否について意思決定を行いなさい。

資料

1．第1工程について

(1) 第1工程に原料αを10kg投入すると、連産品Aは5kg、連産品Bは3kg、副産物Cは1kg産出され、残りの1kgは減損する。

(2) 来期の原料αの投入予定量は20,000kgであり連結原価は3,030万円である。また、副産物の評価額は30万円を見積もっている。なお、連結原価は物量基準により各連産品に配賦している。

2．第2工程について

(1) 第2工程は研磨工程であり、連産品Aは製品Xに、連産品Bは製品Yに加工される。歩留率は製品Xが80％、製品Yが60％である。投入量1kgに対する加工時間は、連産品Aが0.2時間、連産品Bは0.3時間である。また、そのさいの変動製造間接費は1,500円／時である。

(2) 研磨機械の年間生産能力（加工時間）は2,900時間である。

(3) 直接労務費は固定費であり、追加加工の可否にかかわらず同額であるため考慮しなくてよい。

3．連産品および製品の販売価格

連産品A	連産品B	製品X	製品Y
3,000円/kg	4,000円/kg	4,500円/kg	8,000円/kg

Chapter 4 業務的意思決定

問題 5　特別注文引受可否１（基本）

★★★★★　基本
答案用紙　P.9
解答・解説　P.4-9

日付	／	／	／
✓			

当社では製品Ｃを製造・販売している。本日、新規の顧客から製品Ｃを100個購入したいとの引合いがあったが、その販売価格は通常の価格の３割引という厳しい注文であった。そこで、以下の資料にもとづいて、各問に答えなさい。

資料

1．製品Ｃ１個あたりの製造原価

直接材料費	@2,750円×４kg	＝@11,000円
直接労務費	@5,000円×２時間	＝@10,000円
変動製造間接費	@2,000円×２時間	＝@ 4,000円
固定製造間接費	@3,000円×２時間	＝@ 6,000円
合　計		@31,000円

（注）年間固定製造間接費予算は6,000,000円、年間基準操業度は2,000機械作業時間である。

2．製品Ｃを製造する工場の製造能力は年間2,000時間であり、現在の製品Ｃの製造量は900個、そのための必要機械作業時間は1,800時間（＝900個×２時間）である。したがって、新規注文に応じるだけの十分な製造能力がある。

3．製品Ｃの通常の販売価格は@40,000円、変動販売費は@600円、年間固定販売費・一般管理費は600,000円である。なお、新規注文分の販売にあたっては、変動販売費のうち@300円が回避できる。

問１．この新規注文を引き受けるべきか否かについて、答案用紙の形式に従って答えなさい。

問２．新規の顧客に格安の価格で製品Ｃを提供することが明らかになれば、既存の他の顧客に対しても販売価格を引き下げざるを得ないとする。仮に@500円の値下げが必要であるとして、この新規注文を引き受けるべきか否かについて、答案用紙の形式に従って答えなさい。

問３．問２の結果を踏まえて、新規注文を引き受ける方が有利となるためには、この新規顧客に対する販売価格について最低いくらを超える値上げを打診する必要があるかを答えなさい。

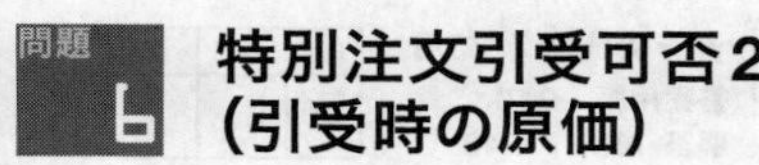

問題6 特別注文引受可否2（引受時の原価）

★★★★★ 応用
答案用紙 P.9
解答・解説 P.4-12

日付	／	／	／
	✓		

当社は自動車用のZ部品を生産する中小メーカーである。現在、来年度の生産販売計画を編成中であり、経理部が作成した来年度の予算案（直接標準原価計算による予算損益計算書）は、以下の資料1に示すとおりである。このとき、X社より来年度、Z部品を1個あたり19,500円で1,500個購入したいとの引合いがあったとして、この注文を引き受けるべきか否かを検討しなさい。受注に関するデータは資料2に示すとおりである。

資料1　来年度の予算損益計算書　　（単位：円）

1．売　上　高		100,000,000
2．変動売上原価		
直接材料費	45,000,000	
直接労務費	10,000,000	
製造間接費	15,000,000	70,000,000
変動製造マージン		30,000,000
3．変動販売費		8,000,000
貢献利益		22,000,000
4．固　定　費		
製造原価	15,000,000	
販売費及び一般管理費	3,000,000	18,000,000
営業利益		4,000,000

(1) 来年度のZ部品の予算生産販売量は5,000個である。なお、期首・期末の棚卸資産はない。

(2) 部品の原価標準は以下のように設定されている。

直接材料費：	3,000円／kg × 3kg ＝	9,000円
直接労務費：	1,000円／DLH × 2DLH ＝	2,000円
変動製造間接費：	750円／MH × 4MH ＝	3,000円
合　計		14,000円

〔注〕DLHは直接作業時間、MHは機械作業時間を表している。

(3) 変動販売費のうち4,000,000円は部品の輸送納入費である。

資料2　来年度の受注に関するデータ

1．直接工の賃率は年間直接作業時間が12,000DLHを超えると、その超過作業時間については1,300円／DLHになる。

2．追加的な生産を行うためには新たに機械をリースする必要があり、固定製造原価が7,000,000円追加的に発生する。

3．変動製造間接費配賦率は、操業度の水準にかかわらず常に一定である。

4．追加注文を引き受ける場合の当該追加注文における輸送納入費は、X社が負担する。

問題 7

特別注文引受可否3（最適プロダクト・ミックス）

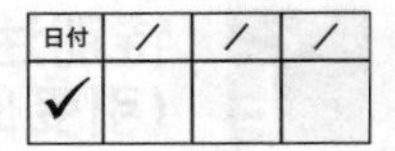

★★★★★ 応用
答案用紙 P.10
解答・解説 P.4-13

当工場では、自製部品AとBと、金属加工ラインで作られた本体を使って、最終製品XとYを生産している。当工場には、金属加工ライン、部品A専用ライン、部品B専用ライン、組立ラインの4つのラインがある。

本体1つに、部品A 1つ（または部品B 1つ）を組立ラインでセットして、製品X（または製品Y）が出来上がる。なお、当工場では、標準原価計算が行われている。

次の1から4の関係資料にもとづいて、下記の各問に答えなさい。

資料

1．各ラインの関係

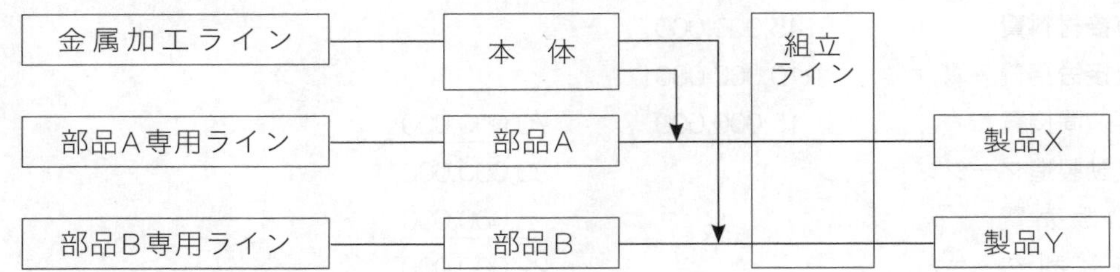

2．各ラインの月間生産能力

ライン	最大月間稼動時間	最大月間生産量
金属加工ライン、部品A・B各専用ライン	990時間(機械作業時間)	1,320個
組立ライン	2,970時間(直接作業時間)	1,650個

3．所要標準作業時間

金属加工ラインにおける本体1単位あたりの標準機械作業時間　0.75時間
部品A・B各専用ラインにおける部品1単位あたり標準機械作業時間　0.75時間
組立ラインにおける(XまたはYの) 1単位あたり標準直接作業時間　1.80時間

4．直接材料費

金属加工ラインにおける本体1単位あたりの標準直接材料費　6,750円
部品Aラインにおける部品1単位あたり標準直接材料費　4,500円
部品Bラインにおける部品1単位あたり標準直接材料費　3,000円

5．直接労務費および製造間接費

直接労務費は、すべて固定費である。また、4つのラインごとに、部門別標準配賦率が設定されている。この4つのラインの他に補助部門は存在しない。各製造部門ごとの月間直接労務費予算額および変動予算は、以下のように設定されている。なお、製造間接費配賦基準は金属加工ライン、部品A・B各専用ラインは機械作業時間であり、組立ラインは直接作業時間である。

	月間直接労務費予算額	固定製造間接費	変動製造間接費
金属加工ライン	990,000円	1,500,000円	3,000円／時間
部品A・B各専用ライン	990,000円	1,500,000円	1,500円／時間
組立ライン	2,970,000円	750,000円	750円／時間

なお、製品Xと製品Yの販売価格は、それぞれ22,000円と20,000円である。また、製品Xおよび製品Yの需要は現在安定しており、需要の上限はいずれも月間900個と見込まれている。

問1．最適プロダクト・ミックスの製品Xと製品Yの月間生産量およびそのときの貢献利益を求めなさい。

問2．新規の顧客から部品Aの類似の部品Cを、1個あたり7,500円で納品してもらえないかという引合いがきた。部品Cは、標準直接材料費が1個あたり5,250円である他は、部品Aとまったく同じ条件で製造できるものとする。この特別注文を引き受けるべきかどうかを検討している。部品Cの納品すべき数量が(1)300個、(2)450個であったとする。この注文を引き受けた場合は、引き受けなかった場合に比べて有利であるか、不利であるかを判定しなさい。

問題8 内製か購入かの意思決定1（遊休能力の利用）

★★★★★ 基本
答案用紙 P.10
解答・解説 P.4-16

日付	/	/	/
	✓		

当社の第2製造部は製品Aの製造に用いる部品Xを生産しており、次期における部品Xの計画生産量は4,000個、単位あたり機械作業時間は1時間である。第2製造部の年間製造能力は5,000機械作業時間であるが、次期の部品Xの生産計画から4,000機械作業時間（＝4,000個×1機械作業時間）が必要になると見込まれ、したがって1,000時間の遊休能力が生じる。そこで、この遊休能力を利用して、従来、外部から購入している部品Yを内製すべきかどうかが検討されている。以下の資料にもとづいて、各問に答えなさい。

資料

1．部品Xの1個あたり製造原価

直接材料費	@4,000円×1kg	＝@ 4,000円
直接労務費	@5,000円×1時間	＝@ 5,000円
製造間接費	@7,000円×1時間	＝@ 7,000円
合　計		@16,000円

（注1）製造間接費配賦率には@1,000円の変動費が含まれている。
（注2）固定製造間接費年間予算は30,000千円である。
（注3）年間基準操業度は5,000機械作業時間である。

2．部品Yの年間必要量は2,000個である。

3．部品Yを外部から購入する場合、購入代価は@ 6,600円、購入にともなう付随費用は@200円である。

4．部品Y 1個あたり製造原価

直接材料費	@2,500円×1kg	＝@2,500円
直接労務費	@6,000円×0.5時間	＝@3,000円
製造間接費	@7,000円×0.5時間	＝@3,500円
合　計		@9,000円

上記の直接労務費は、部品Yを内製する場合に新たに雇い入れる臨時工によるものである。

問1．部品Yを内製する案と1,000時間の遊休能力はそのままとし、外部から部品Yを購入する案を比較して、どちらが有利か、答案用紙の形式に従って答えなさい。

問2．部品Yを内製する場合、特殊機械が必要であり、その年間賃借料（固定費）が900,000円発生することがわかった。これを考慮し、部品Yの年間必要量が何個以上ならば、内製する案の方が有利となるか、答案用紙の形式に従って答えなさい。

問３．問２の条件にさらに次の条件を追加する。

１．部品Ｙを購入する場合、第２製造部の遊休能力を利用して、従来、外部購入していた部品Ｚの製造に利用する案が考えられる。

２．部品Ｚの市価は@3,500円である。

３．部品Ｚの年間必要量は2,000個である。

４．部品Ｚ１個あたり変動製造原価

直接材料費	@1,000円×１kg	＝@1,000円
直接労務費	@3,000円×0.5時間	＝@1,500円
変動製造間接費	@1,000円×0.5時間	＝@　500円
合計		@3,000円

上記の直接労務費は、部品Ｚを内製する場合に新たに雇い入れる臨時工によるものである。

これらを考慮し、部品Ｙを購入し部品Ｚを内製する案と部品Ｙを内製し部品Ｚを従来どおり購入する案を比較してどちらが有利か、答案用紙の形式に従って答えなさい。

問題 9

内製か購入かの意思決定２（内製が有利になる条件）

★★★★★ 応用
答案用紙 P.11
解答・解説 P.4-18

日付	／	／	／
✓			

当社は、工作機械の製造・販売をしているが、切削機械Ｓの駆動用パーツS.Mは第２製造部で製造している。

資料

１．S.Mの原価標準データ

直接材料費	30,000円
直接労務費	18,000円
製造間接費	36,000円
計	84,000円

なお製造間接費のうち24,000円は固定費であり、年間の正常生産台数 3,000台から算出されたものである。

２．かねてより取引のある甲社よりS.Mを１台あたり 66,000円で売りたいとの申入れがあった。そこで、翌期について内製するべきか購入するべきかを検討することになった。

３．原価計算担当者による調査結果

(1) 翌期は製造費用に変動はないが、販売台数は落ち込むものと予想される。

(2) S.Mを購入する場合、生産ラインは遊休とし、第２製造部長は定年退職する第５製造部長の後任として同額の給料で配置換えとなる。なお、内製案を採用する場合、外部から別の者を第２製造部長と同額の給料で、第５製造部長として雇い入れるものとする。

(3) S.Mの年間製造固定費予算の内訳は次のとおり。

工場建物の減価償却費配賦額	4,500万円
共通管理費配賦額	1,200万円
S.M製造用の機械のリース料	？　万円
(S.Mを購入する場合、機械は返却される)	
第２製造部長の給料	900万円
合　計	？　万円

問１．翌期の生産量を不明とした上でS.Mを内製すべきかを検討しなさい。

問２．甲社の営業担当者が次のように販売条件を提示してきた。すなわちS.Mの購入台数が2,300台までは１台あたり67,200円とするが、2,300台を超えると１台あたり62,400円に値引する。したがって例えば2,500台購入した場合、2,300台までは67,200円で残りの200台は62,400円で購入することになる。

また、S.Mを購入した場合、遊休になった生産ラインでは製品L.Mを製造することになった。なお、L.Mを製造した場合300万円の利益が見込まれる。

以上の条件をもとにS.Mを内製すべきかを検討しなさい。

問題 10

経済的発注量

★★★★★ 基本
答案用紙 P.11
解答・解説 P.4-20

日付	/	/	/
✓			

在庫管理のための経済的発注量に関する下記の各問に答えなさい。

資料

当社が購入している材料MMについて次の資料を入手した。

①	年間予定消費量	200,000個
②	1個あたりの購入原価	2,000円
③	発注1回あたりの通信料	1,000円
④	発注1回あたりの事務用消耗品費	5,000円
⑤	発注1回あたりの検収係の賃金	12,000円
⑥	材料倉庫の年間減価償却費	380,000円
⑦	1個あたりの年間火災保険料	600円

⑧ 1個あたりの年間保管費には、購入原価の10%を資本コストとして計上する。

問1．上記のデータから材料MMの経済的発注量を求めなさい。ただし、1回あたりの発注費は発注回数に比例して発生し、1個あたりの年間保管費は平均在庫量に比例して発生するものとする。

問2．材料MMの仕入先である横浜商事から以下のような値引の提案があった。

（1回あたり発注量）	（売価2,000円に対する値引率）
3,000個	なし
6,000個	1.5%
9,000個	1.8%
12,000個	2.0%

例えば、1回あたり3,000個ずつ発注すると値引は受けられないが、6,000個ずつ発注すると、1個あたり2,000円ではなく、30円（＝2,000円×1.5%）だけ安くしてもらえるので1,970円（＝2,000円−30円）で買えることになる。これ以外の条件については問1のままであるとして、以下の金額および数量を求めなさい。

⑴ 1回に6,000個ずつ発注する場合の年間保管費

⑵ 値引を考慮した場合にもっとも有利となる1回あたりの発注量

Chapter

5 設備投資意思決定の基本

Section

1 設備投資意思決定の基礎知識

理論問題～設備投資意思決定の基本～

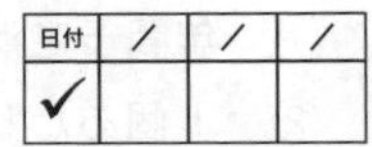

★★★★★ 基本
答案用紙 P.12
解答・解説 P.5-1

日付	/	/	/
	✓		

当社では、新しく製品Xの市場に参入するために新規の設備投資を行うべきか否かを検討中である。そこで、下記のカッコに適切な語句を埋め、1．から5．までの文章を完成させなさい。解答にあたっては、語群からもっとも適切と思われる語句を選びアルファベットで答えなさい。

1．設備投資意思決定は将来採用すべき投資案の決定のための計算であるので、過去の現金収支が（　ア　）される。
2．設備投資意思決定での会計単位は（　イ　）単位である。
3．投資される設備は将来必ず除却されるので、設備投資意思決定での損益概念は（　ウ　）損益である。
4．設備投資意思決定での損益計算は、会計期間における（　エ　）から（　オ　）を差し引くことで行われる。（　エ　）から（　オ　）を差し引いた（　カ　）は、ネット・キャッシュ・フローとも呼ばれる。
5．設備投資意思決定では1年を超える長期にわたる計算を行うので、（　キ　）価値を考慮した計算に重要性がある。

語群

a．配賦	b．加算	c．無視	d．設備	e．企業	f．製品
g．各投資案	h．全体	i．部分	j．期間	k．現金収入	l．現金支出
m．正味現金流出入額	n．収益	o．費用	p．利益	q．付加	r．時間

貨幣の時間価値と投資

★★★★★ 基本
答案用紙 P.12
解答・解説 P.5-1

日付	/	/	/
	✓		

問１．いまある10,000円を年利10％で複利運用すると、３年後にはいくらになるかを求めなさい。

問２．３年後に10,000円を手許に残したいと考えている。いまいくら用意すればよいかを求めなさい。年利10％として計算しなさい。なお、端数は最終解答の段階で円未満を四捨五入すること。

問３．問１および問２を踏まえ、次の文章の空欄に入る適切な語句を語群の中から選びなさい。

いまの10,000円と３年後の10,000円とでは（　ア　）の10,000円の方が価値が大きい。なぜなら、（　ア　）の10,000円は３年後には利子が付く分、増額するからである。このようにお金には時間の経過にともなって価値が増える性質がある。これを貨幣の（　イ　）という。

いまと３年後では時間軸が違っているので、単純に価値判断をするわけにはいかない。価値判断にあたっては時点をそろえる必要がある。いまを基準とするならば、３年後の10,000円について（　ウ　）をする必要がある。３年後を基準とするならば、（　エ　）をする必要がある。

語群
いま　３年後　単利計算　複利計算　割引計算　時間価値　内在価値

現価係数と年金現価係数1（2つの係数の関係）

★★★★★　基本
答案用紙　P.12
解答・解説　P.5-2

日付	／	／	／
✓			

次の現価係数表および年金現価係数表から、次の①～④の数値を推定しなさい。

① r＝ 7（%）、n＝3（年）における年金現価係数
② r＝ 8（%）、n＝6（年）における年金現価係数
③ r＝ 9（%）、n＝7（年）のときの現価係数
④ r＝10（%）、n＝4（年）のときの現価係数

〔現価係数表〕

n＼r	7%	8%	9%	10%
1	0.9346	0.9259	0.9174	0.9091
2	0.8734	0.8573	0.8417	0.8264
3	0.8163	0.7938	0.7722	0.7513
4	0.7629	0.7350	0.7084	④
5	0.7130	0.6806	0.6499	0.6209
6	0.6663	0.6302	0.5963	0.5645
7	0.6227	0.5835	③	0.5132
8	0.5820	0.5403	0.5019	0.4665
9	0.5439	0.5002	0.4604	0.4241
10	0.5083	0.4632	0.4224	0.3855

〔年金現価係数表〕

n＼r	7%	8%	9%	10%
1	0.9346	0.9259	0.9174	0.9091
2	1.8080	1.7833	1.7591	1.7355
3	①	2.5771	2.5313	2.4869
4	3.3872	3.3121	3.2397	3.1699
5	4.1002	3.9927	3.8897	3.7908
6	4.7665	②	4.4859	4.3553
7	5.3893	5.2064	5.0330	4.8684
8	5.9713	5.7466	5.5348	5.3349
9	6.5152	6.2469	5.9952	5.7590
10	7.0236	6.7101	6.4177	6.1446

問題4 現価係数と年金現価係数2（現在価値計算）

★★★★☆ 基本
答案用紙 P.12
解答・解説 P.5-2

日付	／	／	／
✓			

以下の現価係数表を用いて問に答えなさい。

〔現価係数表〕

n＼r	4％	5％	6％
1	0.9615	0.9524	0.9434
2	0.9246	0.9070	0.8900
3	0.8890	0.8638	0.8396
4	0.8548	0.8227	0.7921
5	0.8219	0.7835	0.7473

問１．４年後の預金残高を50万円とするには、今いくらを預け入れたらよいかを求めなさい。なお、現在の預金残高はなく、利子率は４％（複利）とする。

問２．割引率５％、期間５年における年金現価係数を求めなさい。

問３．１年度末に10万円、２年度末に20万円、３年度末に30万円の収入があるとする。割引率を６％として、現在価値合計を求めなさい。

問４．１～５年度まで毎年度末に10万円の収入があるとする。割引率を５％として、現在価値合計を求めなさい。

問題5 加重平均資本コスト率

★★★★☆ 基本
答案用紙 P.13
解答・解説 P.5-3

日付	／	／	／
✓			

次の(1)、(2)のケースについて税引後の加重平均資本コスト率を求めなさい。なお、各ケースとも法人税等の税率は30％とする。

(1)	金　額	資本コスト率
株　　式	８億円	6％
長期借入金	２億円	5％（税引前）

(2)	構成割合	資本コスト率
株　　式	45％	10％
社　　債	30％	6％（税引前）
借 入 金	20％	5％（税引前）
内部留保	5％	10％

Section

2 設備投資案の評価方法 I

正味現在価値法と収益性指数法1（税金を考慮しない場合）

★★★★★ 基本
答案用紙 P.13
解答・解説 P.5-4

日付	／	／	／
✓			

耐用年数が５年である設備投資案のネット・キャッシュ・フローは、次のように予想されている。以下の問に答えなさい。なお、収益性指数は小数点以下第３位を四捨五入すること。

1．設備投資額 ……………… 700,000円
2．年々の原価節約額 ……… 200,000円
3．５年度末の残存価額 ……… 20,000円

問1．資本コスト率が７％であるときの正味現在価値と収益性指数を求めなさい。
問2．資本コスト率が11％であるときの正味現在価値と収益性指数を求めなさい。

〔現価係数表〕

n ＼ r	6%	7%	8%	9%	10%	11%
1	0.9434	0.9346	0.9259	0.9174	0.9091	0.9009
2	0.8900	0.8734	0.8573	0.8417	0.8264	0.8116
3	0.8396	0.8163	0.7938	0.7722	0.7513	0.7312
4	0.7921	0.7629	0.7350	0.7084	0.6830	0.6587
5	0.7473	0.7130	0.6806	0.6499	0.6209	0.5935

〔年金現価係数表〕

n ＼ r	6%	7%	8%	9%	10%	11%
1	0.9434	0.9346	0.9259	0.9174	0.9091	0.9009
2	1.8334	1.8080	1.7833	1.7591	1.7355	1.7125
3	2.6730	2.6243	2.5771	2.5313	2.4869	2.4437
4	3.4651	3.3872	3.3121	3.2397	3.1699	3.1024
5	4.2124	4.1002	3.9927	3.8897	3.7908	3.6959

問題 7 正味現在価値法と収益性指数法2（税金を考慮しない場合）

★★★★★ 基本
答案用紙 P.13
解答・解説 P.5-4

日付	/	/	/
✓			

当社は設備投資を計画しているが、その投資予定額および当該プロジェクト期間の正味キャッシュ・イン・フロー予想額は資料のとおりである。これにもとづき、この投資案を行うべきか否かを正味現在価値法および収益性指数法により判断しなさい。

なお、税金の影響は考慮しないものとする。また、収益性指数は小数点以下第３位を四捨五入し、正味現在価値は円単位で答えなさい。解答数値が負となる場合は△を付すこととし、不要な方を二重線で消すこと。

資料

1．資金コスト率　13％

2．投資額と正味キャッシュ・イン・フロー予想額　（単位：円）

投資額	1年	2年	3年	4年
2,000,000	450,000	900,000	800,000	500,000

3．現価係数表

	10%	11%	12%	13%	14%	15%	16%
1年	0.9091	0.9009	0.8929	0.8850	0.8772	0.8696	0.8621
2年	0.8264	0.8116	0.7972	0.7831	0.7695	0.7561	0.7432
3年	0.7513	0.7312	0.7118	0.6931	0.6750	0.6575	0.6407
4年	0.6830	0.6587	0.6355	0.6133	0.5921	0.5718	0.5523
5年	0.6209	0.5935	0.5674	0.5428	0.5194	0.4972	0.4761

内部利益率法1（税金を考慮しない場合）

★★★★★ 基本
答案用紙 P.13
解答・解説 P.5-5

日付	／	／	／
✓			

ある設備投資とそれにともなう正味キャッシュ・イン・フローは次に示すとおりであった。これにもとづいて内部利益率（％未満第３位を四捨五入する）を補間法により計算しなさい。ただし、税金の影響は考慮しないものとする。

資料

１．投資額と正味キャッシュ・イン・フロー見積額　　（単位：円）

投資額	１年	２年	３年
3,900,000	1,500,000	1,500,000	1,500,000

２．当該設備の３年後の売却価値はゼロと見積もられている。

３．期間３年のときの年金現価係数

１％	２％	３％	４％	５％	６％	７％	８％	９％	10％	11％
2.9410	2.8839	2.8286	2.7751	2.7232	2.6730	2.6243	2.5771	2.5313	2.4869	2.4437

Section

3 キャッシュ・フローの見積り

問題 9 キャッシュ・フロー予測１（税金を考慮する場合）

★★★★★ 基本
答案用紙 P.14
解答・解説 P.5-6

日付	/	/	/
✓			

当社では、新規設備投資プロジェクトを検討中である。以下の資料をもとに問に答えなさい。

資料

1．設備は、取得原価4,000万円、耐用年数４年、残存価額を400万円とし、定額法によって減価償却を行う。また、耐用年数到来後は簿価の50％で売却できることが見込まれている。

2．法人税等の税率は40％である。また当社は黒字企業である。

3．本設備投資プロジェクトによって毎年の売上収入が5,000万円増加し、原料費や変動加工費などの現金支出費用が3,000万円発生する予定である。

4．キャッシュ・フローがマイナスの場合は、△表示をしなさい。

問１．法人税等の税率40％の条件を考慮外として、下記の設問に答えなさい。

(1) 答案用紙に示された各投資段階におけるネット・キャッシュ・フローを計算しなさい。

(2) 答案用紙に示された各年度末におけるネット・キャッシュ・フローを計算しなさい。

問２．上記問１について、法人税等の影響を考慮した場合の金額を答えなさい。

問題 10 キャッシュ・フロー予測2（損益計算書からの計算）

★★★★★ 基本
答案用紙 P.14
解答・解説 P.5-8

日付	/	/	/
✓			

当社では、新しく製品Xの市場に参入するために新規の投資を行うべきか否かを検討中である。そこで、以下の資料をもとに年々の正味キャッシュ・イン・フローを求めなさい。

資料

1. 製品X製造のための設備に関する資料

設備投資額	7,500,000円
設備の耐用年数	5年
設備の残存価額	ゼロ

定額法による減価償却を行う。

2. 製品Xの生産・販売に関する年間見積損益計算書

売上高	5,400,000円
売上原価	4,050,000円
売上総利益	1,350,000円
販売費及び一般管理費	350,000円
営業利益	1,000,000円

〔注〕当該設備の減価償却費以外の原価は短期的に現金支出を要する。

3. 加重平均資本コスト率は10%である。
4. 法人税等の税率は30%である。

問題 11

正味現在価値法と収益性指数法３（税金を考慮する場合）

★★★★★ 基本
答案用紙 P.14
解答・解説 P.5-9

日付	／	／	／
	✓		

次の資料にもとづき、以下の各問に答えなさい。当社では、投資案の評価方法として、正味現在価値法および収益性指数法を採用している。なお、収益性指数は小数点以下第３位を四捨五入すること。

資料

１．新規設備の取得原価　12,500万円
２．耐用年数　３年
３．残存価額（３年後の売却価値を表す）　1,250万円
４．減価償却は定額法による。
５．税引前増分現金流入額
　１年目　5,000万円
　２年目　6,250万円
　３年目　5,750万円
６．資本コスト率10％
７．法人税率　40％
８．年金現価係数

n＼r	6％	7％	8％	9％	10％
1	0.9434	0.9346	0.9259	0.9174	0.9091
2	1.8334	1.8080	1.7833	1.7591	1.7355
3	2.6730	2.6243	2.5771	2.5313	2.4869
4	3.4651	3.3872	3.3121	3.2397	3.1699
5	4.2124	4.1002	3.9927	3.8897	3.7908

問１．法人税等の税率40％の条件を考慮外として、この投資案を採用すべきか否かを答案用紙の形式に従って答えなさい。

問２．法人税等の税率40％の条件を考慮して次の設問に答えなさい。
　①　税引後の年々の純増分現金流入額はいくらか。
　②　この投資案を採用すべきか否かを答案用紙の形式に従って答えなさい。

問題 12

内部利益率法２（税金を考慮する場合）

★★★★★ 基本
答案用紙 P.15
解答・解説 P.5-10

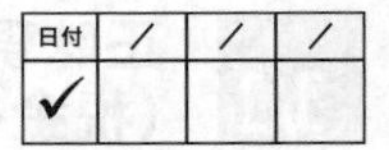

以下の各問に答えなさい。なお、現価係数表と年金現価係数表は問１、問２に共通して使用すること。

問１．当社では、新設備の導入を検討中である。新設備の取得原価は3,000,000円、耐用年数10年、残存価額０円、定額法で減価償却を行う。この設備を導入すると現金支出費用を毎年490,000円節約できる。資本コスト率は10％、法人税等の税率は30％である。そこで、内部利益率法によって新設備導入案を検討しなさい。なお、内部利益率は四捨五入によって小数点以下第１位まで求めなさい。

問２．次の資料にもとづき、内部利益率法によって、A案、B案およびC案のどれがもっとも望ましいかを判定しなさい。なお、内部利益率は四捨五入によって小数点以下第２位まで求めなさい。

資料１

	A　案	B　案	C　案
投資額	12,000千円	20,000千円	15,000千円
耐用年数	５年	５年	５年
残存価額	1,200千円	2,000千円	1,500千円
年々の現金流入額	3,000千円	4,800千円	4,000千円

資料２

法人税率は40％であり、減価償却の計算方法は定額法による。資本コスト率は６％である。

現価係数表

n＼r	4%	5%	6%	7%	8%	9%	10%	11%	12%	13%	14%	15%
1	0.9615	0.9524	0.9434	0.9346	0.9259	0.9174	0.9091	0.9009	0.8929	0.8850	0.8772	0.8696
2	0.9246	0.9070	0.8900	0.8734	0.8573	0.8417	0.8264	0.8116	0.7972	0.7831	0.7695	0.7561
3	0.8890	0.8638	0.8396	0.8163	0.7938	0.7722	0.7513	0.7312	0.7118	0.6931	0.6750	0.6575
4	0.8548	0.8227	0.7921	0.7629	0.7350	0.7084	0.6830	0.6587	0.6355	0.6133	0.5921	0.5718
5	0.8219	0.7835	0.7473	0.7130	0.6806	0.6499	0.6209	0.5935	0.5674	0.5428	0.5194	0.4972
6	0.7903	0.7462	0.7050	0.6663	0.6302	0.5963	0.5645	0.5346	0.5066	0.4803	0.4556	0.4323
7	0.7599	0.7107	0.6651	0.6227	0.5835	0.5470	0.5132	0.4817	0.4523	0.4251	0.3996	0.3759
8	0.7307	0.6768	0.6274	0.5820	0.5403	0.5019	0.4665	0.4339	0.4039	0.3762	0.3506	0.3269
9	0.7026	0.6446	0.5919	0.5439	0.5002	0.4604	0.4241	0.3909	0.3606	0.3329	0.3075	0.2843
10	0.6756	0.6139	0.5584	0.5083	0.4632	0.4224	0.3855	0.3522	0.3220	0.2946	0.2697	0.2472

年金現価係数表

n＼r	4%	5%	6%	7%	8%	9%	10%	11%	12%	13%	14%	15%
1	0.9615	0.9524	0.9434	0.9346	0.9259	0.9174	0.9091	0.9009	0.8929	0.8850	0.8772	0.8696
2	1.8861	1.8594	1.8334	1.8080	1.7833	1.7591	1.7355	1.7125	1.6901	1.6881	1.6467	1.6257
3	2.7751	2.7332	2.6730	2.6243	2.5771	2.5313	2.4869	2.4437	2.4018	2.3612	2.3216	2.2832
4	3.6299	3.5460	3.4651	3.3872	3.3121	3.2397	3.1699	3.1024	3.0373	2.9745	2.9137	2.8550
5	4.4518	4.3295	4.2124	4.1002	3.9927	3.8897	3.7908	3.6959	3.6048	3.5172	3.4331	3.3522
6	5.2421	5.0757	4.9173	4.7665	4.6229	4.4859	4.3553	4.2305	4.1114	3.9975	3.8887	3.7845
7	6.0021	5.7864	5.5824	5.3893	5.2064	5.0330	4.8684	4.7122	4.5638	4.4226	4.2883	4.1604
8	6.7327	6.4632	6.2098	5.9713	5.7466	5.5348	5.3349	5.1461	4.9676	4.7988	4.6389	4.4873
9	7.4353	7.1078	6.8017	6.5152	6.2469	5.9952	5.7590	5.5370	5.3282	5.1317	4.9464	4.7716
10	8.1109	7.7217	7.3601	7.0236	6.7101	6.4177	6.1446	5.8892	5.6502	5.4264	5.2161	5.0188

問題 13 新規投資1（正味現在価値法の総合問題）

★★★★★ 応用
答案用紙 P.15
解答・解説 P.5-14

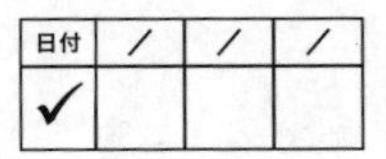

当社では、新規設備投資プロジェクトを検討中である。以下の資料をもとに、本投資案を採用すべきか否かを答えなさい。なお、正味現在価値が負の値になる場合は金額の前に△を付すこと。

資料

1. 設備の取得原価は3,800万円である。
2. 設備の耐用年数は4年、残存価額ゼロ、定額法によって減価償却を行う。
3. 投資期間は4年間であり、投資終了時において設備の処分価値はゼロである。
4. キャッシュ・フローは、各年度末にまとめて発生すると仮定する。
5. 資本コスト率は5％、法人税等の税率は40％である。また、当社は黒字企業である。
6. 本設備投資プロジェクトを採用した場合の製品販売および現金支出費用に関するデータは以下のとおりである。なお、製品販売はすべて現金による。

	1年度	2年度	3年度	4年度
製品販売価格（円/個）	1,000	1,000	950	900
製品販売数量（個）	60,000	80,000	70,000	50,000
現金支出費用（万円）				
原材料費	1,830	2,400	2,120	1,560
直接労務費	1,500	2,040	1,820	1,320
経費	900	1,200	1,050	750
固定費	600	600	600	600
合計	4,830	6,240	5,590	4,230

7. 現価係数は以下の数値を使用すること。

	1年	2年	3年	4年
5％	0.9524	0.9070	0.8638	0.8227

問1. 本投資案の年々のキャッシュ・フローを計算しなさい。ただし、法人税等の影響は考慮しないものとする。

問2. 法人税等の影響を考慮し、本投資案の年々のキャッシュ・フローを計算しなさい。

問3. 問2の結果にもとづき、正味現在価値法によって本投資案を評価しなさい。

問4. この設備に自動化オプションを取り付けると作業工程の一部が自動化され、直接労務費が軽減されることが判明した。このオプションの取得原価は1,000万円（減価償却条件は、設備本体と同様である）であり、直接労務費は、毎年25％節約されることが見込まれる。その他の条件は一切変化しないものとして、自動化オプションを取り付けるべきか否かを正味現在価値法にもとづいて判定しなさい。

Section

4 設備投資案の評価方法Ⅱ

問題 14 単純投下資本利益率法と単純回収期間法

★★★★★ 基本
答案用紙 P.16
解答・解説 P.5-18

日付	/	/	/
✓			

次の資料にもとづき、投下資本利益率および回収期間を求めなさい。
なお、回収期間の算定にあたって端数が出るときは、小数点以下第３位を四捨五入しなさい。

資料

1．投資にともなう各年のネット・キャッシュ・フロー（単位：万円）

1年	2年	3年	4年	5年
2,200	2,800	3,300	3,500	4,700

2．投資に関する資料
設備投資額：12,000万円
設備の耐用年数：５年
設備の５年後の残存価額：ゼロ

Chapter 5 設備投資意思決定の基本

問題 15

投資案の評価方法のまとめ

★★★★★ 基本
答案用紙 P.16
解答・解説 P.5-19

日付	/	/	/
✓			

新規設備投資案について以下の資料をもとに、問に答えなさい。

資料

1．設備の取得原価は3,000万円であり、耐用年数は３年、残存価額300万円、定額法によって減価償却を行う。

2．投資期間は３年間であり、投資終了時において簿価で売却できる予定である。

3．今後３年間で予想される税引前のネット・キャッシュ・フローは以下のとおりである。

1年度末	2年度末	3年度末
1,100万円	1,300万円	1,200万円

4．法人税等の税率は30％である。また当社は黒字企業である。

5．現価係数は以下の数値を使用すること。

	7％	8％	9％	10％	11％
1年	0.9346	0.9259	0.9174	0.9091	0.9009
2年	0.8734	0.8573	0.8417	0.8264	0.8116
3年	0.8163	0.7938	0.7722	0.7513	0.7312
合計	2.6243	2.5770	2.5313	2.4868	2.4437

6．計算過程で端数が生じる場合、回収期間は「月」未満第１位を、パーセントは「％」未満第２位を、そして収益性指数は小数点以下第３位を四捨五入すること。

問1．年々のネット・キャッシュ・フローとその合計額を計算しなさい。マイナスのときは△表示を行いなさい。

問2．会計的利益率（資本利益率）を答えなさい。

問3．年々の平均ネット・キャッシュ・フローを用いた場合の回収期間を答えなさい。

問4．ネット・キャッシュ・フローの累計額を用いた場合の回収期間を答えなさい。

問5．内部利益率（IRR）を答えなさい。

問6．資本コスト率を７％とした場合の正味現在価値を示しなさい。

問7．資本コスト率を７％とした場合の収益性指数を示しなさい。

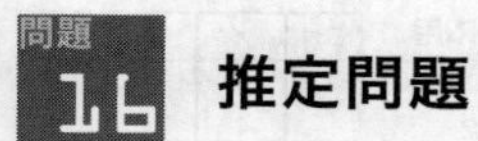

推定問題

★★★★★ 応用
答案用紙 P.16
解答・解説 P.5-21

日付	/	/	/
✓			

次の各投資案ごとに、表の空欄に適切な数字を記入し、内部利益率法により投資案を採用すべきか否かを答えなさい。

	投資案A	投資案B	投資案C
設備投資額	259,176円	④ 円	193,896円
年々の差額CIF	80,000円	80,000円	⑦ 円
耐用年数	4年	6年	8年
資本コスト率	8%	8%	⑧ %
正味現在価値	① 円	⑤ 円	△7,602円
内部利益率	② %	10%	5%
投資の可否	③	⑥	⑨

(採用すべきか採用すべきでないかを記入)

〔年金現価係数表〕

n＼r	5%	6%	7%	8%	9%	10%	11%	12%	13%	14%	15%
1	0.9524	0.9434	0.9346	0.9259	0.9174	0.9091	0.9009	0.8929	0.8850	0.8772	0.8696
2	1.8594	1.8334	1.8080	1.7833	1.7591	1.7355	1.7125	1.6901	1.6681	1.6467	1.6257
3	2.7232	2.6730	2.6243	2.5771	2.5313	2.4869	2.4437	2.4018	2.3612	2.3216	2.2832
4	3.5460	3.4651	3.3872	3.3121	3.2397	3.1699	3.1024	3.0373	2.9745	2.9137	2.8550
5	4.3295	4.2124	4.1002	3.9927	3.8897	3.7908	3.6959	3.6048	3.5172	3.4331	3.3522
6	5.0757	4.9173	4.7665	4.6229	4.4859	4.3553	4.2305	4.1114	3.9975	3.8887	3.7845
7	5.7864	5.5824	5.3893	5.2064	5.0330	4.8684	4.7122	4.5638	4.4226	4.2883	4.1604
8	6.4632	6.2098	5.9713	5.7466	5.5348	5.3349	5.1461	4.9676	4.7988	4.6389	4.4873
9	7.1078	6.8017	6.5152	6.2469	5.9952	5.7590	5.5370	5.3282	5.1317	4.9464	4.7716
10	7.7217	7.3601	7.0236	6.7101	6.4177	6.1446	5.8892	5.6502	5.4262	5.2161	5.0188

問題 17

新規投資2（投資を行うための条件）

★★★★★ 応用
答案用紙 P.16
解答・解説 P.5-22

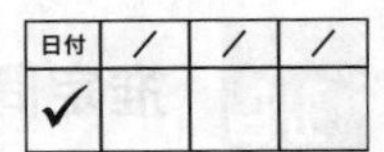

当社では、現在手作業で行っている梱包工程を自動化すべく機械の導入を検討中である。この機械は、取得原価が3,000万円、耐用年数は５年、残存価額は300万円であり定額法によって減価償却を行う予定である。なお、導入期間は５年間であり、投資終了時に300万円で機械を売却できる見込みである。

この機械を導入すると労務費は節約されるものの、機械稼働のための電力料金、メンテナンス費など労務費以外の現金支出費用が年間あたり100万円発生する見込みである。

この場合、年間いくら以上の労務費の節約が見込めるならばこの機械を導入すべきであろうか。税金の支払を考慮しない場合（問１）と、考慮する場合（問２）、それぞれで答えなさい。

なお、当社は黒字企業であり、法人税等の税率は30％である。また、当社の加重平均資本コスト率は10％であり、５年後の現価係数は0.621、年金現価係数は3.79である。キャッシュ・フローはすべて各年度末に生じるものとする。解答にあたっては、計算の途中で端数処理は行わず、計算の最終段階で万円未満を切り上げて答えなさい。

Chapter

6 設備投資意思決定の応用

Section

1 設備投資意思決定の応用問題

問題 1 キャッシュ・フロー予測1（取替投資）

★★★★★ 基本
答案用紙 P.17
解答・解説 P.6-1

日付	/	/	/
	✓		

当社では、現有設備を新規設備に取り替えるべきか否かについて検討中である。資料をもとに、以下の問に答えなさい。

資料

1．現在の年々の設備稼働費（全額現金支出費用）は現状3,000万円であるが、新規設備を導入すると2,200万円に低減できる予定である。

2．現有設備は、昨年度末から稼働しており現時点でちょうど1年間が経過した。現有設備の取得原価は4,000万円、耐用年数4年、残存価額を400万円とし、定額法によって減価償却を行う。また、耐用年数到来後は簿価の50%で売却できることが見込まれている。

3．新規設備は、取得原価3,500万円、耐用年数3年、残存価額は350万円とし、定額法によって減価償却を行う。また、耐用年数到来後は簿価で売却できることが見込まれている。

4．現有設備の現時点における売却価額は1,500万円である。また売却損益にともなう法人税等の影響額は現時点のキャッシュ・フローに算入すること。

5．法人税等の税率は30%である。また当社は黒字企業である。

6．キャッシュ・フローがマイナスの場合は、△表示をしなさい。

問．答案用紙に示された各投資段階における差額キャッシュ・フローを計算しなさい。なお、ここでいう差額キャッシュ・フローとは現有設備を使用し続ける現状維持案を基準とした場合における新規設備取替投資案の差額キャッシュ・フローを意味する。

問題 2

取替投資1（基本的な総合問題）

★★★★★ 基本
答案用紙 P.17
解答・解説 P.6-2

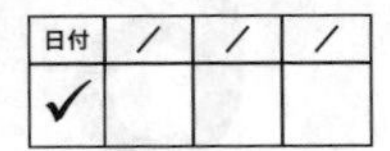

当社は機械メーカー甲社より、従来から使用してきた機械を新機械に取り替えたらどうかと提案された。甲社によれば、新機械は従来の機械に比べ、機械稼働費が相当節減できるという。そこで以下の資料から、従来の機械をこのまま使用するべきか、または新機械を購入するべきかを正味現在価値法によって判断しなさい。なお、正味現在価値が負となる場合、解答数値に△を付すこと。

資料

1．X案（従来の機械の使用を続ける案）に関する資料

機械の取得価額　5,000千円
機械の耐用年数　10年（現時点までに6年経過）
減価償却の方法　残存価額を取得価額の10％とした定額法
現時点で機械を処分するとした場合の売却見込価額　1,200千円
現時点から4年後の機械の売却見込価額　100千円
年間の機械稼働費（現金支出）　4,000千円

2．Y案（新機械を購入する案）に関する資料

新機械の取得予定価額　4,000千円
新機械の耐用年数　4年
減価償却の方法　残存価額を取得価額の10％とした定額法
4年後の新機械の売却見込価額　150千円
年間の新機械稼働費（現金支出）予想額　3,000千円

3．新機械購入にともなって現時点で従来の機械を処分する場合には、従来の機械の処分から生ずる固定資産売却損益が投資のキャッシュ・フローにおよぼす影響については、翌年度末に計上すること。なお、この処分にともなうキャッシュ・フローはY案のキャッシュ・フローに算入する。その他のキャッシュ・フローはすべて各年度末に生じるものとする。

法人税等の税率は40％である。また、当社は毎期利益を上げ続けており、これは今後4年間は変わらないものと予想される。

当社の加重平均資本コスト率は10％であり、X案、Y案の評価は正味現在価値法によって行うものとする。

資本コスト率10％のときの現価係数

1年	2年	3年	4年
0.9091	0.8264	0.7513	0.6830

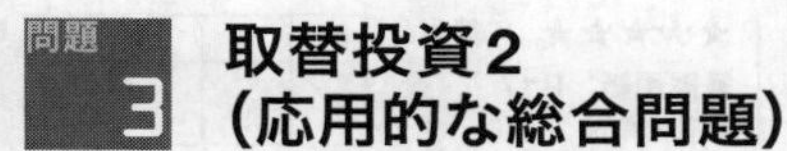

取替投資2（応用的な総合問題）

★★★★★　応用
答案用紙　P.17
解答・解説　P.6-4

日付　／　／　／
✓

当社では、製品Pを製造・販売している。販売単価は1,600円で、毎年5,000個を販売しており、製品単位あたりの変動製造費用は800円である。従来、毎年200個（5,000個の4％）の仕損が発生していたが、年間200,000円の検査コストをかけて３％（150個）の仕損品を発見し、１個あたり500円のコストをかけて手直しをしてきた。しかし、１％（50個）は出荷され年間50件のクレームが生じていた。クレームがあった場合、代金1,600円を返却してきた。

現在、経営改善の一環として仕損品を減らすため、現在使用している設備を最新鋭の設備に取り替えることを検討している。これにより、仕損の発生率が４％から１％に低下するとともに、生産工程の初期の段階でそのすべてを発見できるようになり、顧客に不良品が引き渡されることはない。また、手直費は１個あたり300円で済むようになるが、年間検査費が250,000円に増加する。

そこで、以下の資料も参照し、従来の設備を使用した場合と、最新鋭の設備に取り替えた場合の正味現在価値の差額を計算しなさい。なお、分析期間は3年とし、資本コスト10%、法人税等の税率は40%として計算しなさい。

新旧製造設備の取得原価、耐用年数等

	取得原価	耐用年数	残存価額	減価償却方法
旧製造設備	4,000,000円	6年(3年経過)	400,000円	定額法
最新鋭製造設備	3,000,000円	3年	300,000円	定額法

旧設備の現時点での売却額は2,000,000円であり、３年後の売却額は200,000円と見込まれる。

最新鋭設備の３年後の売却額は400,000円と見込まれる。

売上、変動製造費用、手直費はすべてキャッシュ・フローの変動をともない、キャッシュ・フローはすべて各年度末に生じるものとする。最新鋭設備導入にともなって旧設備は売却される。その売却に係るキャッシュ・フローは従来の設備を使用した場合の第０年度末のキャッシュ・フローに算入する。解答にあたっては、解答の最終段階で円未満を四捨五入すること。

割引率10％における現価係数は次のとおりである。

1年　0.9091
2年　0.8264
3年　0.7513

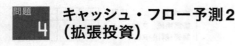

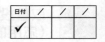

キャッシュ・フロー予測2（拡張投資）

★★★★★　基本
答案用紙　P.17
解答・解説　P.6-6

日付	/	/	/
	✓		

当社では、昨年より製品を製造販売していたが現在注文が殺到しており、すべての注文に対応しきれない状態である。そこで生産能力の拡張を図るべく、現有設備に加え、新規設備の追加導入を検討中である。資料をもとに、以下の問に答えなさい。

資料

1．現有設備の年間生産能力は5,000個であり、新規設備の年間生産能力は2,500個である。生産した製品はすべて販売できると見込まれている。

2．現有設備は、昨年度末から稼働しており現時点でちょうど1年間が経過した。現有設備の取得原価は4,000万円、耐用年数4年、残存価額を400万円とし、定額法によって減価償却を行う。また、耐用年数到来後は簿価の50％で売却できることが見込まれている。

3．新規設備は、取得原価2,400万円、耐用年数3年、残存価額は240万円とし、定額法によって減価償却を行う。また、耐用年数到来後は300万円で売却できることが見込まれている。

4．製品の販売単価は10,000円/個である。

5．製品の製造原価は、現有設備が6,000円/個、新規設備は5,000円/個である。製造原価はすべて現金支出費用である。

6．法人税等の税率は30％である。また当社は黒字企業である。

7．キャッシュ・フローがマイナスの場合は、△表示をしなさい。

問．答案用紙に示された各投資段階における差額キャッシュ・フローを計算しなさい。なお、ここでいう差額キャッシュ・フローとは新規設備を導入しないという現状維持案を基準とした場合の新規設備追加導入案の差額キャッシュ・フローを意味する。

問題5 耐用年数の異なる設備投資案の比較

★★★★★ 応用
答案用紙 P.18
解答・解説 P.6-7

日付	/	/	/
	✓		

当社では、生産能力の等しい2つの設備Aと設備Bのうち、どちらを導入すべきかを検討中である。次の資料にもとづいて、各問に答えなさい。なお、計算の結果端数が生じる場合には、各投資案の正味現在価値の算定時点で円未満を四捨五入すること。

資料

1. 各設備のデータ

	設備A	設備B
取得原価	2,000万円	4,800万円
耐用年数	2年	4年
残存価額	ゼロ	ゼロ
現金支出費用(税引前)	950万円／年	650万円／年

税引前の年間現金流入額(売上収入額)はともに2,300万円である。

2. その他のデータ
 (1) 両設備ともに定額法により減価償却を行う。
 (2) 法人税等の税率は30％である。また、当社は黒字企業である。
 (3) キャッシュ・フローは、すべて各年度の期末に生じる。
 (4) 税引後の資本コスト率は6％である。割引率6％のときの現価係数表は次のとおりである。

1年	0.9434	4年	0.7921
2年	0.8900	5年	0.7473
3年	0.8396	6年	0.7050

問1. 両設備ともに、除却の時点で反復投資する予定である。設備Aを導入する案(以下、A案とする)および設備Bを導入する案(以下、B案とする)の正味現在価値を比較して、どちらの案が有利かを答えなさい。

問2. 仮に、両設備ともに、除却の時点で別の異なる投資案に投資する予定とした場合、A案およびB案の正味現在価値を比較して、どちらの案が有利かを答えなさい。なお、耐用年数の長い設備Bの耐用年数終了時まで、投資によって生じる年々のネット・キャッシュ・フローを再投資するものとし、各年度末の再投資率は年9％とする。

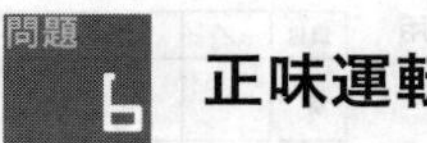

正味運転資本への投資

★★★★★ 応用
答案用紙 P.18
解答・解説 P.6-10

日付	/	/	/
✓			

当社では、新製品Tの製造・販売プロジェクトを検討中である。下記の資料にもとづいて以下の問に答えなさい。なお投資期間は20X0年度末からの3年間である。

資料

1. 投資プロジェクトの資金

当社は、長期投資には、社債25%、普通株60%、留保利益15%の構成割合の資金を使用することになっている。それぞれの資本コスト率は、社債が税引前で6%、普通株が15%、留保利益が14%であって、法人税率は40%である。

2. 総投資額

(1) 固定資産

20X0年度末(現在時点)で次の固定資産を新たに購入する。

土地	4,000万円
建物	5,000万円
設備	3,000万円

(2) 運転資本

操業は20X1年度から開始するが、操業を可能にするため、20X0年度の投資額の中に正味運転資本の投資額を計上する。その内訳は、20X1年度の予想売上高を基準とし、その4%を売掛金に対する投資、3%を棚卸資産に対する投資として、他方2%を買掛金相当分とする。

3. 年々のキャッシュ・フローの予測

(1) 製品の予想販売量と販売単価は、次のとおりである。

	20X1年度	20X2年度	20X3年度
販売量(個)	400	800	550
販売価格(万円)	50	50	40

(2) 各年度において、現金支出変動費はその年度の売上高の70%と予想された。また、現金支出固定費は各年度とも、3,500万円発生する見込みである。

(3) 税務上、建物は耐用年数10年、設備は耐用年数3年の定額法(いずれも残存価額はゼロとする)で償却する。

(4) 正味運転資本は、毎年、次年度の予想売上高を基準とし、上記2. (2)で示した比率で当年度のキャッシュ・フローに計上する。

4. 投資終了時の見積り

(1) 20X3年度末において、土地は3,000万円、建物は1,500万円で売却できる見込みである。設備は売却できないため、500万円の現金を支払って処分する。なお、当該支出は資産除去債務には該当しないものとする。

(2) 正味運転資本は、その累積投資額を投資の最終年度末に回収するものとする。

以上の条件に基づき、次の問に答えなさい。

問１．加重平均資本コスト率はいくらかを求めなさい。

問２．各期における正味運転資本のキャッシュ･フローはいくらかを求めなさい。なお、キャッシュ･フローが負の値となるときは、金額の前に△を付すこと（以下、同じ）。

問３．固定資産の売却・処分にともなうキャッシュ・フローの下記の金額はいくらかを求めなさい。

①土地の売却にともなうキャッシュ・フロー

②建物の売却にともなうキャッシュ・フロー

③設備の処分にともなうキャッシュ・フロー

問４．各年度末に予想されるキャッシュ･フロー（各年度におけるキャッシュ･イン･フローからキャッシュ・アウト・フローを差し引いた純額）はそれぞれいくらかを求めなさい。

問５．この投資プロジェクトの正味現在価値はいくらかを求めなさい。ただし、解答にあたっては、付属資料を使用し、計算過程で端数が生じる場合は、最終段階で万円未満を四捨五入すること。

問６．付属資料を使用し、この投資プロジェクトの内部利益率を求めなさい。ただし、内部利益率は補間法を用いて、％表示で小数点以下第２位を四捨五入し、小数点以下第１位まで表示して解答すること。

［付属資料］現価係数表

n ＼ r	6%	7%	8%	9%	10%	11%	12%	13%	14%
1	0.9434	0.9346	0.9259	0.9174	0.9091	0.9009	0.8929	0.8850	0.8772
2	0.8900	0.8734	0.8573	0.8417	0.8264	0.8116	0.7972	0.7831	0.7695
3	0.8396	0.8163	0.7938	0.7722	0.7513	0.7312	0.7118	0.6931	0.6750
合計	2.6730	2.6243	2.5770	2.5313	2.4868	2.4437	2.4019	2.3612	2.3217

問題 7

新規投資1（材料在庫の消費）

★★★★★ 応用
答案用紙 P.19
解答・解説 P.6-14

日付	/	/	/
✓			

当社のある工場では、現在時点（会計年度末）において、材料xの在庫15,000個を保有している。そこで、当社は新規設備を導入することにより材料xを利用した新たな製品Bを生産することを検討している。

以下の資料に基づき、下記の問に答えなさい。なお、計算上端数が生じる場合にはそのつど万円未満を四捨五入すること。

資料

1. 新規設備の取得価格は6,000万円、耐用年数終了後の残存価額は0、減価償却の方法は定額法であるとする。新規設備の耐用年数は3年である。導入から3年後にこの設備は550万円で売却可能であると予想される。
2. 製品Bの生産のためには材料x 1個が必要となる。また、製品Bは年間10,000個生産することができ、そのすべてが5,000円で販売可能である。
3. 在庫として保有する材料xは1個あたり2,300円で購入したものである。現在では1個あたり2,400円で新たに購入することができる。製品Bを生産する場合には、15,000個の材料xは、新規設備導入時から利用しはじめ、正味現在価値が最大になるように製品Bの生産・販売を行うものとする。材料xは他の用途に転用することはできないため、製品Bを生産しない場合には、現在時点において15,000個の材料xを1個2,000円にて売却するものと仮定する。
4. 当工場では、製品Bの生産を行うか否かにかかわらず、直接労務費として1,000万円、製造間接費として1,000万円が毎年定額発生する。
5. 資本コスト率は年5％で、法人税等の率は30％である。なお、当社は黒字企業である。初期投資時のキャッシュ・フロー（新規設備の取得価格、材料xの売却額および売却にともなう節税効果）は現在時点において生じ、他のキャッシュ・フローはすべて各年度の末に生じるものと仮定する。
6. 割引率5％のときの、現価係数は以下のとおりとする。

1年	2年	3年
0.9524	0.9070	0.8638

問１．現在時点における差額キャッシュ・フローを求めなさい。なお、差額キャッシュ・フローとは、製品Ｂを生産しない案を基準にした場合の新規設備を導入し、製品Ｂを生産する案の差額キャッシュ・フローである(以下同様)。

問２．答案用紙に掲げた二つの方法によるワークシートに従い、各年度の税引後差額キャッシュ・フローを求めなさい。ただし、投資終了にともなうキャッシュ・フローは含めないこと。

問３．当該投資案の正味現在価値を求めなさい。

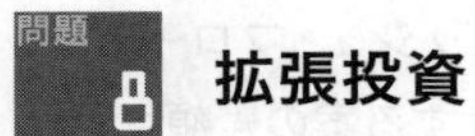

拡張投資

★★★★★ 応用
答案用紙 P.20
解答・解説 P.6-17

日付	/	/	/
✓			

当社は電気製品を製造販売しているが、需要の増大を見越して20X4年度に向けて製造ライン新設の検討を始めた。計画では、20X3年度より設備の導入を開始する。設備に関する初期投資は、20X2年度末と20X3年度末の２回にわけて行われる。20X2年度末に2,000,000円と20X3年度末に1,000,000円の支出が必要である。

20X4年度のはじめから新製造ラインを稼働させる。新設ラインの耐用年数は３年であり、残存価額はゼロである（実際に売却はできないものとする）。減価償却は定額法により行う。既設ラインは20X1年度のはじめから稼働している。既設ラインの耐用年数は６年である。

新設ラインの生産能力は、年間5,000個である。既設ラインの生産能力も年間5,000個である。ただし、1個の生産に要する直接作業時間は新設ラインは0.7時間、既設ラインでは1.3時間である。新設ラインでは、仕損も大きく減少し、材料の消費量は、既設ラインの60%である。

製品の販売価格は、1個あたり1,000円である。直接材料費は製品1個あたり100円である。変動製造間接費は、1時間あたり200円である。変動製造間接費は現金支出費用であり、直接作業時間に比例して発生する。

市場の需要は年間7,000個と予測されている。利益が最大となるように既設ラインと新設ラインとに生産量を割り当てるものとする。新設ライン向けに新たな工員の採用を行わず、配置替えにより対応する。そのための訓練費として、設備に対する初期投資額とは別に20X3年度に500,000円必要である。なお、直接工の賃金は固定給で支払われている。

キャッシュ・フローは年度末にまとめて発生すると仮定する。当社は現在から将来にわたり会社全体で黒字を確保できる見込みである。

加重平均資本コスト率は４%、法人税率は40%とする。

割引率４%の現価係数は以下のとおり。３年分の年金現価係数は2.7751とする。現価係数、年金現価係数が必要な場合は、常に与えられている係数のみを利用すること。

1年	２年	３年
0.9615	0.9246	0.8890

〔注〕1円未満の端数は最終の答えの段階で四捨五入して、円単位で解答すること。

問１．設備に対する初期投資額の20X3年度はじめ時点を基準に計算した現在価値はいくらか。

問２．税金の影響も考慮した訓練費支出の20X3年度はじめ時点を基準に計算した現在価値はいくらか。

問３．20X4年度から20X6年度までの毎年の差額キャッシュ・フロー（１年分）はいくらか。税金を考慮した後の金額で答えること。なお、既設ラインのみで操業する案を基準としてラインの新設を行う案のさいに追加的に発生するキャッシュ・フローを差額キャッシュ・フローと呼ぶことにする。

問４．20X4年度から20X6年度までの毎年の差額キャッシュ・フローの現在価値合計はいくらか。20X3年度はじめ時点を基準に現在価値を計算すること。

問５．新設ラインを設置する案の正味現在価値はいくらか。20X3年度はじめ時点を基準に正味現在価値を計算すること。

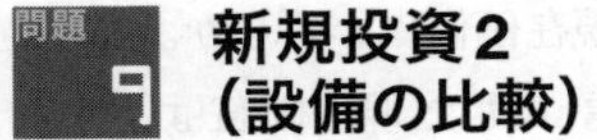

新規投資2（設備の比較）

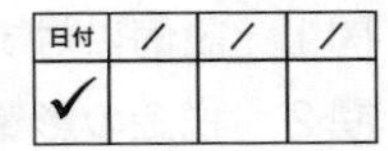

★★★★★ 応用
答案用紙 P.20
解答・解説 P.6-20

当社では製品Rの製造・販売を行っており、製品Rの製造を合理化するために、製品R専用設備の購入を計画している。現在A社とB社の設備が候補にあげられている。両者の資料は次のとおりである。

資料

1．設備の取得原価と耐用年数に関するデータ

	A社製設備	B社製設備
取得原価	21,000千円	30,000千円
耐用年数	3　年	3　年

なお、耐用年数は、年間の製造・販売量とは無関係であり、経済的耐用年数と法定耐用年数とは等しいものとする。

2．製品Rの製造・販売に関する年間の原価データ

	A社製設備	B社製設備
変動費	50千円／個	40千円／個
固定費	20,000千円	35,000千円

なお、固定費の中には減価償却費が含まれており、それ以外の原価は変動費、固定費ともに現金支出原価である。

3．その他の条件

(1) 製品Rの販売価格は80千円／個である。
(2) 設備の減価償却は、定額法（残存価額はゼロ）による。
(3) 当社は黒字企業である。
(4) 法人税等の税率は40％で、税引後の資本コストは10％とする。
(5) r＝10％における現価係数および年金現価係数は次のとおりである。

n	現価係数	年金現価係数
1	0.9091	0.9091
2	0.8264	1.7355
3	0.7513	2.4869
4	0.6830	3.1699
5	0.6209	3.7908

問1．いま、仮にB社製の設備を考慮外とし、A社製の設備を採用した場合、3年間にわたり、製品Rを年々同量ずつ製造・販売するものとして、年間の製造・販売量が何個以上であれば、この投資の採算がとれるかを計算しなさい。

問2．A社製とB社製の設備を比較して、年間の製造・販売量が何個以上であれば、どちらの設備の方が有利であるかを求めなさい。

Chapter

7 直接原価計算

Section

1 直接実際原価計算

問題 1 直接原価計算と全部原価計算

★★★★★ 基本
答案用紙 P.21
解答・解説 P.7-1

日付	／	／	／
	✓		

当社は、単一種類の製品を生産・販売している。これに関する以下の資料にもとづいて、各問に答えなさい。

資料

1. 生産データ（カッコの数値は加工進捗度を示す）

期首仕掛品	120個（50％）
当期投入	1,380個
合計	1,500個
期末仕掛品	150個（60％）
当期完成品	1,350個

2. 販売データ

期首製品	250個
当期完成品	1,350個
合計	1,600個
期末製品	200個
当期販売品	1,400個

3. 原価データ

	当期製造費用	期首仕掛品原価	期首製品原価
原料費	786,600円	54,900円	200,000円
変動加工費	966,000円	50,100円	200,500円
固定加工費	1,104,000円	53,400円	219,000円
合計	2,856,600円	158,400円	619,500円

4. その他のデータ
 (1) 材料はすべて工程の始点で投入される。
 (2) 期末棚卸資産の計算方法は、先入先出法による。
 (3) 販売価格は@3,500円である。
 (4) 変動販売費は@300円である。
 (5) 固定販売費は800,000円である。
 (6) 一般管理費（すべて固定費）は80,000円である。

問1．全部原価計算による損益計算書を作成しなさい。
問2．直接原価計算による損益計算書を作成しなさい。

問題 2

固定費調整1（ころがし計算法と一括調整法）

★★★★★ 基本
答案用紙 P.22
解答・解説 P.7-3

日付	/	/	/
✓			

当社では製品Pを生産・販売し、直接原価計算方式によって損益計算書を作成し、固定費調整を行うことによって、全部原価計算方式による営業利益を計算している。以下の資料にもとづき、各問に答えなさい。

資料

1．生産データ

期首仕掛品	400個	(50%)
当期投入	5,600個	
合計	6,000個	
期末仕掛品	1,000個	(60%)
当期完成品	5,000個	

〔注〕(　　)の数値は、加工進捗度を表している。

2．販売データ

期首製品	200個
当期完成品	5,000個
合計	5,200個
期末製品	400個
当期販売量	4,800個

3．原価データ

	材料費	変動加工費	固定加工費
期首仕掛品	72,000円	95,400円	41,800円
期首製品	34,000円	73,800円	49,100円
当期投入	868,000円	550,800円	413,100円

4．売上関連データ

販売価格	@600円
変動販売費	@ 20円
固定販売費	305,000円

5．その他のデータ

期末仕掛品、期末製品の評価においては、先入先出法を適用している。

問1．ころがし計算法によって期末仕掛品・期末製品に含まれる固定製造原価を計算し、固定費調整を行いなさい。

問2．一括調整法によって期末仕掛品・期末製品に含まれる固定製造原価を計算し、固定費調整を行いなさい。なお、原価配分にあたり、変動加工費の額を配分基準とすること。

固定費調整2（加工費を予定配賦している場合）

★★★★★　基本
答案用紙　P.22
解答・解説　P.7-6

日付	/	/	/
✓			

製品Pを製造・販売する当社について、以下の条件により下記の問に答えなさい。

条件

1．製品Pの製造原価は原料費と加工費からなる。原料費の、完成品と月末仕掛品への配分は先入先出法によることとし、実際総合原価計算を適用している。

加工費については、製品生産量を配賦基準として、変動費と固定費とを区別し、それぞれ別個の配賦率により年間を通じて予定配賦している。

製品Pの年間正常生産量は24,000kgであり、加工費の年間予算は、変動加工費が4,800,000円、固定加工費が2,400,000円である。

2．9月の生産・販売データ

月初仕掛品	500kg（1/2）	月初製品	600kg
当月投入	2,000kg	当月完成品	1,900kg
合計	2,500kg	合計	2,500kg
月末仕掛品	600kg（2/3）	月末製品	400kg
当月完成品	1,900kg	当月販売品	2,100kg

〔注〕原料は工程の始点で投入される。上記（　）は加工費の進捗度を表す。

3．9月の実際製造原価データ

(1)月初仕掛品原価		(2)当月製造費用	
原料費	252,800円	原料費	996,000円
変動加工費配賦額	?	変動加工費実際発生額	412,500円
固定加工費配賦額	?	固定加工費実際発生額	206,000円

4．9月の実際販売価額および営業費のデータ

(1)製品販売価額……………… 1,500円

(2)販売費

変動販売費………………… 60円/kg

固定販売費…………… 237,000円

(3)一般管理費（固定費）…… 489,500円

5．月初製品有高は477,000円（固定加工費を含む）であり、製品の払出単価の計算は先入先出法によること。

6．加工費の当月配賦差額は、当月の売上原価に賦課する。解答にあたっては（　）内に有利・不利を記入すること。

以上の条件にもとづき、直接原価計算方式による損益計算書を作成するとともに、固定費調整を行うことによって、全部原価計算方式による営業利益に一致させなさい。

Section

2 直接標準原価計算

直接標準原価計算における標準原価差異分析

★★★★★ 基本
答案用紙 P.23
解答・解説 P.7-8

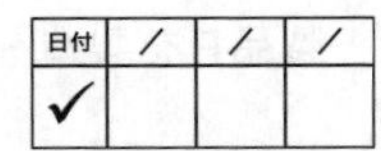

当社ではJ製品を製造・販売しており、原価計算方式として内部管理用に直接標準原価計算を採用している。以下の資料により、直接原価計算方式の損益計算書を作成しなさい。ただし、標準原価差異は比較的少額であるものとする。

資料

1. J製品の原価標準

直接材料費	1,300円／kg × 4kg／個	= 5,200円／個
直接労務費	1,500円／時間×5時間／個	= 7,500円／個
変動製造間接費	1,800円／時間×5時間／個	= 9,000円／個
		21,700円／個

〔注〕なお、変動製造間接費の配賦基準として直接作業時間を採用している。

2. J製品1個あたりの標準変動販売費　　@1,300円／個

3. 当期の生産販売量

期首仕掛品	500個（40%）		期首製品	1,050個
当期投入	4,500個		当期完成品	4,250個
合計	5,000個		合計	5,300個
期末仕掛品	750個（60%）		期末製品	1,300個
当期完成品	4,250個		当期販売品	4,000個

〔注1〕材料はすべて工程の始点で投入している。

〔注2〕カッコの数値は加工進捗度を示している。

〔注3〕販売価格は、@35,000円／個であった。

4. 当期の実際発生額

直接材料費	1,320円／kg ×18,230kg	= 24,063,600円
直接労務費	1,510円／時間×22,000時間	= 33,220,000円
変動製造間接費		39,525,000円
固定製造間接費		35,248,300円
変動販売費		5,255,000円
固定販売費		3,538,100円

問題5 直接標準原価計算と固定費調整

★★★★★ 基本
答案用紙 P.24
解答・解説 P.7-10

日付	／	／	／
✓			

当社では、製品Pを製造・販売しており、標準原価計算制度を採用している。そこで、次の条件により下記の各問に答えなさい。

条件

1．年初における計画データ

完成品1単位あたり原価標準

	変動費	固定費	合計
直接材料費	300円	－	300円
加工費	300円	100円	400円
合計	600円	100円	700円

〔注〕完成品1単位あたりの固定加工費標準配賦額100円は、年間の固定加工費予算1,000,000円÷正常生産量10,000単位により算出されている。また、製品Pの完成品1単位あたりの原価標準は昨年度と等しい。

2．年度末に集計された実績データ

(1)生産・販売データ

期首仕掛品	1,000単位（40％）	期首在庫	2,000単位
当期投入	9,700単位	当期完成品	9,500単位
合計	10,700単位	合計	11,500単位
期末仕掛品	1,200単位（50％）	期末在庫	1,500単位
当期完成品	9,500単位	当期販売品	10,000単位

〔注〕（　）は加工進捗度を表す。製品の販売単価は1,500円であった。

(2)加工費の年間実績データ

変動費……3,090,000円

固定費……1,100,000円

(3)販売費及び一般管理費の実績データ

変動販売費…………………………40円／単位

固定販売費及び一般管理費……1,200,000円

問1．全部原価計算制度による損益計算書を作成しなさい。原価差異については（　）内に有利・不利を示すこと（以下同じ）。

問2．直接原価計算制度による損益計算書を作成するとともに、固定費調整を行い、全部原価計算制度を採用した場合における営業利益を求めなさい。

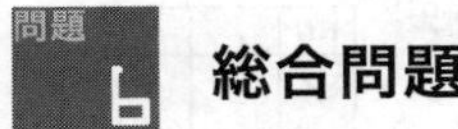

総合問題

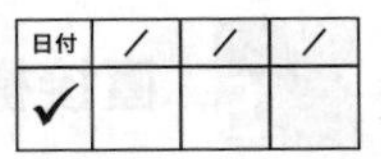

★★★★★ 応用
答案用紙 P.25
解答・解説 P.7-12

ＮＳ株式会社は全部標準原価計算を採用している。当社は原価管理目的のために、月ごとに損益計算書を作成しており、原価差異を把握している。なお、原価差異は毎月すべて売上原価に賦課している（操業度差異以外の原価差異は発生していない）。当社は製品Ｄの製造・販売を行っており、20X2年度（20X2年４月～20X3年３月）も残すところ１カ月である。これまでの11カ月間の業績を前に対策を検討している。答案用紙に従って以下の各問に答えなさい。

ＮＳ社損益計算書
20X2年４月～20X3年２月　（単位：千円）

売上高		1,560,000
売上原価		
期首製品有高	36,000	
当期製品製造原価	840,000	
合　計	876,000	
２月末製品有高	96,000	
差　引	780,000	
原価差異	?	?
売上総利益		?
販売費及び一般管理費		
変動費	78,000	
固定費	220,000	298,000
営業利益		?

資料

1．製品Ｄの原価標準

変動費	200円／個
固定費	400円／個
合計	600円／個

（注）年間基準操業度は1,500千個（月間125千個）である。

2．当社の最大生産能力は月に145千個である。また、製品在庫は最大215千個まで可能である。

3．当社では毎月最低70千個は生産することにしている。また、月末製品在庫は50千個以上を保有することにしている。

4．製品Ｄの20X3年３月および翌年度の各月の販売計画は80千個で一定である。

5．販売費・一般管理費予算

変動販売費・一般管理費の予算は製品１個あたり60円、固定販売費・一般管理費の年間予算は240,000千円（月間20,000千円）である。

問１．20X2年4月～20X3年2月における原価差異を求めなさい。

問２．３月の生産量が以下のように計画されるとき、20X2年度における当社の税引前営業利益を求めなさい。

⑴　３月の生産量が80千個のとき

⑵　３月の生産量が90千個のとき

問３．当社の生産能力、製品在庫能力、その他の在庫方針を考慮したときの20X2年度の税引前営業利益が最大となる３月の生産量と、そのときの20X2年度の税引前営業利益を求めなさい。

問４．20X3年度から法人税率が大幅に引き下げられることが判明した。そこで、翌年度を通じた当社の利益を最大化するために当月の生産量を調整することが検討されている。20X3年度を見越して考えると、利益は可能な限り翌年度へ繰り越すべきであると考えられる。翌年度を通じた当社の税引前営業利益を最大化するための３月の生産量を求めなさい。この場合、問３において求めた税引前営業利益と比較して20X2年度の税引前営業利益はいくら増減するか、また翌年度の生産量と税引前営業利益を求めなさい。

問５．当社は直接標準原価計算の採用を検討している。問３を前提とするとき直接標準原価計算による20X2年度の税引前営業利益を求めなさい。また、全部標準原価計算のときと比較した税引前営業利益の増減を求めなさい。

問題7　理論問題 ～直接原価計算と全部原価計算の関係～

★★★★★　基本
答案用紙　P.25
解答・解説　P.7-18

日付	／	／	／
✓			

以下の条件を満たす場合、直接標準原価計算による営業利益と全部標準原価計算による営業利益の間には次のような関係が成り立つ。(　　)内に入る用語を次の語群から選びなさい。

条件

原価差異は毎期少額かつ正常であり、すべてその発生した期の売上原価としている。また、製品の販売価格、固定費は毎期一定であり、原価標準の改訂は考慮しない。各期末に仕掛品はない。

関係

1．生産量と販売量が一致する場合、両者の営業利益は(　①　)。

2．生産量が販売量より大きい場合、(　②　)による営業利益の方が大きい。

3．販売量が生産量より大きい場合、(　③　)による営業利益の方が大きい。

4．販売量が毎期一定である場合、生産量が変化しても(　④　)による営業利益は変化しないが、もう一方の方法による営業利益は生産量に応じて変化する。

5．生産量が毎期一定である場合、いずれの方法による営業利益も販売量に応じて(　⑤　)。

【語群】

全部原価計算　　直接原価計算　　等しい　　異なる　　変化する　　変化しない

Chapter

8 予算管理

Section

1 予算編成

予算編成1(直接標準原価計算)

★★★★★ 応用
答案用紙 P.26
解答・解説 P.8-1

日付	/	/	/
	✓		

ＭＩＫ工業では、製品Xを製造・販売している。下記の資料にもとづいて20X3年度第1四半期(20X3年4月1日～同6月30日)の5月および6月の予算編成を行い、予定損益計算書と予定貸借対照表を作成しなさい。予定損益計算書は直接標準原価計算方式で作成し、その営業利益に固定費調整を行って、全部原価計算の営業利益(操業度差異を売上原価に賦課して計算した営業利益)を示しなさい。また、予定貸借対照表は全部標準原価計算方式によって作成しなさい。なお、直前4月の活動はすべて予算(計画)どおりに行われた。

資料

1．製品X1個あたり標準変動製造原価

原価要素	標準単価	標準消費量	標準原価
直接材料費	1,900円	5kg/個	9,500円
直接労務費	1,250円	2時間/個	2,500円
変動製造間接費	850円	2時間/個	1,700円
合計			13,700円

(注) 固定製造間接費の月間予算額は33,600千円であり、月間基準操業度は28,000時間である。

2．貸借対照表(20X3年4月30日)(単位：千円)

流動資産		流動負債	
現金	70,000	買掛金	31,578
売掛金	21,000	短期借入金	50,000
製品	?	計	81,578
原材料	?	固定負債	70,000
計	?	純資産	
固定資産		資本金	350,000
土地	125,000	資本剰余金	50,000
建物・設備	362,000	利益剰余金	?
計	487,000	計	?
資産合計	?	負債・純資産合計	?

(注) 製品は全部標準製造原価で計上されている。また、建物・設備は減価償却累計額控除後の金額である。

3．予算データ

（ア） 予算販売単価　21,000円/個

（イ） 予算変動販売費　2,100円/個

（ウ） 固定販売費・一般管理費の月間予算額　16,000千円

（エ） 製品Xの月別販売数量

4月(実績)	10,000個	7月	13,000個
5月	14,000個	8月	9,000個
6月	12,000個		

（オ） 売上高の現金回収

月間売上高の90％は現金売上であり、残り10％は売掛金として翌月末に回収する。貸倒れはない。

（カ） 各月末の製品および原材料の所要在庫量

各月末の製品所要在庫量および原材料所要在庫量は、それぞれ、翌月の製品計画販売量の10％および原材料計画消費量の20％である。仕掛品の月末在庫はない。

（キ） 原材料購入の現金支払

原材料月間購入額の70％は現金で支払い、残り30％は買掛金として翌月末に支払う。

（ク） 製造間接費予算および販売費・一般管理費予算

固定製造間接費の月間予算額のうち、1,040千円は建物・設備の減価償却費であり、固定販売費・一般管理費の月間予算額のうち、260千円は建物・設備の減価償却費である。

（ケ） 土地の取得

5月において土地37,500千円を取得する。土地代金は取得と同時に現金で支払われるものとする。

（コ） 資金調達と返済計画

(1) 各月末に保有すべき現金所要残高は、70,000千円である。月末の現金残高が70,000千円に満たないと予想される場合には、あらかじめその月初に、最低必要額を500千円の倍数で銀行から借り入れておく(短期借入金)。一方、月末に資金に余裕があり、現金所要残高を上回ると予想される場合には、その月末に500千円の倍数額で短期借入金の元金を返済する。なお、固定負債は全額長期借入金であり、20X3年度中に返済期限の到来するものはない。

(2) 各月の支払利息は、月初借入金残高(月初に借り入れた場合には当該借入額も含む)に月利を乗じて計算し、月末に現金で支払う。なお、短期借入金の月利は1.0％、長期借入金の月利は1.2％である。

4．その他

（ア） 給与計算期間と原価計算期間は一致している。

（イ） 資料に特段の指示のあるものを除き、原価はすべて現金支出費用である。

（ウ） 固定費調整にあたって、利益に対してマイナスの調整をする場合には数字の前に△をつけること。

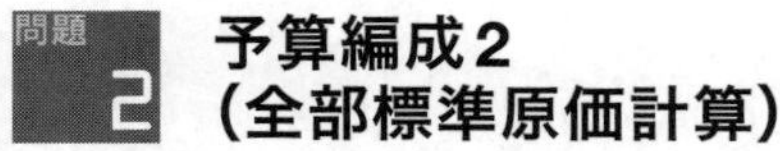

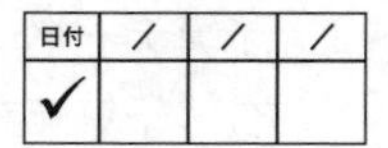

問題2 予算編成2（全部標準原価計算）

★★★★★ 応用
答案用紙 P.28
解答・解説 P.8-9

製品Xを製造・販売する当社は、全部標準原価計算を採用している。下記の資料にもとづいて、20X4年度第2四半期（20X4年7月1日〜同9月30日）の7月および8月の予算編成を行い、答案用紙の予定損益計算書と予定貸借対照表を作成しなさい。ただし、5月および直前6月の活動はすべて予算（計画）どおりに行われたものとする。また、法人税等の税率は30%とする。なお、計算結果に端数が生じる場合は千円未満で四捨五入しなさい。

資料

1．製品X1個あたり標準原価

直接材料費	300円／kg×4kg／個	＝		1,200 円／個
直接労務費	1,200円／時間×1時間／個	＝		1,200
製造間接費				
変動費	600円／時間×1時間／個	＝	600 円／個	
固定費	400円／時間×1時間／個	＝	400	1,000
合計				3,400 円／個

2．貸借対照表（20X4年6月30日）（単位：千円）

流動資産		流動負債	
現金	52,000	買掛金	29,220
売掛金	92,500	借入金	80,000
製品	34,000	未払法人税等	21,140
原料	31,200	小計	130,360
小計	209,700	固定負債	0
固定資産		株主資本	
土地	852,040	資本金	1,600,000
建物・設備	2,324,000	資本剰余金	500,000
減価償却累計額	△685,740	利益剰余金	469,640
小計	2,490,300	小計	2,569,640
合計	2,700,000	合計	2,700,000

3．予算データ

(1) 製品Xの予算販売単価

製品Xは、4月から7月まで5,000円／個により販売を行っていたが、需要拡大をねらって8月からは値下げを行い、4,500円／個で販売することにした。

(2) 製品Xの月別計画販売数量

	5月	6月	7月	8月	9月	10月
販売数量	50千個	45千個	50千個	60千個	55千個	50千個

⑶　売上高の現金回収

月間売上高の70％は現金売上である。残り30％は掛けとするが、そのうち20％は翌月末に、10％は翌々月末にそれぞれ現金で回収する。なお、貸倒れはないものとする。

⑷　各月末の製品および原料の所要在庫量

各月末の製品所要在庫量および原料所要在庫量は、それぞれ、翌月の製品計画販売量の20％および原料計画消費量の50％である。なお、仕掛品の月末在庫はないものとする。

⑸　原料購入の現金支払

月間原料購入額の60％は購入時に現金で支払う。残り40％は掛けとするが、そのうち30％は翌月末に、10％は翌々月末にそれぞれ現金で支払う。なお、資料２.の買掛金のうち７月末の支払額は23,340千円である。

⑹　製造間接費予算

変動製造間接費の予算は直接作業時間あたり600円、固定製造間接費の月次予算は24,000千円である。24,000千円の固定費のうち4,720千円は建物・設備減価償却費、その他の固定費及び変動費はすべて現金支出費用である。なお、月間正常生産量と計画生産量との差から生ずる予定操業度差異は売上原価に賦課する。

⑺　販売費・一般管理費予算

変動販売費の予算は製品１個あたり300円、固定販売費・一般管理費の月次予算は10,000千円である。10,000千円のうち1,180千円は建物・設備減価償却費、残りはすべて現金支出費用である。

⑻　各月末の現金残高

各月末の現金所要残高は50,000千円である。

⑼　資金調達と返済計画

各月末の現金残高が50,000千円に満たないと予想される場合は、あらかじめその月初に、5,000千円の倍数額で最低必要額を銀行から借り入れておく。各月末の現金残高が50,000千円を超えると予想される場合は、5,000千円の倍数額で、その月末に借入金を返済する。資料２.の借入金もこのような借入れの残高である。なお、各月の支払利息は、月初借入残高に月利１％を乗じて計算し、その金額を月末に現金で支払う。

⑽　予想現金収支（借入れにともなう収支は除く）

（単位：千円）

	7月	8月
収入：		
現金売上	?	?
売掛金回収	?	?
設備売却代金	5,960	
支出：		
原料購入代金	?	?
給与	74,200	?
諸経費	62,500	?

（注１）　営業用設備（取得原価24,000千円、20X1年４月１日取得、償却方法は定額法、耐用年数５年、残存価額は取得原価の10％）を20X4年７月１日に売却し、代金は７月中に受け取る。なお、資料３.⑺の販売費・一般管理費予算については、当該設備の減価償却費はすでに除外してある。

（注２）　給与計算期間と原価計算期間は一致している。

Section **2**

予算実績差異分析

問題3 直接実際原価計算による予算実績差異分析

★★★★★ 基本
答案用紙 P.30
解答・解説 P.8-18

日付	/	/	/
✓			

当社は直接実際原価計算を採用している。下記の資料にもとづいて、営業利益差異分析表を作成しなさい。

資料

1. 当期予算損益計算書

	予算損益計算書					実績損益計算書				
	単価(円)		数量(個)		金額(円)	単価(円)		数量(個)		金額(円)
売上高	8,000	×	10,000	=	80,000,000	7,700	×	10,500	=	80,850,000
変動売上原価	3,600	×	10,000	=	36,000,000	3,495	×	10,500	=	36,697,500
変動販売費	300	×	10,000	=	3,000,000	340	×	10,500	=	3,570,000
貢献利益	4,100	×	10,000	=	41,000,000	3,865	×	10,500	=	40,582,500
固定費										
製造間接費					20,000,000					20,002,500
販売費					1,200,000					1,160,000
一般管理費					2,400,000					2,600,000
計					23,600,000					23,762,500
営業利益					17,400,000					16,820,000

2. その他

・期首、期末の仕掛品および製品在庫はない。
・有利差異は＋を、不利差異は△を表示すること。

問題 4 直接標準原価計算による予算実績差異分析

★★★★★ 基本
答案用紙 P.31
解答・解説 P.8-21

日付	/	/	/
✓			

当社は直接標準原価計算を採用している。下記の資料にもとづいて、当期の予算損益計算書、実績損益計算書および営業利益差異分析表を作成しなさい。

資料

1．当期予算データ

(1) 製品1個あたり標準変動費

標準直接材料費	@600円	×	3kg	=	1,800円
標準直接労務費	@500円	×	2時間	=	1,000円
標準変動製造間接費	@400円	×	2時間	=	800円
標準変動製造原価計					3,600円
標準変動販売費	@300円	×	1個	=	300円
合計					3,900円

〔注〕変動製造間接費については、直接作業時間を基準に配賦している。

(2) 固定費予算額

製造間接費	20,000,000円
販売費	1,200,000円
一般管理費	2,400,000円
合計	23,600,000円

(3) 販売データ

予定販売価格 8,000円×予定販売数量 10,000個＝80,000,000円

2．当期実績データ

(1) 原価データ

直接材料費	@620円	×	29,925kg	=	18,553,500円
直接労務費	@480円	×	22,050時間	=	10,584,000円
変動製造間接費					7,560,000円
変動販売費	@340円	×	10,500個	=	3,570,000円
変動費計					40,267,500円
固定製造間接費					20,002,500円
固定販売費					1,160,000円
固定一般管理費					2,600,000円
合計					64,030,000円

(2) 販売データ

実績販売価格 7,700円×実績販売数量 10,500個＝80,850,000円

3．その他

・期首、期末の仕掛品および製品在庫はない。
・当期の標準変動費差異は標準貢献利益に加減すること。
・有利差異は＋を、不利差異は△を表示すること。

Chapter 8 予算管理

全部実際原価計算による予算実績差異分析

★★★★★ 基本
答案用紙 P.33
解答・解説 P.8-25

日付	/	/	/
✓			

当社は全部実際原価計算を採用している。下記の資料にもとづいて、総額分析（項目別分析）および純額分析（要因別分析）による営業利益差異分析表を作成しなさい。

資料

1．当期の損益計算書

	予算損益計算書			実績損益計算書		
	単価（円）	数量（個）	金額（円）	単価（円）	数量（個）	金額（円）
売上高	8,000 ×	10,000 =	80,000,000	7,700 ×	10,500 =	80,850,000
売上原価	5,600 ×	10,000 =	56,000,000	5,400 ×	10,500 =	56,700,000
売上総利益	2,400 ×	10,000 =	24,000,000	2,300 ×	10,500 =	24,150,000
販売費・一般管理費						
販売費			4,200,000			4,730,000
一般管理費			2,400,000			2,600,000
計			6,600,000			7,330,000
営業利益			17,400,000			16,820,000

2．その他

・期首、期末の仕掛品および製品在庫はない。

・有利差異は＋を、不利差異は△を表示すること。

全部標準原価計算による予算実績差異分析

★★★★★　基本
答案用紙　P.34
解答・解説　P.8-27

日付	/	/	/
✓			

当社は全部標準原価計算を採用している。下記の資料にもとづいて、当期の予算損益計算書、実績損益計算書および営業利益差異分析表を作成しなさい。

資料

1. 当期予算データ

(1) 製品1個あたり標準原価

直接材料費	@600円 × 3kg	=	1,800円
直接労務費	@500円 × 2時間	=	1,000円
製造間接費	@1,400円 × 2時間	=	2,800円
合計			5,600円

〔注〕製造間接費は公式法変動予算を採用しており固定製造間接費予算は20,000,000円である。また直接作業時間を配賦基準としており、正常操業度は20,000時間である。

(2) 販売費および一般管理費

販売費	4,200,000円
一般管理費	2,400,000円
合計	6,600,000円

(3) 販売データ

予定販売価格　8,000円×予定販売数量　10,000個＝80,000,000円

2. 当期実績データ

(1) 原価データ

直接材料費	@620円 × 29,925kg	= 18,553,500円
直接労務費	@480円 × 22,050時間	= 10,584,000円
製造間接費		
変動費		7,560,000円
固定費		20,002,500円
販売費		4,730,000円
一般管理費		2,600,000円
合計		64,030,000円

(2) 販売データ

実績販売価格　7,700円×実績販売数量　10,500個＝80,850,000円

3. その他

・期首、期末の仕掛品および製品在庫はない。
・当期の標準原価差異は標準売上総利益に加減すること。
・製造間接費能率差異は変動費と固定費の両方から算定すること。
・有利差異は＋を、不利差異は△を表示すること。

活動区分別の営業利益差異分析

★★★★★ 基本
答案用紙 P.36
解答・解説 P.8-32

日付	/	/	/
	✓		

当社は本年度より直接標準原価計算を採用している。年度末に以下の資料1.の損益計算書が社長に報告された。いま社長は当期の営業利益が当初計画予算より15,800円低い理由について説明を求めている。これに対し、経理部では営業利益差異分析表と責任区分別に差異を集計した活動区分別差異分析表を用意することとした。そこで、これらの差異分析表を完成させなさい。

資料

1．当期の損益計算書

	予算損益計算書			実績損益計算書		
	単価(円)	数量(個)	金額(円)	単価(円)	数量(個)	金額(円)
売上高	6,000 ×	2,000 =	12,000,000	6,100 ×	1,900 =	11,590,000
標準変動費						
製造原価	3,800 ×	2,000 =	7,600,000	3,800 ×	1,900 =	7,220,000
販売費	100 ×	2,000 =	200,000	100 ×	1,900 =	190,000
計	3,900 ×	2,000 =	7,800,000	3,900 ×	1,900 =	7,410,000
標準貢献利益	2,100 ×	2,000 =	4,200,000	2,200 ×	1,900 =	4,180,000
標準変動費差異			—			57,000
実際貢献利益			4,200,000			4,237,000
固定費						
製造間接費			2,050,000			2,042,800
販売費			800,000			846,000
一般管理費			646,000			660,000
計			3,496,000			3,548,800
営業利益			704,000			688,200

2．製品1個あたりの標準変動費

標準直接材料費	@500円× 2kg／個	=	1,000円
標準直接労務費	@400円× 4時間／個	=	1,600円
標準変動製造間接費	@300円× 4時間／個	=	1,200円
変動製造原価計			3,800円
標準変動販売費	@100円× 1個	=	100円
合　計			3,900円

3．実績データ

直接材料費	1,877,200円(3,610kg)
直接労務費	3,176,800円(8,360時間)
変動製造間接費	2,090,000円
変動販売費	209,000円

4．その他

・期首、期末の仕掛品および製品在庫はない。

・製造間接費は公式法変動予算を採用しており、直接作業時間を配賦基準としている。

・有利差異は＋を、不利差異は△を表示すること。

Section

3 販売数量差異の細分化

問題8 市場占拠率差異と市場総需要量差異

★★★★★ 応用
答案用紙 P.37
解答・解説 P.8-35

日付	/	/	/
✓			

当社は直接標準原価計算を採用している。以下の資料にもとづいて、各問に答えなさい。各差異の金額の後の(　)内には有利差異である場合には「+」、不利差異である場合には「−」と記入すること。

資料

	予算(標準)	実績
製品販売単価	5,000円	5,200円
年間販売数量	4,600個	4,800個
市場総需要量	23,000個	32,000個
単位あたり変動費		
製造原価	2,000円	2,200円
販売費	300円	400円

問1．総額分析によって、売上高差異の分析を行いなさい。
問2．純額分析によって、貢献利益差異の分析を行い、販売価格差異と販売数量差異を答えなさい。
問3．予算と実績における市場占拠率を求めなさい。
問4．答案用紙に従って、問2で算出した販売数量差異の詳細な分析を行いなさい。

Chapter 8 予算管理

問題9 セールス・ミックス差異と総販売数量差異

★★★★★ 応用
答案用紙 P.37
解答・解説 P.8-36

日付	/	/	/
✓			

当社は直接実際原価計算を採用しており、純額分析による予算実績差異分析を行っている。

以下の前月の予算資料と実績資料にもとづいて、答案用紙に掲げられた項目を答えなさい。なお、各差異の金額の後の(　)内には有利差異である場合には「+」、不利差異である場合には「−」と記入すること。

資料

	予算			実績		
	製品A	製品B	合計	製品A	製品B	合計
販売価格	900円	600円	—	890円	630円	—
販売量	3,000個	2,000個	5,000個	3,600個	900個	4,500個
単位あたり変動費	400円	340円	—	380円	350円	—

会話文問題１（市場占拠率差異と市場総需要量差異）

★★★★★ 応用
答案用紙 P.38
解答・解説 P.8-39

日付	／	／	／
✓			

６月の予算および実績に関する資料にもとづいて、次に示す社長、販売部長、製造部長、経理部長の会話の（　　）内に入る適切な数字を計算しなさい。また、[　　] 内に入るもっとも適切な言葉を次の語群から選択しなさい。

語群

高い	貢献利益率	売上高営業利益率	総販売量差異
低い	市場占拠率	市場占拠率差異	セールス・ミックス差異
安全余裕率	販売価格差異	市場総需要量	市場総需要量差異

社　　長：では販売部長から先月の業績を報告してくれ。

販売部長：６月の実績は予算に比べて売上高が（　①　）千円上回りました。先月は販売部員ががんばってくれました。

社　　長：しかし、利益は（　②　）千円の未達ではないか。これは販売部門の責任ではないのかね。

販売部長：社長、それは製品原価の計算を実際発生額で行っているからです。販売部門が責任を負うべき金額を計算するのであれば、予算額を使うべきです。

社　　長：経理部長、その場合の利益を計算してくれ。

経理部長：はい、その場合の貢献利益は（　③　）千円となり、予算よりも実績の方が高くなります。

社　　長：そうか。利益が未達なのは製造原価の増加が原因だったのだな。

製造部長：社長、ちょっと待ってください。われわれは営業部門が [　④　] の [　⑤　] 製品Ｙの営業に力を注ぐであろうと思っていたので、その製造原価の低減に注力したのです。その結果、製品Ｙは単位当たり（　⑥　）円の変動製造原価の低減に成功しました。我々の責任というより、むしろ販売部門の方針に問題はなかったのでしょうか。

社　　長：なるほど。製造部長の話ももっともだ。予算でみると [　④　] は製品Ｘよりも製品Ｙの方が10ポイントも高い。しかも、製品Ｙの [　⑦　] は予算と比べて実績が（　⑧　）個も増えている。この点を考えれば販売部は製品Ｙの販売に注力すべきだったのではないのかな。

販売部長：ごもっともです。しかし、製品Ｘは当社の創業時からの主力製品です。「製品Ｘといえば当社」という市場認識がある中、[　⑨　] を下げては当社自体の市場認知度が低下してしまいます。そのため販売価格を下げるという戦略をとりました。一方製品Ｙは、市場からの評価が比較的高かったため販売価格を引き上げたのです。

社　　長：たしかに、製品Ｘは大事な商品だ。ただ、会社全体の収益性についても考えてくれたまえ。

販売部長：かしこまりました。

社　　長：もう一度数字をつめてみよう。両製品の販売数量差異の総額は150千円の有利差異だが、これを製品別に分けるとどうなるのだね。

経理部長：製品Ｘは（　⑩　）千円の有利差異、製品Ｙは（　⑪　）千円の不利差異です。

社　　長：すると、製品Ｙに問題があるようだな。製品Ｙは［　⑦　］が予算よりも増えているようだが、この影響額はいくらだね。

経理部長：［　⑫　］のことですね。（　⑬　）千円の有利差異となっております。

社　　長：そうした中、製品Ｙの実際販売量が減ったということは、［　⑨　］が下がったということだ。この影響はいくらだね。

経理部長：［　⑭　］のことですね。（　⑮　）千円の不利差異となっております。なお、製品Ｘは2,880千円の有利差異です。

社　　長：販売部長、これらについてはどう思うかね。

販売部長：申し訳ございません。早速製品Ｙの販売体制を強化し、今月には挽回できるように致します。

資料

6月の予算および実績は、次のとおりであった。

1．損益計算書

（単位：千円）

	予算		実績	
	製品Ｘ	製品Ｙ	製品Ｘ	製品Ｙ
売上高	30,000	24,300	34,800	20,900
変動費				
変動売上原価	16,500	10,800	21,000	8,360
変動販売費	1,500	1,350	1,800	1,100
貢献利益	12,000	12,150	12,000	11,440
固定費				
製造固定費	8,200		8,200	
販売固定費	2,200		2,200	
一般管理費	2,250		2,250	
営業利益	11,500		10,790	

2．諸データ

	予算		実績	
	製品Ｘ	製品Ｙ	製品Ｘ	製品Ｙ
生産・販売数量	50,000個	27,000個	60,000個	22,000個
市場占拠率	40％	30％	50％	20％

なお、製品および仕掛品の在庫はない。

問題 11

会話文問題2（セールス・ミックス差異を含む総合問題）

★★★★★ 応用
答案用紙 P.38
解答・解説 P.8-41

日付	/	/	/
✓			

当社は、製品Xを製造・販売している。販売ルートは、デパート・スーパーマーケットへの卸売と直営店への販売の２つである。当社では、業容拡大にともない本格的な予算管理を実施することを予定している。次の資料にもとづき、以下に示す当社社長とコンサルタントＴ氏の会話文を完成させなさい。なお、（　　）内には適切な金額を記入し、また［　　　］内にはもっとも適切な言葉を次の語群から選択しなさい。

語群
販売価格差異、販売数量差異、変動費差異、固定費差異、
セールス・ミックス差異、総販売数量差異、市場占拠率差異、市場総需要量差異

資料

１．20X6年度４月予算損益計算書および実績損益計算書

（単位：千円）

	予　算	実　績	差　異
売 上 高	3,876,000	3,906,000	＋30,000
変 動 費	1,821,000	1,878,600	△57,600
貢献利益	2,055,000	2,027,400	△27,600
固 定 費	1,200,000	1,188,000	＋12,000
営業利益	855,000	839,400	△15,600

２．諸データ

	予算			実績		
	卸売	直営	計	卸売	直営	計
生産・販売量	108,000個	42,000個	150,000個	124,000個	31,000個	155,000個
マーケットシェア	―	―	30%	―	―	25%
販売単価	25,000円	28,000円	―	24,500円	28,000円	―
単位あたり変動費	12,000円	12,500円	―	12,000円	12,600円	―

社　長「今月から本格的に予算管理を実施する予定です。先ほど経理部から先月の実績データが送られて来ました。これらの資料はどのように見ればいいのですか」

Ｔ　氏「予算管理は、財務上の数値を分析して会社の抱える問題点を明らかにすることが重要です。そのためにはまず貢献利益の差額から分析するとよいでしょう。御社では貢献利益差異は27,600千円の不利差異ですが、この差異は［　①　］、［　②　］および［　③　］の３つの差異に分析することができます」

社　長「それぞれどのような意味があるのですか」

T　　氏「①は販売数量の増減による差異で（　④　）千円の有利差異、②は売価の増減による差異で（　⑤　）千円の不利差異、③は単位あたり変動費の増減による差異で（　⑥　）千円の不利差異です。②の原因は卸売への売価を500円安くしたことが原因です。これについては販売部長になぜ売価をおさえる必要があったのか理由を求めるとよいでしょう」

社　　長「わかりました。①は予算より5,000個多く売ったことを意味しているのですね。当社の販売努力の結果というわけですか」

T　　氏「社長、①についてはさらに注意してみなければなりませんよ。確かに有利差異ではありますが、問題点が含まれているかもしれません」

社　　長「どういうことですか」

T　　氏「販売量を販売先別で見てみると、収益性の高い直営店の販売量が予算以下となっています。この点は、①をさらに［　⑦　］と［　⑧　］に分析してみるとよくわかると思います。⑦は販売比率が予算と異なることによる差異で（　⑨　）千円の不利差異、⑧は純粋な販売量の増加による差異で、（　⑩　）千円の有利差異と計算されます」

社　　長「ふーむ、低収益の卸売を重視した結果、⑨千円の損失が生じてしまったということか。この点は販売部長と話さないといかんな。ただ、先生、販売量が増加することによって⑩千円の利益が増えたわけですから、この点は安心ですね」

T　　氏「いえ、そうとも言い切れませんよ。⑧は有利差異ですが、これも更に［　⑪　］と［　⑫　］に分解して分析してみましょう。⑪は（　⑬　）千円の有利差異、⑫は（　⑭　）千円の不利差異です」

社　　長「それで何がわかるのですか」

T　　氏「⑧の増加要因がわかります。⑪は市場規模が予測より大きかったことの影響額を表しています。一方、⑫は御社のマーケットシェアが低下したことによる影響額を表しています」

社　　長「なるほど。当社の売上げが伸びたのは単に成長市場の波に乗っただけということですか。⑫を重く受け止める必要がありますね。シェアを伸ばすための新たな施策を考えていきたいと思います。先生もご協力お願いします」

理論問題 〜予算編成と予算統制〜

★★★★★ 応用
答案用紙 P.38
解答・解説 P.8-44

日付	/	/	/
✓			

下記の文章は『原価計算基準』から、予算編成および予算統制に関する文章を一部抜粋したもの（一部改変）である。空欄に入る適切な語句を下記の語群から選びなさい。なお、同じ記号には同じ語句が入る。

1．原価計算の目的の一つは、予算の編成ならびに（　ア　）のために必要な原価資料を提供することである。ここに予算とは、予算期間における企業の各業務分野の具体的な計画を（　イ　）に表示し、これを総合編成したものをいい、予算期間における企業の（　ウ　）を指示し、各業務分野の諸活動を調整し、企業全般にわたる（　エ　）の要具となるものである。予算は、業務執行に関する総合的な（　オ　）であるが、予算編成の過程は、たとえば製品組合せの決定、部品を自製するか外注するかの決定等個々の選択的事項に関する意思決定を（　カ　）ことは、いうまでもない。

2．予算とくに（　ク　）の編成ならびに（　ア　）に役立つために、原価計算は、予算期間において期待されうる条件に基づく予定原価又は（　キ　）を計算し、予算とくに、（　ク　）の編成に資料を提供するとともに、予算と対照比較しうるように原価の（　ケ　）を計算し、もって予算統制に資料を提供する。

【語群】

貨幣的	実績	計数的	実際原価	個別的管理	総合的管理
期間計画	標準原価	予算	予算統制	収益予算	費用予算
含む	含まない	利益目標	個別計画	総合予算	差異

Chapter

9 セグメント別損益計算

Section

1 セグメント別損益計算

問題 1 セグメント別損益計算書

★★★★★ 基本
答案用紙 P.39
解答・解説 P.9-1

日付	/	/	/
✓			

当社では、A製品、B製品、C製品の３つの製品を製造し販売している。来期の予算編成にあたり、今までの製品の製造販売をこれからも継続するべきか否かを検討することになった。そこで製品別の損益計算書を作成してみると、C製品について営業損失が生じていることがわかった。C製品について製造販売を継続すべきか否かについて、各製品の貢献利益率を求めた上で検討しなさい。なお、仕掛品や製品の在庫はないものとする。

製品種類別損益計算書　　　　(単位：千円)

	A製品	B製品	C製品	合　計
Ⅰ 売上高	2,000	2,500	3,000	7,500
Ⅱ 売上原価	1,600	1,750	2,400	5,750
売上総利益	400	750	600	1,750
Ⅲ 販売費及び一般管理費	300	300	700	1,300
営業利益	100	450	△100	450

〔注〕売上原価および販売費及び一般管理費の中には固定費が含まれている。その金額は次のとおりである。これらは、当社全体で発生し、経営者の判断により各製品に配賦した固定費であり、製造販売を中止しても回避できない性質のものである。

(単位：千円)

	A製品	B製品	C製品	合　計
売上原価	400	200	900	1,500
販売費及び一般管理費	100	100	400	600
	500	300	1,300	2,100

Chapter 9 セグメント別損益計算

Section

2 事業部制のもとでの業績測定

問題2 事業部の業績測定

★★★★★ 基本
答案用紙 P.39
解答・解説 P.9-2

日付	/	/	/
✓			

当社では3つの事業部を設け、同一目的に使用される別々の製品を製造・販売している。そこで、以下の資料にもとづいて各問に答えなさい。なお、第1事業部では甲製品、第2事業部では乙製品、第3事業部では丙製品を製造・販売している。

資料

1．販売状況および変動費に関するデータ

	甲製品	乙製品	丙製品
販売単価	800円	600円	750円
販売数量	30千個	50千個	20千個
直接材料費	120円／個	110円／個	100円／個
直接労務費	90円／個	100円／個	80円／個
変動製造間接費	190円／個	140円／個	120円／個
変動販売費	100円／個	50円／個	180円／個

2．固定費に関するデータ

	第1事業部	第2事業部	第3事業部
管理可能固定費	3,600千円	7,100千円	2,400千円
管理不能固定費	4,500千円	1,300千円	1,200千円
全社的固定費	2,500千円		

なお、全社的に発生した固定費は、各事業部に販売数量の割合で配賦する。

3．各事業部投資額

第1事業部　10,000千円（9,600千円）
第2事業部　5,000千円（4,560千円）
第3事業部　10,000千円（9,500千円）

〔注〕(　　)の数値は管理可能投資額である。

問1．事業部別損益計算書を作成しなさい。

問2．問1の結果にもとづいて、投下資本利益率により、事業部長の業績測定と事業部自体の業績測定を行い、その結果、各事業部を業績の良いものから順に答案用紙の所定の欄に並べなさい。なお、事業部自体の業績測定には全社的固定費配賦前の投下資本利益率を用いている。

問題 3 総合問題

★★★★☆ 応用
答案用紙 P.40
解答・解説 P.9-3

日付	/	/	/
✓			

ＮＳ株式会社では、事業部制を採用している。以下の資料にもとづき、各問に答えなさい。なお、計算過程で端数が生じる場合、解答にあたって万円未満を、％については小数点以下第３位を四捨五入すること。

資料

１．当期の事業部別損益計算書は、次のとおりである。

事業部別損益計算書　(単位：万円)

	A事業部	B事業部	C事業部	合計
売上高	2,250,000	750,000	(②)	( )
変動費	1,147,500	375,000	1,300,000	2,822,500
貢献利益	1,102,500	375,000	( )	( )
管理可能個別固定費	400,000	157,500	430,000	987,500
管理可能利益	702,500	217,500	( )	( )
管理不能個別固定費	526,100	(①)	( )	( )
事業部貢献利益	176,400	( )	140,000	( )
本社固定費				252,500
営業利益				( )

２．各事業部の総投下資本は次のとおりである。

A事業部：1,960,000万円(1,710,000万円)　　B事業部：640,000万円(380,000万円)

C事業部：1,540,000万円(　850,000万円)

(注)　(　　)の金額は、各事業部長にとって管理可能な額である。

３．当社ではROI（＝事業部貢献利益÷総投下資本）によって各事業部の業績を測定しており、同時に事業部長の賞与算定基準の一要素としている。

４．当社の資本コスト率は８％である。

問１．当期におけるA事業部の損益分岐点売上高と安全余裕率を求めなさい。なお、本社固定費の配賦を考慮する必要はない(以下の問２および問３についても同様)。

問２．当期におけるB事業部の損益分岐点売上高は637,360万円であった。資料１．における空欄①の金額を求めなさい。

問３．当期におけるC事業部の経営レバレッジ係数は5であった。資料１．における空欄②の金額を求めなさい。

問４．当期における各事業部のROIを答えなさい。

問５．各事業部は翌期の目標ROIを10％と設定している。この目標達成に必要な売上高を求めなさい。

問６．これまで、現在の事業部長の業績測定基準のもとでの事業部レベルの意思決定結果が必ずしも全社的な利益の最大化を達成しえていないという問題点がたびたび指摘されていた。また、現在のその基準には、事業部長が管理できない要素が含まれているという問題点もある。このため、事業部長の業績測定基準を管理可能残余利益に変更することを検討している。そこで、各事業部の管理可能残余利益を求めなさい。

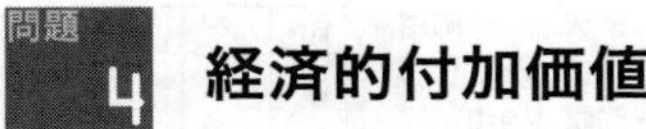

問題4 経済的付加価値

★★★★★ 応用
答案用紙 P.40
解答・解説 P.9-6

日付	/	/	/
✓			

当社は、ハンバーガーを主力製品とするファースト・フード・レストランを経営する会社である。国内で20の支店をもっているが、なかでも東京の新宿店と渋谷店の成長はめざましく、両店とも料理の種類にピザを加える可能性を検討中である。

資料

1．両支店のピザ導入前の年次貸借対照表と損益計算書(単位：万円)

	新宿店	渋谷店
年次貸借対照表		
流動資産	8,000	4,000
固定資産	22,000	2,000
資産合計	30,000	6,000
流動負債	5,000	1,000
固定負債	7,000	800
負債合計	12,000	1,800
株主資本	18,000	4,200
負債・純資産合計	30,000	6,000
年次損益計算書		
売上高	45,000	16,000
費用	30,000	13,300
税引前利益	15,000	2,700

2．ピザ導入に要する投資額は4,000万円であり、短期の借入により500万円、長期の借入により500万円を、新株の発行により3,000万円を調達する。また、そのとき増加する資金使用資産総額は3,500万円である。なお、ピザ導入により、各支店の税引後利益は、1,330万円増加する。

3．法人税等の税率は30%である。

〔問題〕 下記は当社の社長と常務との会話である。この文の中の①から⑧までの［　　］の中の不要な文字を消すか、あるいは適切な文字または数値を記入して文章を完成させなさい。

社長 「わが社のとりうる新しい投資案は何かないのかね」

常務 「現在、新宿店と渋谷店では、ピザ投資案の採否を検討中です。もしピザ投資案を採用すると、新宿店の投下資本利益率は①［増加、減少］しますが、渋谷店の投下資本利益率は②［増加、減少］します。したがって新宿店長はピザ投資案を③［採用する、採用しない］が、渋谷店長はこれを④［採用する、採用しない］でしょう」

社長 「なるほど。他の評価方法はないのかね」

常務 「当社の加重平均資本コスト率は14%です。最近、残余利益法の一種である経済付加価値法が注目されています。この方法では、支店の税引後の利益から、支店の資金使用資産総額（つまり固定資産額と運転資本の合計額）に全社の加重平均資本コスト率を掛けて計算した資本コストを差し引いて、経済付加価値額を計算します。この方法によれば、ピザ投資案を採用する場合、新宿店の資金使用資産総額は⑤[　　]万円、経済付加価値額は⑥[　　]万円となり、渋谷店の資金使用資産総額は⑦[　　]万円、経済付加価値額は⑧[　　]万円となるので、どちらもピザ投資案を喜んで採用するでしょう」

問題 5 内部振替価格

★★★★☆ 応用
答案用紙 P.41
解答・解説 P.9-7

日付	/	/	/
✓			

当社には、２つの事業部(部品事業部、製品事業部)がある。部品事業部では、現在、部品x１万個を製造できるだけの遊休生産能力がある（部品xの外部市場における需要は低く、この１万個については製造しても外部市場へは販売できないものとする)。製品事業部についても遊休生産能力があるため、部品事業部から部品xを購入し、これに加工を施し、製品Xを製造販売することができる。以下の資料にもとづき、各問に答えなさい。

資料

	部品事業部	製品事業部
標準変動費	300円/個	500円/個
標準固定費	250円/個	50円/個
製品X市価	–	1,000円/個

1. 製品Xの需要量は１万個である。
2. 製品X１個の製造には、部品xを１個を要する。
3. 上記の製品事業部の標準変動費には、部品xの受入価額は含まれない。
4. 各事業部の固定費は、上記の遊休生産能力のある設備に関するものである。

問１．両事業部の遊休生産能力を利用して、部品事業部から製品事業部に部品x１万個を振り替えて、製品Xとして販売することは会社全体にとって有利であるか。答案用紙に従って答えなさい。

問２．全部原価基準により内部振替価格を設定する場合、製品事業部長は部品事業部から部品x１万個を購入し、製品Xとして販売すべきであると判断するか。答案用紙に従って答えなさい。

問３．変動費基準により内部振替価格を設定する場合、製品事業部長は部品事業部から部品x１万個を購入し、製品Xとして販売すべきであると判断するか。答案用紙に従って答えなさい。

問４．仮に部品xの需要が高く、部品事業部は部品xを外部へ340円／個で販売することができるものとする。このとき、両事業部の遊休生産能力を利用して、部品xの全量を部品事業部から製品事業部に振り替えて、製品Xとして販売する場合と部品xを製品事業部に振り替えることなく、その全量を外部に販売する場合とでは、会社全体としてはどちらの方が有利であるか。答案用紙に従って答えなさい。

問５．問４を前提として、内部振替価格に単純市価を用いた場合、製品事業部長は部品xの全量を受け入れて製品Xとして販売すべきであると判断するか。答案用紙に従って答えなさい。

問題6 理論問題 ～内部振替価格～

★★★★★ 基本
答案用紙 P.41
解答・解説 P.9-10

日付	/	/	/
✓			

次の文章は、内部振替価格について説明した文章である。空欄に入る適切な語句を下記の語群から選びなさい。なお、同じ記号には同じ語句が入る。

1．（　ア　）組織を採用している企業で、事業部間で部品などの供給を行っている場合に、部品などを引き渡すさいの価格を（　イ　）という。

2．事業部は独立採算制のもとに活動を行っているため、（　イ　）は意思決定に役立つとともに、各事業部の（　ウ　）にも役立つように設定しなければならない。

3．内部供給を行っている部品などに競争市場が存在する場合、（　イ　）は（　エ　）とするのが最良である。この（　エ　）にもとづく（　イ　）については販売費などを控除した（　オ　）と（　エ　）とまったく同額とする（　カ　）とがある。

4．（　エ　）による（　イ　）の最大の欠点は内部供給を行っている部品などの（　エ　）がつねに入手できるとは限らない点である。そのような場合に考えられる（　イ　）として（　キ　）がある。

【語群】

業績測定	市価差引基準	単純市価基準	内部振替価格
事業部制	職能別	原価基準	市価

Chapter

10 新しい原価計算と管理会計

Section

1 品質原価計算

問題1 品質原価計算

★★★★★ 基本
答案用紙 P.42
解答・解説 P.10-1

日付	/	/	/
	✓		

当社は製品Pを製造・販売しており、A材料を主要材料としている。以下の資料にもとづいて、空欄に入る適切な金額・語句を答えなさい。なお、(オ)は「有利」か「不利」かで答えなさい。

資料

1．製品Pの原価データ

直接材料費		40,000円
直接労務費	1,000円×10時間	10,000円
変動製造間接費	500円×10時間	5,000円
固定製造間接費	1,500円×10時間	15,000円
		70,000円

2．製造・販売状況

製品Pは1台100,000円で販売しており、売行きは好調で売残りを心配する必要はない。当社の年間生産能力は、50,000台である。

3．検査機器の導入案

現在、製品Pの製造工程の終点で1％が仕損となっており、この仕損品は現在1台30,000円で売却処分されているが、特殊な検査機器を導入することで仕損の発生を0％にすることが可能である。この検査機器のレンタル料は年間30,000,000円である。

そこで、この検査機器を導入すべきかを検討している。

① 検査機器を導入する案の年間の評価原価は［（ア）］円である。
② 現在の年間の内部失敗原価は［（イ）］円である。
③ 検査機器を導入する案の年間の差額収益(貢献利益ベース)は［（ウ）］円である。
④ 検査機器を導入する案は1年間で［（エ）］円だけ［（オ）］である。

Chapter 10 新しい原価計算と管理会計

Section

2 原価企画・原価維持・原価改善

問題 2 原価企画

★★★★★ 基本
答案用紙 P.42
解答・解説 P.10-2

日付	／	／	／
✓			

次の文章にもとづいて、各問に答えなさい。

ＮＳ製造では、ある製品を開発中であるが、競合製品の市場価格や競合他社の動向を考慮して、新製品の販売価格は32万円／個を予定した。また、この製品の目標利益率を25％とした。

しかし、他の製品の過去の製造原価データやこの製品特有のコストなどを考慮して積み上げた(　A　)原価は27万円／個であった。予定販売価格と目標利益から逆算した(　B　)原価と(　A　)原価の差額は大きく、販売開始までの間にこの差額を埋めるのは困難であると判断し、目標原価を(　B　)原価に２万円を加算した金額に設定した。

問１．A、Bに入る適当な語句を答えなさい。
問２．新製品１個あたりの目標原価を算定しなさい。

Section

3 ライフサイクル・コスティング

問題 3 ライフサイクル・コスティング

★★★★★ 応用
答案用紙 P.43
解答・解説 P.10-3

日付	/	/	/
✓			

当社は製品Sを販売単価30,000円で販売する予定であるが、この製品Sを購入する顧客は、購入後も様々なコストを負担する。この製品Sの平均利用年数は４年であり、光熱費が年間4,000円（年度末払）、購入から２年後にメンテナンス費用が3,000円、さらに４年後にリサイクル費用が2,500円かかる。

問１．製品Sの取得から廃棄までのライフサイクル全体にわたって、顧客が負担するコストの総額は現在価値に換算していくらとなるか。ただし、割引率は年７％である。現在価値の計算には、次の現価係数表を用いること。計算上生じる端数は最終の解答段階で円未満を四捨五入すること。

	１年	２年	３年	４年
７％	0.9346	0.8734	0.8163	0.7629

問２．今後４年間の経済動向を予測すると、メンテナンス費用に変動はないが、光熱費が購入後２年目から毎年前年度の５％の値上がりが予想される。また、リサイクルに関する法律によりリサイクル費用は４年後ではなく、購入時に支払うことになり、その額は上記の額よりも1,000円高い。この場合、現在の顧客が許容できる製品Sの購入原価の上限はいくらであるかを計算しなさい。ただし、割引率、現価係数表、計算上生じる端数の処理の条件は問１と同様とする。

Memorandum Sheet

解答・解説編

【チェック表】

Chapter	Section	重要度	メモ(解けなかった問題、解いた日付など)
1 工業簿記・原価計算の基礎	1「工業簿記・原価計算」と管理会計	★★	
	2 原価計算の基礎	★★	
2 CVP 分析	2 基本的な CVP 分析	★★★	
	3 応用的な CVP 分析	★★★	
	4 原価の固変分解	★★	
3 最適セールス・ミックス	1 最適セールス・ミックス	★★★	
4 業務的意思決定	2 特殊原価と差額原価収益分析	★★★	
	3 差額原価収益分析のケース・スタディ	★★★	
5 設備投資意思決定の基本	1 設備投資意思決定の基礎知識	★★★	
	2 設備投資案の評価方法Ⅰ	★★★	
	3 キャッシュ・フローの見積り	★★★	
	4 設備投資案の評価方法Ⅱ	★★	
6 設備投資意思決定の応用	1 設備投資意思決定の応用問題	★★★	
7 直接原価計算	1 直接実際原価計算	★★	
	2 直接標準原価計算	★★★	
8 予算管理	1 予算編成	★★	
	2 予算実績差異分析	★★★	
	3 販売数量差異の細分化	★★	
9 セグメント別損益計算	1 セグメント別損益計算	★★★	
	2 事業部制のもとでの業績測定	★★	
10 新しい原価計算と管理会計	1 品質原価計算	★★	
	2 原価企画・原価維持・原価改善	★★	
	3 ライフサイクル・コスティング	★	

Chapter 1 工業簿記・原価計算の基礎

Section 1 「工業簿記・原価計算」と管理会計

問題1 理論問題〜財務会計と管理会計〜

|解答|

1	○	2	×	3	×	4	×	5	○

解説

1．正しい文章です。誰に情報を提供するための会計なのかが、財務会計と管理会計の最も異なる点です。

2．管理会計は、各企業がその状況や必要に応じて自由に行うものなので、必ず従わなければならないという社会的なルールはありません。会社法などの規制を受けるのは財務会計です。

3．管理会計の意思決定会計は、その企業の経営管理者の経営意思決定のための会計です。外部の投資家などの意思決定のための会計は財務会計です。

4．管理会計は、製造業を営む企業だけでなく、すべての業種の企業で活用されています。検定試験でも、製造業以外の企業を前提に出題されることがあります。

5．正しい文章です。営業利益（＝貢献利益－固定費）がゼロになる点が損益分岐点なので、そのときには貢献利益と固定費が等しくなります。

Section 2 原価計算の基礎

問題2 理論問題〜原価計算の目的〜

|解答|

ア	財務諸表	イ	原価管理	ウ	予算	エ	基本計画

解説

試験では、本問の形式のような穴埋め問題が出題されることがあります。原価計算基準上の用語に慣れておくようにしましょう。

原価計算の目的は、これからの学習を進める上で必要不可欠な知識です。

Chapter

2 CVP分析

Section

2 基本的なCVP分析

損益分岐点・目標利益達成点

解答

問1.

損益計算書　(単位：円)

売上高	(56,000,000)
変動費	(28,000,000)
貢献利益	(28,000,000)
固定費	(21,000,000)
営業利益	(7,000,000)

問2. 損益分岐点販売量　6,000 個

損益分岐点売上高　42,000,000 円

問3. 目標営業利益達成点売上高　70,000,000 円

問4. 目標売上高営業利益率達成点販売量　7,500 個

解説

本問は、単一製品によるＣＶＰ分析の基本問題です。損益分岐点分析には、製品単位あたり貢献利益を用いて損益分岐点販売量から求める方法(販売量から求める方法)と、貢献利益率を用いて損益分岐点売上高から求める方法（売上高から求める方法）があります。本問をとおして両方の求め方をマスターしてください。

問1.

直接原価計算方式にもとづく損益計算書を作成します。

損益計算書　(単位：円)

売上高	(56,000,000[01)])
変動費	(28,000,000[02)])
貢献利益	(28,000,000)
固定費	(21,000,000[04)])
営業利益	(7,000,000)

01) 売上高：@7,000円×8,000個=56,000,000円

02) 変動費：@3,500円[03]×8,000個=28,000,000円

03) 単位あたり変動費：@200円×8kg+@800円×1.75時間+@500円=@3,500円
（@200円×8kg+@800円×1.75時間：変動製造原価@3,000円、@500円：変動販売費）

04) 固定費：16,000,000円+5,000,000円=21,000,000円
（16,000,000円：固定加工費、5,000,000円：固定販売費）

問2．

1．販売量から求める方法

(1)製品単位あたり貢献利益

販売価格＠7,000円－変動費＠3,500円

＝＠3,500円

(2)損益分岐点販売量

$$\frac{固定費21,000,000円}{単位あたり貢献利益@3,500円}＝6,000個$$

(3)損益分岐点売上高

販売価格＠7,000円

×損益分岐点販売量6,000個＝42,000,000円

2．売上高から求める方法

(1)貢献利益率

$$\frac{販売価格@7,000円－変動費@3,500円}{販売価格@7,000円}$$

＝50％

(2)損益分岐点売上高

$$\frac{固定費21,000,000円}{貢献利益率50\%}＝42,000,000円$$

(3)損益分岐点販売量

$$\frac{損益分岐点売上高42,000,000円}{販売価格@7,000円}＝6,000個$$

問3．

1．来年度における目標営業利益

当年度営業利益7,000,000円×200％

＝14,000,000円

2．目標営業利益達成点売上高

(1)販売量から求める方法

①目標営業利益達成点販売量

$$\frac{固定費21,000,000円＋目標営業利益14,000,000円}{単位あたり貢献利益@3,500円}$$

＝10,000個

②目標営業利益達成点売上高

販売価格＠7,000円

×目標営業利益達成点販売量10,000個

＝70,000,000円

(2)売上高から求める方法

①目標営業利益達成点売上高

$$\frac{固定費21,000,000円＋目標営業利益14,000,000円}{貢献利益率50\%}$$

＝70,000,000円

②目標営業利益達成点販売量（参考）

$$\frac{目標営業利益達成点売上高70,000,000円}{販売価格@7,000円}$$

＝10,000個

問4．

まず、目標売上高営業利益率達成点の売上高を求めます。

1．目標売上高営業利益率達成点売上高

$$\frac{固定費21,000,000円}{貢献利益率50\%－目標営業利益率10\%}$$

＝52,500,000円

2．目標売上高営業利益率達成点販売量

目標売上高営業利益率達成点売上高

52,500,000円÷販売価格＠7,000円

＝7,500個

経営レバレッジ係数と安全余裕率

解答

問1. 経営レバレッジ係数 **2.5**

問2. 安全余裕率 **40** %

問3. 営業利益増加率 **50** %

解説

問1. 経営レバレッジ係数

1. 直接原価計算方式の損益計算書の作成

損益計算書 （単位：円）

売上高	35,800,000
変動費	23,800,000
貢献利益	12,000,000
固定費	7,200,000
営業利益	4,800,000

売上高

@1,790円×20,000個＝35,800,000円

変動費

(@500円＋@300円＋@250円＋@140円)×20,000個＝23,800,000円

2. 経営レバレッジ係数の計算

$$\frac{貢献利益}{営業利益}=\frac{12,000,000円}{4,800,000円}=2.5$$

問2. 安全余裕率

安全余裕率は、経営レバレッジ係数の逆数です。これにより、損益分岐点売上高等を算定しなくても、問1の計算結果から早く解答を導くことができます。

$$安全余裕率=\frac{1}{経営レバレッジ係数}=\frac{1}{2.5}=40\%$$

問3. 営業利益増加率

営業利益増減率と経営レバレッジ係数には次の関係があります。

営業利益増減率

＝経営レバレッジ係数×売上高増減率

これにより、売上高増加後の損益計算書を作成しなくても、早く解答を導くことができます。

営業利益増減率＝2.5×20％[01]＝50％

01) 販売量が20％増加するため、売上高も20％増加します。

理論問題～経営レバレッジ係数～

解答

①	固定費	②	貢献利益	③	営業利益
④	高い	⑤	低い	⑥	安全余裕率

解説

1．経営レバレッジ係数の意義

経営レバレッジ係数は企業経営における固定費の利用度を表す指標です。固定費の利用度が高く、貢献利益率が高いほど経営レバレッジ係数も高くなります。

2．売上高や営業利益との関係

営業利益の増減率

＝売上高の増減率×経営レバレッジ係数

この関係性から、経営レバレッジ係数が高いほど、売上高が増加したさいの営業利益の増加額も大きくなる一方、売上高が減少したさいには、営業利益も大きく減少することがわかります。したがって、景気変動による利益変動のリスクが低い（営業利益額が景気変動に左右されにくい）のは経営レバレッジ係数が低い企業であるといえます。

3．安全余裕率との関係

$$\text{安全余裕率} = \frac{\text{売上高} - \text{損益分岐点売上高}}{\text{売上高}}$$

損益分岐点売上高＝固定費÷貢献利益率より、

$$\text{安全余裕率} = \frac{\text{売上高} - \text{固定費} \div \text{貢献利益率}}{\text{売上高}}$$

分母と分子に貢献利益率を乗じます。

$$\text{安全余裕率} = \frac{\text{売上高} \times \text{貢献利益率} - \text{固定費}}{\text{売上高} \times \text{貢献利益率}}$$

$$= \frac{\text{貢献利益} - \text{固定費}}{\text{貢献利益}} = \frac{\text{営業利益}}{\text{貢献利益}}$$

よって、経営レバレッジ係数は安全余裕率の逆数であることがわかります。

損益分岐点、安全余裕率

解答

問1.

損益分岐点売上高 **600** 万円
安　全　余　裕　率 **40** %

問2. **10** ポイント

解説

本問は、ＣＶＰ分析に関する問題です。損益分岐点売上高や安全余裕率などの計算は基本的なレベルの内容ですが、資料が全部原価計算ベースで与えられていることに注意が必要です。

問1．損益分岐点売上高と安全余裕率

1．変動費率と固定費

資料の全部原価計算による損益計算書にもとづいて、原価の固変分解を行い、変動費率と固定費を算定します。

(1)　変動費率

①製造原価：

$$\frac{680\text{万円} - 600\text{万円}}{1{,}200\text{万円} - 1{,}000\text{万円}} = 40\ \%$$

②販管費：

$$\frac{220\text{万円} - 200\text{万円}}{1{,}200\text{万円} - 1{,}000\text{万円}} = 10\ \%$$

変動費率：40 %＋10 %＝50 %

(2)　固定費

①製造原価：

600万円－$\underbrace{1{,}000\text{万円} \times 40\%}_{\text{変動製造原価}}$＝200万円

②販管費：

200万円－$\underbrace{1{,}000\text{万円} \times 10\%}_{\text{変動販管費}}$＝100万円

固定費：

200万円(製造固定費)＋100万円(固定販管費)
＝300万円

2．当期の損益分岐点売上高と安全余裕率

(1)　損益分岐点売上高

300万円(固定費)÷50%（貢献利益率）[01]
＝ 600万円

(2)　安全余裕率

安全余裕率(%)

$$= \frac{\text{売上高} - \text{損益分岐点売上高}}{\text{売上高}}$$

$$= \frac{1{,}000\text{万円当(当期売上高)} - 600\text{万円(損益分岐点売上高)}}{1{,}000\text{万円(当期売上高)}}$$

＝ 40 %

01)　1－50 %(変動費率)=50%

問2．来期計画予算における安全余裕率

$$\frac{1{,}200\text{万円(来期売上高)} - 600\text{万円(損益分岐点売上高)}}{1{,}200\text{万円(来期売上高)}}$$

＝50%

よって、来期計画予算における安全余裕率は、当期実績に比べて、50 %（来期）－ 40 %（当期）より、10ポイント改善されます。

Section
3 応用的なCVP分析

問題5 感度分析

解答

問Ⅰ．損益分岐点販売量 **3,000** 個

問2．営業利益は **225,000** 円(減少)する。

解説

問Ⅰ．

Ⅰ．単位あたり変動費

単位あたり変動費：変動製造原価＠1,200円[01)]＋変動販売費 ＠300円＝＠1,500円

2．損益分岐点

販売量をS（個)とします。

販売単価×生産販売量－(単位あたり変動費×生産販売量＋固定費)＝利益[02)]

2,000S　　　1,500S　　　1,500,000円　　0

よって、これを計算すると

500S−1,500,000円＝0

S＝3,000個

01) ＠85円×4kg+＠1,000円×0.5時間+＠300円×1.2時間 =＠1,200円

02) 損益分岐点販売量を求めるため、利益は0とします。

問2．営業利益の比較を行うために、表を作成します。

	×1年度(A)	×2年度(B)	差引(B)－(A)
販売価格	2,000円	1,800円[03)]	−
販売量	3,500個	4,500個	−
売上高	7,000,000円	8,100,000円	1,100,000円
単位あたり変動費	1,500円	1,450円[04)]	−
変動費	5,250,000円	6,525,000円	1,275,000円
固定費	1,500,000円	1,550,000円[05)]	50,000円
営業利益	250,000円	25,000円	△225,000円

よって×2年度には営業利益は225,000円だけ減少します。

03) 2,000円×(1−0.1)=1,800円

04) ＠85円×4kg+＠1,000円×0.5時間+＠310円×1時間+＠300円=＠1,450円
　　（＠300円：変動販売費）

05) 1,500,000円+50,000円=1,550,000円
　　（1,500,000円：×1年度固定費、50,000円：追加固定費）

問題 6 製品種類が複数のときのCVP分析（販売量の割合が一定の場合）

解答

製品Q **371** 個

製品R **159** 個

解説

本問は、複数製品によるCVP分析の問題です。単一製品の場合と比較して異なる箇所に注意してください。

1．計算式の整理

各製品の販売量の割合が一定であるため、製品Qが７個、製品Rが３個入った箱詰めを何箱売ればよいかを考えます。１箱売ることで得られる貢献利益は、製品Ｑ７個の貢献利益と製品Ｒ３個の貢献利益の合計なので、

@800円[01)]×７個＋@2,600円[02)]×３個
＝13,400円／箱

となります。

目標利益を達成する箱数をＶと置くと、次の関係式が成立します。

13,400Ｖ[03)]－210,200円[04)]＝500,000円[05)]

したがって　$V=\dfrac{710,200円}{13,400円}$

Ｖ＝53箱

53箱売れば目標利益を達成することができます。

2．各製品の販売量

製品Ｑの販売量：53箱×７個／箱＝371個

製品Ｒの販売量：53箱×３個／箱＝159個

01) 製品Q
@2,000円－(@500円+@100円+@300円+@300円)＝@800円

02) 製品R
@5,000円－(@1,000円+@450円+@550円+@400円)＝@2,600円

03) ここでの13,400Vは貢献利益にあたります。

04) 固定費合計
150,000円+30,000円+30,200円=210,200円

05) 損益分岐点販売量を求める場合には0とします。

3．検証

2．で求めた数量を販売すると、営業利益が500,000円になることを、以下の損益計算書で検証してみましょう。

売上高	@2,000円×371個＋@5,000円×159個＝	1,537,000円
変動費	@1,200円×371個＋@2,400円×159個＝	826,800円
固定費		210,200円
営業利益		500,000円

製品種類が複数のときのCVP分析（売上高の割合が一定の場合）

解答

① 損益分岐点販売量

製品X	1,750	個
製品Y	2,800	個
製品Z	2,000	個

② 安全余裕率 50 %

解説

各製品の売上高の割合が一定であることから、加重平均貢献利益率を使って損益分岐点販売量を計算します。

1．各製品の単位あたり貢献利益

製品X：

@8,000円－(@1,800円＋@1,400円＋@1,100円＋@500円)＝@3,200円

製品Y：

@5,000円－(@1,200円＋@1,000円＋@800円＋@500円)＝@1,500円

製品Z：

@3,500円－(@800円＋@400円＋@500円＋@225円)＝@1,575円

2．各製品の貢献利益率

製品X：@3,200円÷@8,000円＝40%

製品Y：@1,500円÷@5,000円＝30%

製品Z：@1,575円÷@3,500円＝45%

3．加重平均貢献利益率

40%×0.4[01)]＋30%×0.4[01)]＋45%×0.2[01)]

＝37%

4．損益分岐点売上高

①固定費

6,456,000円＋3,735,000円＋2,759,000円

＝12,950,000円

②損益分岐点売上高

12,950,000円÷37%＝35,000,000円

製品X：

35,000,000円×0.4＝14,000,000円

製品Y：

35,000,000円×0.4＝14,000,000円

製品Z：

35,000,000円×0.2＝ 7,000,000円

5．損益分岐点販売量

製品X：14,000,000円÷@8,000円＝1,750個

製品Y：14,000,000円÷@5,000円＝2,800個

製品Z： 7,000,000円÷@3,500円＝2,000個

01) 売上高割合 2：2：1より、製品X：製品Y：製品Z=0.4：0.4：0.2

6．安全余裕率

①予算売上高

@8,000円×3,500個＋@5,000円×5,600個＋@3,500円×4,000個

＝70,000,000円

②安全余裕率

$$\frac{70,000,000円－35,000,000円}{70,000,000円}\times 100$$

＝50%

全部原価計算によるCVP分析

解答

損益分岐点販売量	1,520	個
安全余裕率	20	%

解説

本問は、全部原価計算のもとでのCVP分析の問題です。直接原価計算との違いをおさえてください。

1. 損益分岐点販売量

損益分岐点販売量は次の算式によって求めることができます。

$$\frac{\text{固定販売費及び一般管理費} + \text{操業度差異}^{01)}}{\text{1個あたりの売上総利益} - \text{1個あたりの変動販売費}}$$

$$\therefore \quad \frac{1{,}372{,}000\text{円} + 300{,}000\text{円}^{02)}}{(@13{,}500\text{円} - @10{,}000\text{円}) - @2{,}400\text{円}} = 1{,}520\text{個}$$

01) 全部原価計算のCVP分析では、操業度差異を考慮します。

02) 操業度差異：@300円×5時間×(1,800個−2,000個)=△300,000円（不利差異）
不利差異である(当期の費用になる)ため、計算式の分子に加算します
(有利差異の場合は減算します)。

なお、販売量をx個として、損益計算書を作成することにより求めることもできます。

売上高	13,500x
売上原価	10,000x + 300,000
売上総利益	3,500x − 300,000
販売費及び一般管理費	2,400x + 1,372,000
営業利益	1,100x − 1,672,000

1,100x−1,672,000円 = 0

1,100x = 1,672,000円

x = 1,520個

2. 安全余裕率

$$\frac{@13{,}500\text{円} \times 1{,}900\text{個} - @13{,}500\text{円} \times 1{,}520\text{個}}{@13{,}500\text{円} \times 1{,}900\text{個}} \times 100 = 20\%$$

または、

$$\frac{1{,}900\text{個} - 1{,}520\text{個}}{1{,}900\text{個}} \times 100 = 20\%^{03)}$$

03) 安全余裕率を求めるにあたっては、本問では販売単価が共通のため、計画販売量と損益分岐点販売量だけで求めることができます。

Section

4 原価の固変分解

高低点法

|解答|

製造間接費発生額 **50,200,000** 円[01)]

01) データは千円単位であるのに対し、解答欄は円単位であることに注意してください。

解説

本問は、高低点法による原価の固変分解の問題です。高低点法においては、正常操業圏の範囲に注意が必要です。

1．高点と低点の算定

(1)正常操業圏の範囲

下限……1,000個×80％＝800個

上限……1,000個×130％＝1,300個

(2)高点と低点[02)]

上記(1)より正常操業圏内の最低の生産量(低点)は**11月の930個**、最高の生産量(高点)は**5月の1,260個**となります。

02) 高低点法の計算では、正常操業圏の範囲外の数値は除外されます。（例：8月の710個）

2．原価の分解

変動費率

$$\frac{55{,}000\text{千円}-45{,}100\text{千円}}{1{,}260\text{個}-930\text{個}}=\frac{9{,}900\text{千円}}{330\text{個}}$$

＝30千円／個

固　定　費[03)]

45,100千円−30千円／個×930個（変動費）

＝17,200千円

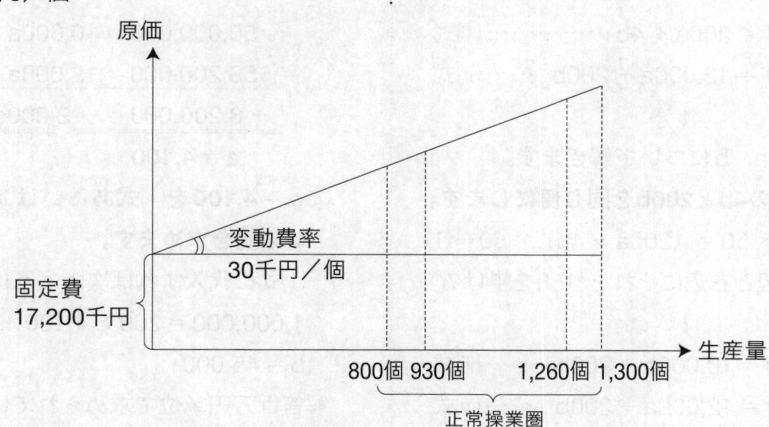

03) 変動費率により変動費を計算してから逆算します。もちろん、5月のデータを用いて求めても可。

3. 原価予測

生産量が1,100個の場合の製造間接費

30千円／個×1,100個＋17,200千円
（変動費）（固定費）

＝50,200,000円

最小自乗法

|解答|

変動費率	0.41	万円／時間
月間固定費	4.5	万円

解説

最小自乗法は、次の連立方程式を解くことで原価を変動費と固定費に分解する方法です。

$$\begin{cases} \Sigma y = a\Sigma x + nb \\ \Sigma xy = a\Sigma x^2 + b\Sigma x \end{cases}$$

aは変動費率、bは固定費、nはサンプル数

上記の式に資料の数値を当てはめて連立方程式を立て、変動費率と固定費を計算します。

	y＝ax＋b	xy＝ax²＋bx
9月	230,000＝40a＋b	40×230,000＝40a×40＋40b
10月	120,000＝20a＋b	20×120,000＝20a×20＋20b
11月	270,000＝60a＋b	60×270,000＝60a×60＋60b
12月	380,000＝80a＋b	80×380,000＝80a×80＋80b
合計	1,000,000＝200a＋4b	58,200,000＝12,000a＋200b

↓

$$\begin{cases} 1{,}000{,}000 = 200a + 4b \cdots\cdots (i)式 \\ 58{,}200{,}000 = 12{,}000a + 200b \cdots\cdots (ii)式 \end{cases}$$

↓

連立方程式をa、bについて解きます。

①(i)式と(ii)式の4bと200bを同じ値にします。

1,000,000×50＝（200a＋4b）×50←(i)式×50（左辺と右辺にそれぞれ50を掛ける）

↓

50,000,000＝10,000a＋200b ……(iii)式

58,200,000＝12,000a＋200b ……(iv)式

②(iii)式から(iv)式を差し引いて、aの値を求めます。

　50,000,000＝10,000a＋200b
−）58,200,000＝12,000a＋200b
　−8,200,000＝−2,000a

a＝**4,100**

③a＝4,100を(i)式あるいは(ii)式に代入してbの値を求めます。

(i)式に代入すれば次のようになります。

1,000,000＝200×4,100＋4b

b＝45,000

解答は万円単位で求められていますので、a、bを万円単位にしたものが解答となります。

Chapter

3 最適セールス・ミックス

Section

1 最適セールス・ミックス

問題 1 最適セールス・ミックス1（共通の制約条件の数）

解答

問1.

生産販売量 Z_1 3,000 個 Z_2 500 個 Z_3 3,500 個

営業利益 2,090,000 円

問2.

生産販売量 X 10,000 個 Y 3,000 個

営業利益 24,000,000 円

解説

問1. 本問のように各製品に共通の制約条件が1つの場合には、その制約条件1単位あたりの貢献利益を求め、より収益力の高い製品から優先的に生産販売します。

1. 機械加工1時間あたりの貢献利益

Z_1：(1,000円－370円－70円)÷2時間 （製品1個あたり貢献利益560円）

＝280円／時間

Z_2：(1,400円－600円－80円)÷3時間 （製品1個あたり貢献利益720円）

＝240円／時間

Z_3：(750円－400円－50円)÷1時間 （製品1個あたり貢献利益300円）

＝300円／時間

したがって、Z_3、Z_1、Z_2の順で優先的に生産販売することになり、Z_3は需要限界の3,500個を生産販売します。

2. Z_3を生産した後の残りの機械加工時間の配分

11,000時間－1時間×3,500個＝7,500時間 （Z_3を生産した後の残りの機械加工時間）

これをZ_1とZ_2に配分します。

Z_1：7,500時間÷2時間／個（Z_1@機械加工時間）＝3,750個

＞3,000個（Z_1需要限界）

よって、Z_1は3,000個を生産販売します。

Z_2：(7,500時間－2時間／個×3,000個)（Z_1・Z_3を生産した後の残りの機械加工時間）

÷3時間/個＝500個＜5,000個（Z_2需要限界）

よってZ_2は、500個生産販売します。

最適セールス・ミックスにおける営業利益：

(560円×3,000個)＋(720円×500個)

＋(300円×3,500個)－1,000,000円

＝2,090,000円

問2. 本問のように各製品に共通の制約条件が複数存在する場合には、線型計画法（リニアー・プログラミング）によって解答します。

1. 目的関数と制約条件

製品Xの1個あたり貢献利益：

15,000円－(10,000円＋2,000円)＝3,000円

製品Yの1個あたり貢献利益：

12,000円－(9,500円＋500円)＝2,000円

X製品の生産販売量をP個、Y製品の生産販売量をQ個、貢献利益をZ円とします。

目的関数　MaxZ＝Max(3,000P＋2,000Q)
制約条件
　材料の利用可能量　2P＋3Q≦36,000…①
　最大直接作業時間　3P＋Q≦33,000…②
　最大機械作業時間　P＋Q≦13,000…③

非負条件　P≧0、Q≧0

2．グラフの作成

上記の制約条件をグラフで表します。

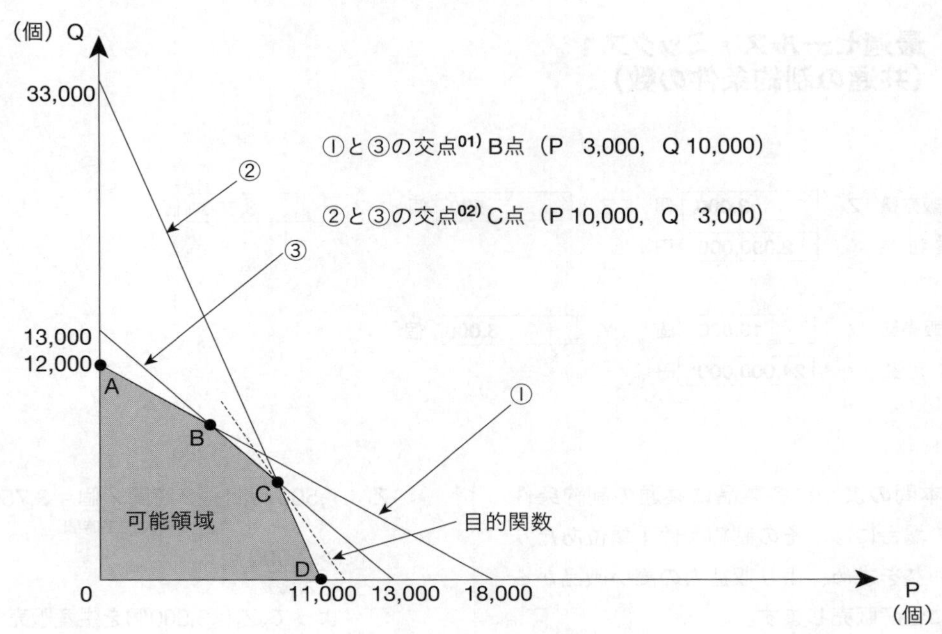

01) ①と③の交点の求め方
　2P+3Q=36,000
−) 2P+2Q=26,000 ←③式に2を掛ける
　Q=10,000
　①に「Q=10,000」を代入する。
　2P+30,000=36,000　P=3,000

02) ②と③の交点の求め方
　3P+Q=33,000
−) P+Q=13,000
　2P　=20,000
　P　=10,000
　③にP=10,000を代入する。
　10,000+Q=13,000　Q=3,000

3．最適セールス・ミックス

A点の貢献利益：@2,000円×12,000個
　＝24,000,000円

B点の貢献利益：@3,000円×3,000個
　＋@2,000円×10,000個
　＝29,000,000円

C点の貢献利益：@3,000円×10,000個
　＋@2,000円×3,000個
　＝36,000,000円

D点の貢献利益：@3,000円×11,000個
　＝33,000,000円

したがって、最適セールス・ミックスは、**C点（製品X10,000個、製品Y3,000個）**となります。

営業利益：36,000,000円－12,000,000円（固定費）
＝24,000,000円

最適セールス・ミックス２（最適セールス・ミックスの変化）

解答

問１.

最適セールス・ミックス

製品A　**40** 個

製品B　**70** 個

年間営業利益　**360,000** 円

問２.

製品B１個あたりの貢献利益が **9,800** 円より少なければ、最適セールス・ミックスは変化する。

解説

問１.

１．各製品の収益力の比較

直接材料消費量および直接作業時間の２つが両製品に共通の制約条件です。まず、これらの制約条件の単位あたり貢献利益を算定します。

(1)製品１個あたりの貢献利益

	製品A	製品B
販売価格	@84,000円	@57,600円
単位当たり変動費	@64,400円	@45,000円
単位あたり貢献利益	@19,600円	@12,600円

(2)直接材料１kgあたりの貢献利益

製品A：@19,600円÷２kg＝@9,800円

製品B：@12,600円÷３kg＝@4,200円

∴製品Aを優先すべき

(3)直接作業時間１時間あたりの貢献利益

製品A：@19,600円÷４時間＝@4,900円

製品B：@12,600円÷２時間＝@6,300円

∴製品Bを優先すべき

(2)、(3)の結果から、それぞれの共通の制約条件によって優先して製造販売すべき製品が異なることがわかります。そのため、線形計画法により最適セールス・ミックスを求めます。

２．目的関数、制約条件、非負条件

製品Aの生産販売量をA個、製品Bの生産販売量をB個、貢献利益をZ円とします。

目的関数

Max Z＝Max（19,600 A＋12,600 B）

制約条件

直接材料　２A＋３B≦290…①

直接作業時間　４A＋２B≦300…②

最大需要　A≦50…③

B≦90…④

非負条件　A≧0、B≧0

3．グラフの作成

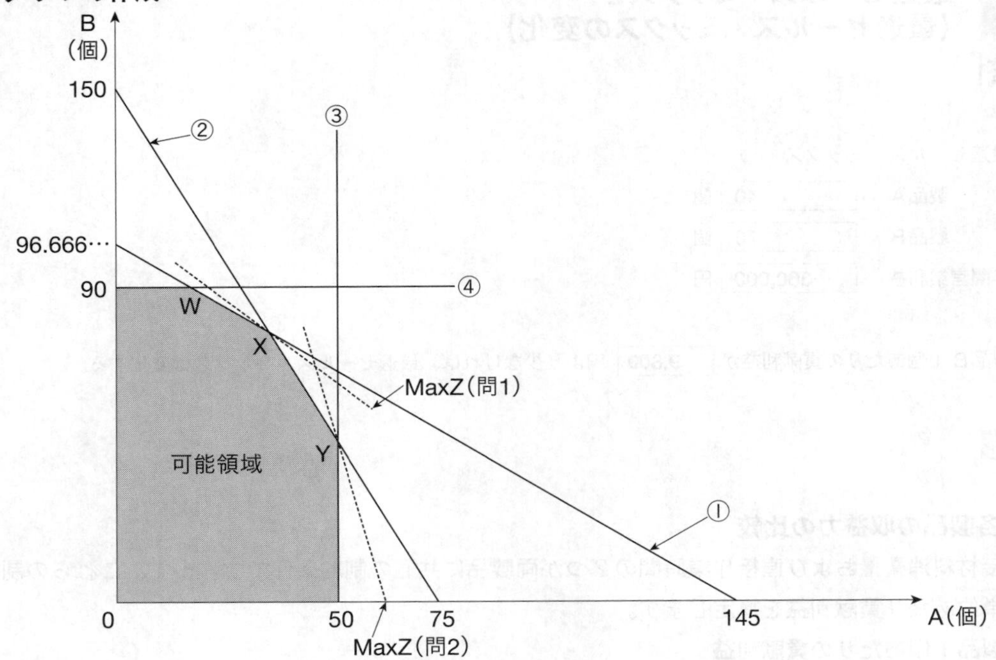

4．最適セールス・ミックス

制約条件の交点の座標(組合せ)を求め、貢献利益が最大になる組合せを探します。

	A	B	貢献利益	
W	10個	90個	製品A@19,600円×10個＋製品B@12,600円×90個	＝1,330,000円
X	**40**個	**70**個	製品A@19,600円×40個＋製品B@12,600円×70個	＝**1,666,000**円
Y	50個	50個	製品A@19,600円×50個＋製品B@12,600円×50個	＝1,610,000円

したがって、最適セールス・ミックスはX点です。

このときの営業利益は

1,666,000円－1,306,000円

＝360,000円となります。

問2．

製品Bの値下げにより貢献利益が減少すると、最大の貢献利益を獲得する点はXから、製品Bの販売量が少なく、製品Aの販売量がより多くなるYに変化します。そのため、セールス・ミックス変化後の製品Bの貢献利益をW(円)とおくと、

点Xの貢献利益：

@19,600円×40個＋@W円×70個

＝784,000＋70W

点Yの貢献利益：

@19,600円×50個＋@W円×50個

＝980,000＋50W

また、点Xの貢献利益＜点Yの貢献利益となるWを求めたいため、

784,000＋70W＜980,000＋50W

W＜9,800（円）

したがって、値下げによって製品Bの1個あたり貢献利益が9,800円よりも少なくなれば、最適セールス・ミックスが変化します。

最適セールス・ミックス3（最低販売量）

解答

問1.

変動加工費率 **2,000** 円／時間　固定加工費 **2,400** 万円

問2.

計画損益計算書　（単位：万円）

製品	A	B	C	D	合計
売上高	（1,800）	（4,900）	（3,600）	（5,000）	（15,300）
変動費	（1,440）	（2,100）	（2,320）	（1,700）	（7,560）
貢献利益	（360）	（2,800）	（1,280）	（3,300）	（7,740）
固定費					（2,400）
営業利益					（5,340）

問3.

製品A **4,000** 個　製品B **7,200** 個

製品C **6,000** 個　製品D **15,000** 個

営業利益増加額 **2,170** 万円

解説

問1．加工費の原価分解

高低点法によって、加工費を変動費と固定費に分解します。

変動費率：$\dfrac{60,000,000\text{円} - 34,000,000\text{円}}{18,000\text{時間} - 5,000\text{時間}}$

＝2,000円／時間

固定費：34,000,000円－2,000円／時間×5,000時間＝2,400万円

問2．計画損益計算書の作成

1．売上高

製品A：

2,000円／個×9,000個＝1,800万円

製品B：

7,000円／個×7,000個＝4,900万円

製品C：

9,000円／個×4,000個＝3,600万円

製品D：

5,000円／個×10,000個＝5,000万円

2．変動費

製品A：

（400円／個＋2,000円／時間×0.6時間）×9,000個＝1,440万円

製品B：

（1,000円／個＋2,000円／時間×1.0時間）×7,000個＝2,100万円

製品C：

（5,000円／個＋2,000円／時間×0.4時間）×4,000個＝2,320万円

製品D：

（900円／個＋2,000円／時間×0.4時間）×10,000個＝1,700万円

3．営業利益

製品Aの貢献利益：

1,800万円－1,440万円＝360万円

製品Bの貢献利益：

4,900万円－2,100万円＝2,800万円

製品Cの貢献利益：

3,600万円－2,320万円＝1,280万円

製品Dの貢献利益：

5,000万円－1,700万円＝3,300万円

貢献利益	7,740万円
固定費	2,400万円
営業利益	5,340万円

問3．最適セールス・ミックスの決定

機械設備の生産能力に制約があるため、最低販売量の製造に要する機械時間を除いた生産能力を各製品にどのように配分したら良いかを考えます。

1．最低販売量の製造に要する機械時間

製品A：4,000個×0.6時間＝2,400時間
製品B：3,000個×1.0時間＝3,000時間
製品C：2,000個×0.4時間＝　800時間
製品D：4,000個×0.4時間＝1,600時間
合計　　　　　　　　　　　7,800時間

2．残余時間による製品製造の優先順位

残余機械時間：18,000時間（最大生産能力）
－7,800時間＝10,200時間

残余機械時間の配分は、機械時間単位あたりの貢献利益が大きい製品を優先します。

製品A：
400円[01)]÷0.6時間＝666.66…円／時間
製品B：
4,000円÷1.0時間＝4,000円／時間
製品C：
3,200円÷0.4時間＝8,000円／時間
製品D：
3,300円÷0.4時間＝8,250円／時間

以上より、優先順位は、D→C→B→Aの順になります。

3．最適セールス・ミックス

製品D：
10,200時間÷0.4時間＝25,500個
残余機械時間による生産可能量
＞15,000個－4,000個＝11,000個
最低販売量を除く最大販売量
∴　11,000個＋4,000個＝15,000個
最低販売量

製品C：
5,800時間[02)]÷0.4時間＝14,500個
＞6,000個－2,000個＝4,000個
∴　4,000個＋2,000個＝6,000個

製品B：
4,200時間[03)]÷1.0時間＝4,200個
＜7,500個－3,000個＝4,500個
∴　4,200個＋3,000個＝7,200個

製品A：
残余機械時間はゼロのため、製品Aの製造は最低販売量の4,000個のみとなります。

4．最適セールス・ミックスにおける営業利益

製品A：　400円×　4,000個＝　160万円
製品B：4,000円×　7,200個＝2,880万円
製品C：3,200円×　6,000個＝1,920万円
製品D：3,300円×15,000個＝4,950万円
貢献利益　　　　　　　　　　9,910万円
固定費　　　　　　　　　　　2,400万円
営業利益　　　　　　　　　　7,510万円

01) 1個あたり貢献利益：2,000円（販売価格）－400円（材料費）－2,000円×0.6時間（変動加工費）＝400円

02) 10,200時間－11,000個（製品D）×0.4＝5,800時間

03) 5,800時間－4,000個（製品C）×0.4＝4,200時間

5．営業利益増加額

7,510万円－5,340万円＝2,170万円

最適セールス・ミックス
～生産ライン上のボトルネック～

解答

問１．

金属溶解部門の月間生産能力

問２．

製品Ａ **800** 単位　製品Ｂ **100** 単位　貢献利益 **12,020,000** 円

解説

問１．製品販売における制約要素

１．各部門における最大生産可能量と製品の需要上限

金属溶解部門：

900時間÷1.0時間／単位＝　900単位

部品ａ製造部門：

1,800時間÷2.0時間／単位＝　900単位

部品ｂ製造部門：

1,800時間÷2.0時間／単位＝　900単位

組　立　部　門：

1,350時間÷1.2時間／単位＝1,125単位

需要上限　製品Ａ　800単位

　　　　　製品Ｂ　800単位

２．各部門の流れを考慮したときの最大生産量

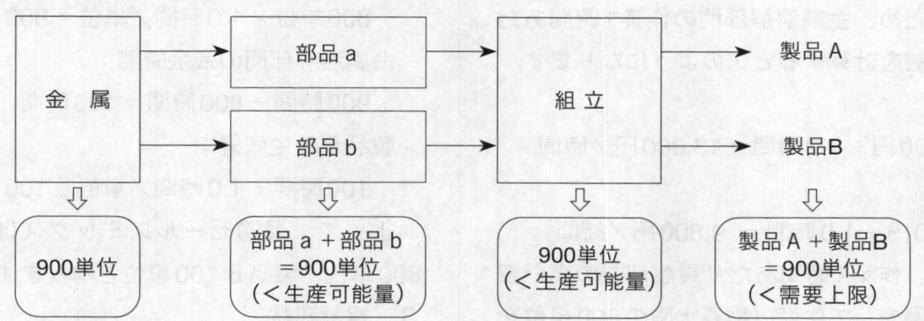

上図のように、生産ラインの最も川上である金属溶解部門の最大生産可能量900単位をもとに生産を行うと、部品製造部門と組立部門の生産量はその最大生産可能量を下回ります。また、製品の生産量も需要上限を下回ります。よって、製品Ａと製品Ｂの月間総販売量を最大化しようとするときの制約（ボトルネック）となっている要素は、金属溶解部門の月間生産能力です。

仮に金属溶解部門の最大生産可能量が1,800単位であったとすると、上記の制約となる要素は、組立部門の月間生産能力であることを確認してください。

問2.

1. 製品1単位あたりの貢献利益

	製品A		製品B	
売　上　高		40,000円		35,000円
直接材料費				
金　　属		8,000円		8,000円
部　品　a		7,000円		—
部　品　b		—		6,000円
買入部品		3,000円		3,000円
変動製造間接費				
金属溶解部門	3,000円／時間×1.0時間＝	3,000円	3,000円／時間×1.0時間＝	3,000円
部品a製造部門	2,000円／時間×2.0時間＝	4,000円		—
部品b製造部門		—	2,000円／時間×2.0時間＝	4,000円
組立部門	1,000円／時間×1.2時間＝	1,200円	1,000円／時間×1.2時間＝	1,200円
		13,800円		9,800円

2. 最適セールスミックス

金属溶解部門の月間生産能力が共通の制約条件であるため、金属溶解部門の作業1時間あたり貢献利益を計算すると次のようになります。

製品A：

13,800円÷1.0時間＝13,800円／時間

製品B：

9,800円÷1.0時間＝ 9,800円／時間

よって、作業1時間あたり貢献利益の高い製品Aから優先して生産（需要上限の800単位を生産）し、残余時間で製品Bを生産します。

金属溶解部門における製品Aに対する標準作業時間：

800単位×1.0時間／単位＝800時間

金属溶解部門の残余時間：

900時間－800時間＝100時間

製品Bの生産量：

100時間÷1.0時間／単位＝100単位

よって、最適セールスミックスは、製品A 800単位、製品B 100単位となります。

3. 貢献利益

13,800円／単位×800単位＋9,800円／単位×100単位

＝12,020,000円

Chapter

4 業務的意思決定

Section

2 特殊原価と差額原価収益分析

問題 1 理論問題 ～意思決定会計における原価概念～

|解答|

ア	差額原価収益	イ	関　連	ウ	無関連
エ	最　大	オ	機　会	カ	未　来

解説

本問は、意思決定会計における原価概念について出題しています。経営意思決定のために用いられる種々の原価概念の総称を特殊原価といいますが、いずれも代替案の評価において差額原価収益分析を行うさいに重要な原価概念となります。

Section

3 差額原価収益分析のケース・スタディ

追加加工の意思決定1（基本）

解答

製品Xを追加加工し、製品Pとして生産・販売する方が 900,000 円の

{ 差額利益 / ~~差額損失~~ } となるので、追加加工すべきで { ある / ~~ない~~ }。

解説

追加加工の意思決定に関する問題です。

追加加工の意思決定に関する問題の特徴は、既存製品にかかる製造原価（本問では、製品Xの製造原価に該当）は追加加工を行う場合と行わない場合で変化せず、意思決定には影響を与えないため、埋没原価となるという点です。つまり、既存製品にかかる製造原価は無視して、追加加工にともなって発生する原価と収益のみから意思決定を行えるということです。したがって、差額法によって追加加工を行うべきか否かを判断する方が、総額法による場合に比べて効率の良い解き方といえます。

Ⅰ．差額法による差額原価収益分析

追加加工の意思決定に関する問題について、追加加工を行う場合に追加的に発生する差額収益と差額原価を比較することにより、追加加工を行うべきか否かを決定します。たとえば、差額収益が差額原価を上回る場合には、追加加工を行うべきであると判断します。

差額収益	（@20,000円－@12,500円）×4,000個＝	30,000,000円
差額原価		
直接労務費	@1,500円×2時間×4,000個＝	12,000,000円
変動製造間接費	@900円×3時間×4,000個＝	10,800,000円
追加固定費		6,300,000円
差額利益		900,000円

なお、本問では通常、差額原価となることが多い変動販売費は、追加加工を行わない場合と比べて何ら変わりないため、埋没原価となります。

上記の差額原価収益分析より、差額収益が差額原価を上回っており、差額利益900,000円が生じていることがわかります。よって、製品Xを追加加工し、製品Pとして生産・販売する方が900,000円の差額利益となるので、追加加工すべきです。

2. 総額法による差額原価収益分析

	追加加工を行う案		追加加工を行わない案		差額
Ⅰ. 売上高	@20,000円×4,000個	= 80,000,000円	@12,500円×4,000個	= 50,000,000円	30,000,000円
Ⅱ. 変動費					
製品Xの製造原価					
直接材料費	@750円×4kg×4,000個	= 12,000,000円	@750円×4kg×4,000個	= 12,000,000円	—
直接労務費	@1,500円×3時間×4,000個	= 18,000,000円	@1,500円×3時間×4,000個	= 18,000,000円	—
変動製造間接費	@900円×2時間×4,000個	= 7,200,000円	@900円×2時間×4,000個	= 7,200,000円	—
追加加工費					
直接労務費	@1,500円×2時間×4,000個	= 12,000,000円		—	12,000,000円
変動製造間接費	@900円×3時間×4,000個	= 10,800,000円		—	10,800,000円
販売費	@700円×4,000個	= 2,800,000円	@700円×4,000個	= 2,800,000円	—
計		62,800,000円		40,000,000円	22,800,000円
Ⅲ. 固定費					
固定製造間接費		F 01)		F	—
追加固定費		6,300,000円		—	6,300,000円
計		6,300,000円＋F		F	6,300,000円
営業利益		10,900,000円－F		10,000,000円－F	900,000円

01) 本問では、資料中に固定製造間接費に関するデータが与えられておらず、固定製造間接費の金額が不明であるため、F円としています。なお、固定製造間接費は埋没原価であるため、意思決定上は影響ありません。

総額法によれば、追加加工を行う案の営業利益が10,900,000円－F、追加加工を行わない案の営業利益が10,000,000円－Fであるため、追加加工を行う方が営業利益を900,000円増加させます。よって、追加加工を行う案の方が有利となり、追加加工すべきです。

上記、総額法による差額原価収益分析より、製品Xの製造原価は追加加工を行うかどうかにかかわらず同額が発生していることがわかります。そのため、製品Xの製造原価は意思決定に影響を与えません。このことから、先述したような「既存製品にかかる製造原価は埋没原価となる」という特徴がうかがい知れます。

追加加工の意思決定2（連産品）

解答

問1.

製　　品	B	C	D	合　計
製品単位あたり製造原価	**10,500**円	**9,000**円	**8,667**円	−
売　上　総　利　益	**1,900**万円	**1,200**万円	**100**万円	**3,200**万円

問2.

製　　品	B	C	D	合　計
売　上　総　利　益	**1,480**万円	△**158.4**万円	**1,878.4**万円	**3,200**万円

問3.

	工場全体の売上総利益
(1)	**3,200**万円
(2)	**1,300**万円
(3)	**3,300**万円

解説

まず、はじめに本問の全体の流れを把握しましょう。

本問では連産品である最終製品B、C、Dが2つの製造工程を経て生産されます。したがって、連結原価となる製造工程ⅠとⅡの製造原価の配賦計算を段階的に行うということに注意が必要です。

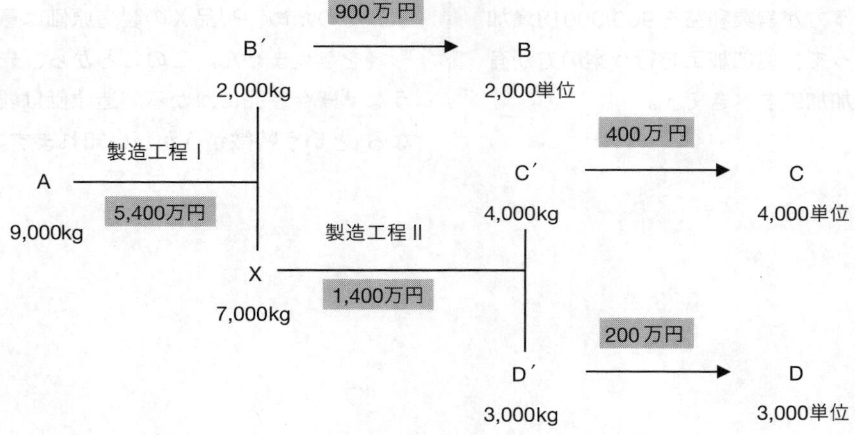

問1．物量を基準とした連結原価の配賦

⑴　製造工程Ⅰの連結原価(5,400万円)の配賦

製造工程Ⅰの連結原価をB´とXに物量を基準に配賦します。

$$B´：5,400万円 \times \frac{2,000kg}{2,000kg + 7,000kg}$$

$$= 1,200万円$$

$$X\ ：5,400万円 \times \frac{7,000kg}{2,000kg + 7,000kg}$$

$$= 4,200万円$$

⑵　製造工程Ⅱの連結原価(5,600万円)の配賦

製造工程Ⅱの連結原価は、製造工程Ⅰ連結原価のXへの配賦額4,200万円と製造工程Ⅱ製造原価1,400万円の合計5,600万円であり、C´とD´に物量を基準に配賦します。

$$C´：(4,200万円 + 1,400万円) \times \frac{4,000kg}{4,000kg + 3,000kg} = 3,200万円$$

$$D´：(4,200万円 + 1,400万円) \times \frac{3,000kg}{4,000kg + 3,000kg} = 2,400万円$$

⑶　各最終製品の製造原価

中間生産物B´、C´、D´の製造原価に各々の個別費をプラスした額が各最終製品の製造原価になります。

B：1,200万円＋900万円＝2,100万円
C：3,200万円＋400万円＝3,600万円
D：2,400万円＋200万円＝2,600万円

したがって、各最終製品製造原価の単位あたりの製造原価は

B：2,100万円÷2,000単位＝@10,500円
C：3,600万円÷4,000単位＝@9,000円
D：2,600万円÷3,000単位＝8,666.666
→@8,667円(四捨五入)

⑷　売上総利益

問題文中に、月初・月末の仕掛品および製品が存在しないことが明らかにされているため、製造原価＝売上原価となります。

B：@20,000円×2,000単位－2,100万円
＝1,900万円
C：@12,000円×4,000単位－3,600万円
＝1,200万円
D：@9,000円×3,000単位－2,600万円
＝100万円

問2．市価を基準とした連結原価の配賦

⑴　製造工程のⅠ、Ⅱ分離点における市価

製造工程Ⅰ、Ⅱの市価を計算し、各連結原価を配賦していきます。

製造工程Ⅰ分離点における市価
B´：@12,000円×2,000kg＝2,400万円
X　：@8,000円×7,000kg＝5,600万円

製造工程Ⅱ分離点における市価
C´：@11,000円×4,000kg＝4,400万円
D´：@2,000円×3,000kg＝600万円

⑵　製造工程Ⅰの連結原価(5,400万円)の配賦

製造工程Ⅰの連結原価をB´とXに製造工程Ⅰ分離点の市価を基準に配賦します。

$$B´：5,400万円 \times \frac{2,400万円}{2,400万円 + 5,600万円}$$

$$= 1,620万円$$

$$X\ ：5,400万円 \times \frac{5,600万円}{2,400万円 + 5,600万円}$$

$$= 3,780万円$$

⑶　製造工程Ⅱの連結原価(5,180万円)の配賦

製造工程Ⅱの連結原価をC´とD´に製造工程Ⅱ分離点の市価を基準に配賦します。

$$C´：(3,780万円 + 1,400万円) \times \frac{4,400万円}{4,400万円 + 600万円} = 4,558.4万円$$

$$D´：(3,780万円 + 1,400万円) \times \frac{600万円}{4,400万円 + 600万円} = 621.6万円$$

⑷　**各最終製品の製造原価**

中間生産物B´、C´、D´の製造原価に各々の個別費をプラスした額が各最終製品の製造原価になります。

B：1,620万円＋900万円＝2,520万円

C：4,558.4万円＋400万円＝4,958.4万円

D：621.6万円＋200万円＝821.6万円

⑸　**売上総利益**

問題文中に、月初・月末の仕掛品および製品が存在しないことが明らかにされているため、製造原価＝売上原価となります。

B：@20,000円×2,000単位－2,520万円
＝1,480万円

C：@12,000円×4,000単位－4,958.4万円
＝△158.4万円

D：@9,000円×3,000単位－821.6万円
＝1,878.4万円

問３．意思決定による売上総利益の変化

連産品の追加加工の有無により販売製品の組合せが複数考えられます。したがって、その各代替案を選択することにより、工場全体の売上総利益がどのように変化するかを把握する必要があります。

問１と問２では連結原価の配賦方法の違いにより製品別の売上総利益の額は異なっていますが、工場全体での売上総利益を計算すると同じになります。

また、連結原価は特定の代替案の選択によって発生額の異ならない埋没原価であるため、この計算において連結原価の配賦計算は不要となります。

⑴　**B、C´Dを生産販売する場合**

売　上　高：

@20,000円×2,000単位＋@11,000円×4,000kg＋@9,000円×3,000単位
＝11,100万円

売上原価：

5,400万円（製造工程Ⅰ）＋1,400万円（製造工程Ⅱ）＋1,100万円（B・D個別費合計）＝7,900万円

売上総利益：

11,100万円－7,900万円＝3,200万円

⑵　**B、C、D´を生産販売する場合**

売　上　高：

@20,000円×2,000単位＋@12,000円×4,000単位＋@2,000円×3,000kg
＝9,400万円

売上原価：

5,400万円（製造工程Ⅰ）＋1,400万円（製造工程Ⅱ）＋1,300万円（B・C個別費合計）＝8,100万円

売上総利益：

9,400万円－8,100万円＝1,300万円

⑶　**B、Xを生産販売する場合**

売　上　高：

@20,000円×2,000単位＋@8,000円×7,000kg＝9,600万円

売上原価：

5,400万円（製造工程Ⅰ）＋900万円（B個別費合計）＝6,300万円

売上総利益：

9,600万円－6,300万円＝3,300万円

追加加工の意思決定3（連産品と副産物）

|解答|

もっとも有利な意思決定は、連産品Ａを（　**10,000**　）kg追加加工し、連産品Ｂを（　**3,000**　）kg追加加工することである。この場合、追加加工をまったく行わない場合を基準とする差額利益は（　**4,050,000**　）円である。

解説

本問は、連産品の追加加工の可否の意思決定の問題です。この意思決定においては、連産品の分離点までの原価である連結原価は埋没原価である点に注意しましょう。本問では、追加加工費が差額原価となり、それによって増加する収益が差額収益となります。そして、これらから差額利益を計算することで意思決定を行います。

Ⅰ．各連産品の追加加工による差額利益の計算

⑴　連産品Ａを追加加工して販売する場合の差額利益

	追加加工して販売	そのまま販売	差　額
売　上　高	3,600万円 01)	3,000万円 03)	600万円
追加加工費	300万円 04)	−	300万円
			＋300万円

01)　@4,500円（製品Ｘの販売価格）×10,000kg 02)×0.8（第２工程の歩留率）=3,600万円

02)　第Ⅰ工程の連産品Ａの生産量：20,000kg×$\frac{5\text{ kg（連産品A）}}{10\text{ kg（原料}\alpha\text{投入量）}}$=10,000kg

03)　@3,000円（連産品Ａの販売価格）×10,000kg=3,000万円

04)　@1,500円（変動製造間接費）×0.2時間（投入量Ⅰkgに対する加工時間）×10,000kg =300万円

連産品Ａを追加加工して販売する場合の差額利益：
600万円（差額収益）−300万円（差額原価）＝＋300万円

⑵　連産品Ｂを追加加工して販売する場合の差額利益

	追加加工して販売	そのまま販売	差　額
売　上　高	2,880万円 05)	2,400万円 07)	480万円
追加加工費	270万円 08)	−	270万円
			＋210万円

05)　@8,000円（製品Ｙの販売価格）×6,000kg 06)×0.6（第２工程の歩留率）=2,880万円

06)　第Ⅰ工程の連産品Ｂの生産量：20,000kg×$\frac{3\text{ kg（連産品B）}}{10\text{ kg（原料}\alpha\text{投入量）}}$=6,000kg

07)　@4,000円（連産品Ｂの販売価格）×6,000kg=2,400万円

08)　@1,500円（変動製造間接費）×0.3時間（投入量Ⅰkgに対する加工時間）×6,000kg =270万円

連産品Ｂを追加加工して販売する場合の差額利益：

480万円（差額収益）－270万円（差額原価）＝＋210万円

以上より、連産品Ａ、連産品Ｂのいずれも追加加工を行った方が有利であることがわかります。しかし、機械の生産能力により、第２工程の機械加工時間には上限があるため、両方の連産品の全量を追加加工することが可能か否かを確認する必要があります。

全量の追加加工に必要な機械加工時間：

0.2時間×10,000kg＋0.3時間×6,000kg

＝3,800時間

第２工程の生産能力：

資料２.⑵より、2,900時間

よって、第２工程の生産能力が制約となり、両方の連産品の全量を追加加工することはできません。

２．希少資源単位あたりの利益

上記１.の結果を受けて、連産品Ａ、Ｂのどちらを優先的に追加加工するかを決定する必要があります。

ここで､追加加工上の制約になっているのは､第２工程の機械の生産能力のみです。よって、共通する制約条件が一つのときの最適セールス・ミックスの考え方により、機械加工時間１時間あたりの差額利益を計算します。

連産品Ａを追加加工する場合：

300万円÷（0.2時間×10,000kg）

＝1,500円/時間

連産品Ｂを追加加工する場合：

210万円÷（0.3時間× 6,000kg）

＝1,166.66…円/時間

よって、連産品Ａを追加加工する場合の方が機械加工時間１時間あたりの差額利益が大きいため、連産品Ａを優先的に追加加工し、生産余力で連産品Ｂを追加加工すればよいことがわかります。

３．最適な追加加工の決定

続いて、最適な追加加工を決定します。

まず、連産品Ａの全量を追加加工したときの機械加工時間は次のとおりです。

0.2時間×10,000kg＝2,000時間

これは、機械加工時間の上限である2,900時間に達していませんので、連産品Ａは全量の10,000kgを追加加工できることがわかります。

次に、生産余力である900時間（＝2,900時間－2,000時間）を用いて、連産品Ｂをどれほど追加加工できるのかを計算します。

900時間÷0.3時間＝3,000kg

４．差額原価収益分析

最後に、上記３.の結果を受けて、追加加工をまったく行わない場合を基準として、連産品Ａの全量10,000kgを追加加工し、かつ連産品Ｂのうち3,000kgを追加加工したときの差額利益を計算します。

⑴　**連産品Aの追加加工による差額利益**

上記Ⅰ.⑴より、300万円

⑵　**連産品Bの追加加工による差額利益**

	一部の3,000kgを追加加工して販売	そのまま販売	差　額
売　上　高	2,640万円 09)	2,400万円 11)	240万円 13)
追加加工費	135万円 12)	−	135万円
			＋105万円

09) 追加加工の上販売する分：@8,000円（製品Yの販売価格）×3,000kg×0.6（第2工程の歩留率）=1,440万円
追加加工されずに販売する分：@4,000円（連産品Bの販売価格）×3,000kg 10)=1,200万円
合計　1,440万円+1,200万円=2,640万円

10) 6,000kg（連産品Bの生産量）−3,000kg（追加加工分）=3,000kg

11) @4,000円（連産品Bの販売価格）×6,000kg=2,400万円

12) @1,500円（変動製造間接費）×0.3時間（投入量1kgに対する加工時間）×3,000kg（追加加工分）=135万円

13) 追加加工されずに販売する分の売上高である1,200万円は、いずれにおいても発生するため、それを除いて計算しても差額収益の金額は同じになります。

連産品Bの一部3,000kgへの追加加工による差額利益：
240万円（差額収益）− 135万円（差額原価）= ＋105万円

以上より、追加加工による差額利益は、405万円（＝300万円（上記⑴より）＋105万円（上記⑵より））となります。

特別注文引受可否1（基本）

|解答|

問1.

新規注文を引き受けた場合、営業利益が **270** 千円（増加・~~減少~~）する。

したがって、新規注文を（引き受ける・~~引き受けない~~）方が有利である。

問2.

新規注文を引き受けた場合、営業利益が **180** 千円（~~増加~~・減少）する。

したがって、新規注文を（~~引き受ける~~・引き受けない）方が有利である。

問3.

最低 **1,800** 円を超える値上げを打診する必要がある。

解説

問１.

１. 総額法による場合

総額法による場合、新規注文を引き受ける案の営業利益と引き受けない案の営業利益を総額で比較し、新規注文を引き受ける場合の営業利益が大きくなるようならば注文を引き受けるべきと考えます。

	注文を引き受ける案		注文を引き受けない案		差　額
売上高					
既存分(900個)	@40,000円	36,000千円	@40,000円	36,000千円	−
新規分(100個)	@28,000円 01)	2,800千円		−	2,800千円
計		38,800千円		36,000千円	2,800千円
変動費					
変動売上原価	@25,000円 02)	25,000千円	@25,000円	22,500千円	2,500千円
変動販売費					
従来分(900個)	@600円	540千円	@600円	540千円	−
新規分(100個)	@300円 03)	30千円		−	30千円
計		25,570千円		23,040千円	2,530千円
貢献利益		13,230千円		12,960千円	270千円
固定費					
製造固定費		6,000千円		6,000千円	−
固定販管費		600千円		600千円	−
計		6,600千円		6,600千円	−
営業利益		6,630千円		6,360千円	270千円

01) 新規注文分の販売単価：@40,000円×(1−0.3)＝@28,000円

02) 単位あたり変動製造原価：@31,000円−@6,000円＝@25,000円
　　　（@6,000円：固定製造間接費）

03) 新規注文分の単位あたり変動販売費：@600円−@300円＝@300円

以上より、注文を引き受ける案の営業利益は6,630千円、引き受けない案の営業利益は6,360千円、差額利益は270千円です。よって、注文を引き受ける場合、営業利益が270千円増加するため、注文を引き受ける方が有利です。

２. 差額法による場合

差額法による場合、注文を引き受ける案と引き受けない案の差額、つまり差額収益と差額原価に注目します。その上で差額収益が差額原価を上回り、差額利益がプラスになった場合、注文を引き受けるべきと考えます。

Ⅰ	差額収益			
	売上高(新規注文分)	@40,000円×0.7×100個		＝2,800千円
Ⅱ	差額原価			
	変動売上原価	@25,000円×100個＝2,500千円		
	変動販売費	@300円×100個　＝　30千円		2,530千円
Ⅲ	差額利益			270千円

以上より、注文を引き受ける案の差額利益は270千円です。よって、注文を引き受ける場合、営業利益が270千円増加するため、注文を引き受ける方が有利です。

問2.

差額法によると、以下のようになります。既存の顧客に対する価格引下げによる売上の減少を負の差額収益として計上します。

Ⅰ	差額収益			
	売上高(新規注文分)	@40,000円×0.7×100個	＝2,800千円	
	価格引下げ(既存分)	△@500円×900個	＝△450千円	2,350千円
Ⅱ	差額原価			
	変動売上原価	@25,000円×100個	＝2,500千円	
	変動販売費	@300円×100個	＝　30千円	2,530千円
Ⅲ	差額利益			△180千円

以上より、注文を引き受ける案の差額利益は△180千円です。よって、注文を引き受ける場合、営業利益が180千円減少するため、注文を引き受けない方が有利です。

問3.

差額法によると、次のようになります。新規注文分の販売価格をＰ(円)とします。

Ⅰ	差額収益			
	売上高(新規注文分)	@Ｐ円×100個	＝　100Ｐ円	
	価格引下げ(既存分)	△@500円×900個	＝△450千円	100Ｐ－450千円
Ⅱ	差額原価			2,530千円
Ⅲ	差額利益			100Ｐ円－2,980千円

差額利益がプラスとなるＰを求めます。

100Ｐ円－2,980 千円　＞　0

Ｐ＞　29,800

以上より、新規注文を引き受ける方が有利となるためには、この新規顧客に対する販売価格について@1,800円(＝@29,800円－@40,000円×0.7＝@1,800円)超の値上げを打診する必要があります。

特別注文引受可否2 (引受時の原価)

解答

X社の注文を引き受けた方が **250,000** 円 {~~差額利益~~ 差額損失} が出るので、

注文を引き受けるべきで {~~ある~~ ない}。

解説

1. 総額法による差額原価収益分析

	注文を引き受ける案		注文を引き受けない案		差額
I. 売上高					
既存分	@20,000円×5,000個=	100,000千円	@20,000円×5,000個=	100,000千円	—
新規分	@19,500円×1,500個=	29,250千円		—	29,250千円
計		129,250千円		100,000千円	29,250千円
II. 変動費					
売上原価					
既存分	@14,000円×5,000個=	70,000千円	@14,000円×5,000個=	70,000千円	—
新規分	@14,000円×1,500個=	21,000千円		—	21,000千円
割増賃金		300千円 01)		—	300千円
販売費					
輸送納入費		4,000千円 02)		4,000千円	—
上記以外		5,200千円 03)		4,000千円 03)	1,200千円
計		100,500千円		78,000千円	22,500千円
III. 固定費					
製造原価		22,000千円 04)		15,000千円	7,000千円
販管費		3,000千円		3,000千円	—
計		25,000千円		18,000千円	7,000千円
営業利益		3,750千円		4,000千円	△250千円

01) 超過する作業時間に対する割増賃金は次のように計算します。
受注した場合の総作業時間：2DLH×(5,000個+1,500個)=13,000 DLH
超過する作業時間：13,000 DLH−12,000 DLH=1,000 DLH
∴(@1,300円−@1,000円)×1,000 DLH=300千円

02) 変動販売費のうち、特別注文にかかる輸送納入費はX社が負担するため、輸送納入費はZ部品の既存分にかかる輸送納入費4,000千円しか発生しないものと考えます。

03) 変動販売費のうち、輸送納入費以外は1,500個の注文について増加します。
輸送納入費以外の変動販売費：8,000千円−4,000千円=4,000千円
変動販売費単価：4,000千円÷5,000個=@800円
∴4,000千円+@800円×1,500個=5,200千円

04) 受注する場合、機械リース料7,000千円が追加的に必要です。
15,000千円+7,000千円=22,000千円

2. 結論

注文引受によって250千円の差額損失が生じているため、注文を引き受けるべきではありません。

3．差額法による差額原価収益分析

差額収益	@19,500円	×1,500個	＝29,250,000円
差額原価			
材　料　費	@ 9,000円	×1,500個	＝13,500,000円
労　務　費	@ 2,000円	×1,000個 05)	＝ 2,000,000円
	@ 2,600円 07)	× 500個 06)	＝ 1,300,000円
変動製造間接費	@ 3,000円	×1,500個	＝ 4,500,000円
変動販売費	@ 800円 08)	×1,500個	＝ 1,200,000円
リース料			7,000,000円
			29,500,000円

なお、輸送納入費はX社が負担するので、埋没原価です。

05) 12,000DLH−2DLH/個×5,000個=2,000DLH
2,000DLH÷2DLH/個=1,000個

06) 1,500個−1,000個=500個

07) @1,300円×2DLH=@2,600円

08) (8,000,000円−4,000,000円)÷5,000個=@800円

4．結　論

差額利益＝差額収益－差額原価

＝29,250,000円－29,500,000円

＝△250,000円

250,000円の差額損失が出るので、X社の注文を引き受けるべきでない。

問題7 特別注文引受可否3（最適プロダクト・ミックス）

|解答|

問1．

製品Xの生産量　＝　**900** 個

製品Yの生産量　＝　**420** 個

貢献利益　＝　**7,743,000** 円

問2．

(1) 臨時の注文300個を引き受けた方が、引き受けない場合に比べて **337,500** 円だけ

{ (有利である。) / ~~不利である。~~ }

(2) 臨時の注文450個を引き受けた方が、引き受けない場合に比べて **491,250** 円だけ

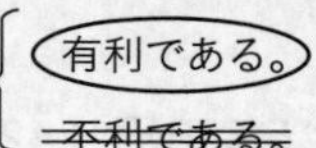

{ (有利である。) / ~~不利である。~~ }

解説

問1．最適プロダクト・ミックスの生産量

両製品の生産にさいして共通の制約条件になっているものを考えると、金属加工ライン（両製品に1個ずつ使用する本体を生産する）と組立ライン（両製品を組み立てる）の生産能力です。

ここで、仮に組立ラインの生産能力を現状の1,650個から増加させたとしても、（両製品に共通の本体を作る）金属加工ラインの生産能力が現状の1,320個のままであれば、製品生産量を増加させることはできません。

したがって、最適プロダクト・ミックスを達成する上で、制約条件となっている要素は、特に金属加工ラインの生産能力であるということを、まずはしっかりと把握しましょう。

(1) 優先すべき製品の決定

製品の生産に関する制約条件となっているのは金属加工ラインです。したがって、金属加工ラインの機械作業時間1時間あたりの貢献利益を計算し、それが大きい製品を優先して生産します。

<製品Xの標準変動費>

金属加工ライン
　標準直接材料費　6,750円
　変動製造間接費
　　@3,000円×0.75時間 ＝ 2,250円
部品A専用ライン
　標準直接材料費　4,500円
　変動製造間接費
　　@1,500円×0.75時間 ＝ 1,125円
組立ライン
　標準製造間接費
　　@ 750円×1.80時間 ＝ 1,350円
　　　　　　　　　　　15,975円

<製品Yの標準変動費>

金属加工ライン
　標準直接材料費　6,750円
　変動製造間接費
　　@3,000円×0.75時間 ＝ 2,250円
部品B専用ライン
　標準直接材料費　3,000円
　変動製造間接費
　　@1,500円×0.75時間 ＝ 1,125円
組立ライン
　標準製造間接費
　　@ 750円×1.80時間 ＝ 1,350円
　　　　　　　　　　　14,475円

<製品Xの単位貢献利益（機械作業時間1時間あたり）>

販売価格
　@22,000円－標準変動費@15,975円
　＝貢献利益@6,025円
貢献利益
　@6,025円÷0.75時間≒@8,033円

<製品Yの単位貢献利益（機械作業時間1時間あたり）>

販売価格
　@20,000円－標準変動費@14,475円
　＝貢献利益@5,525円
貢献利益
　@5,525円÷0.75時間≒@7,367円

よって、貢献利益の高い製品Xから優先して生産し、余剰時間で製品Yを生産します。

(2) 最適プロダクト・ミックス生産量および貢献利益の計算

<生産量>

製品X生産量　900個（需要上限）
製品Y生産量　1,320個－900個＝420個
（1,320個：金属加工ラインの生産能力）

<貢献利益>

@6,025円×900個＋@5,525円×420個
＝7,743,000円

問２．

部品Cは、直接材料を除いて部品Aとまったく同じ条件で生産できる旨の指示が問題文中にあることから、部品A専用ラインで生産されることがわかります。したがって、特別注文を引き受けるかどうかを判断するにあたり、部品A専用ラインの月間生産能力を考慮する必要があります。

⑴　**部品Cの納品の可否（300個）の場合**

部品A専用ラインの遊休生産能力

1,320個－900個＝420個

製品Xの生産量より

部品A専用ラインの遊休生産能力は420個であり、部品Cの納品数量300個より大きいため、製品X900個、製品Y420個の生産に影響を与えずに部品Cを受注することができます。

＜部品Cの標準変動費＞

部品A専用ライン

標準直接材料費	5,250円
製造間接費	1,125円＝@1,500円×0.75時間
	6,375円

＜部品Cの貢献利益＞

部品Cの単位貢献利益

@7,500円－@6,375円＝@1,125円

部品Cの貢献利益

@1,125円×300個＝337,500円

よって、注文300個を引き受けた方が337,500円有利となります。

⑵　**部品Cの納品の可否（450個）の場合**

部品A専用ラインの遊休生産能力は420個のため、部品C450個を受注する場合、製品Xの生産量を30個減らす必要があります。そして、これにより金属加工ラインに30個分の遊休生産能力が生じることになるので、その分を製品Yの生産にあてることができます。

＜貢献利益＞

部品Cの貢献利益

@1,125円×450個　＝　506,250円

製品Xの貢献利益

@6,025円×870個　＝　5,241,750円

900個－30個

製品Yの貢献利益

@5,525円×450個　＝　2,486,250円

420個＋30個

8,234,250円

7,743,000円＜8,234,250円

8,234,250円－7,743,000円＝491,250円

よって、注文450個を引き受けた方が491,250円有利となります。

【解】 Chapter 4 業務的意思決定

問題 8 内製か購入かの意思決定1（遊休能力の利用）

解答

問1.

部品Ｙを（ 内製する・~~購入する~~ ）方が、原価が **1,600** 千円低く有利である。

問2.

部品Ｙの年間必要量が **1,126** 個以上ならば、部品Ｙを内製する方が有利である。

問3.

部品Ｙを（ ~~内製する~~・購入する ）方が、原価が **300** 千円低く有利である。

解説

問1.

1．遊休能力を利用して部品Ｙを内製する案の関連原価

直接材料費

@2,500円×2,000個　＝　5,000千円

直接労務費

@3,000円×2,000個　＝　6,000千円

変動製造間接費[01)]

@1,000円×0.5時間×2,000個

＝　1,000千円

関連原価合計　12,000千円

2．遊休能力はそのままとし、部品Ｙを購入する案の関連原価

購入原価

（@6,600円＋@200円）×2,000個

＝13,600千円

以上より、部品Ｙを内製する案の関連原価は12,000千円、部品Ｙを購入する案の関連原価は13,600千円です。よって、部品Ｙを内製する方が原価が1,600千円低く有利です。

01) 固定製造間接費は内製するのか購入するのかによって発生額が異ならない埋没原価です。

問2.

特殊機械賃借料は、コスト・ビヘイビアー（原価の発生態様）からは固定費ですが、内製の場合には発生し、購入のさいには回避できるため、内製する案の関連原価として取り扱われます。

1．遊休能力を利用して部品Ｙを内製する案の関連原価

直接材料費

@2,500円×Ｙ個　＝2,500Ｙ円

直接労務費

@3,000円×Ｙ個　＝3,000Ｙ円

変動製造間接費

@1,000円×0.5時間×Ｙ個＝　500Ｙ円

特殊機械賃借料　900,000円

関連原価合計　6,000Ｙ＋900,000円

2．遊休能力はそのままとし、部品Ｙを購入する案の関連原価

購入原価

（@6,600円＋@200円）×Ｙ個

＝6,800Ｙ円

上記より、部品Ｙを内製する方が有利となるための条件式は次のようになります。

6,000Ｙ＋900,000円 ＜ 6,800Ｙ

Ｙ ＞ 1,125個

以上より、部品Ｙの年間必要量が1,126個以上ならば、部品Ｙを内製する方が有利です。
なお、1,125個のときは、どちらの原価も等しくなるため、「1,126個以上」と解答する必要があります。

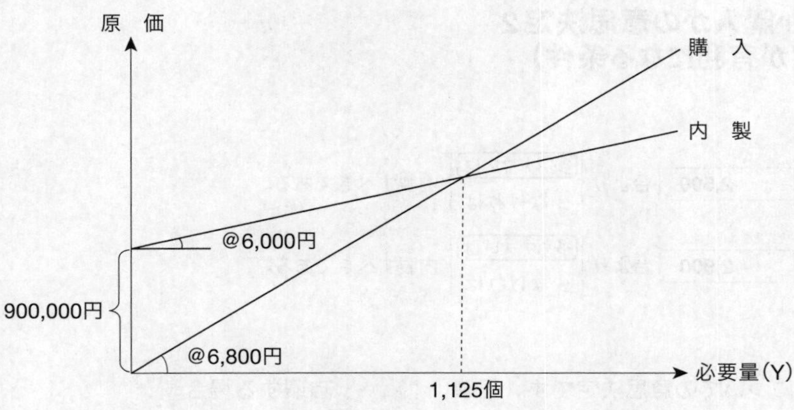

問3．

1．部品Ｙを購入し部品Ｚを内製する案の関連原価

部品Ｙの購入原価	
@6,800円×2,000個	＝ 13,600千円
部品Ｚの変動製造原価	
@3,000円×2,000個	＝ 6,000千円
関連原価合計	19,600 千円

2．部品Ｙを内製し部品Ｚを購入する案の関連原価

部品Ｙの内製原価	
@6,000円×2,000個＋900,000円	
	＝ 12,900 千円
部品Ｚの購入原価	
@3,500円×2,000個	＝ 7,000千円
関連原価合計	19,900 千円

以上より、部品Ｙを購入し部品Ｚを内製する案の関連原価は19,600千円、部品Ｙを内製し部品Ｚを購入する案の関連原価は19,900千円です。よって、部品Ｙを購入する方が原価が300千円低く有利です。

内製か購入かの意思決定２（内製が有利になる条件）

解答

問１.

翌期の生産量が **2,500** 台より {（多ければ）／少なければ} 内製すべきである。

問２.

翌期の生産量が **2,900** 台より {（多ければ）／少なければ} 内製すべきである。

解説

内製か購入かについての意思決定です。正確に問題文中のデータを読み取りましょう。

問１.

１. 資料３.⑶のデータの推定

資料１より年間の固定費予算額が判明します。

製造固定費：

＠24,000円×3,000台＝7,200万円

機械リース料：

7,200万円－(4,500万円＋1,200万円＋900万円)＝600万円

２. 関連原価

内製する場合と購入する場合のそれぞれにかかる費用をy、台数をxとして式にすると、次のようになります。

自製する場合

変動費

30,000円＋18,000円＋36,000円－24,000円＝60,000円

固定費

600万円(機械リース料)＋900万円(第２製造部長給料)[01]＝1,500万円

∴　y＝60,000x円＋1,500万円

購入する場合　y＝66,000x円

両者をグラフで表すと下のようになります。台数が２式の交点よりも多ければ内製の方が有利となります。

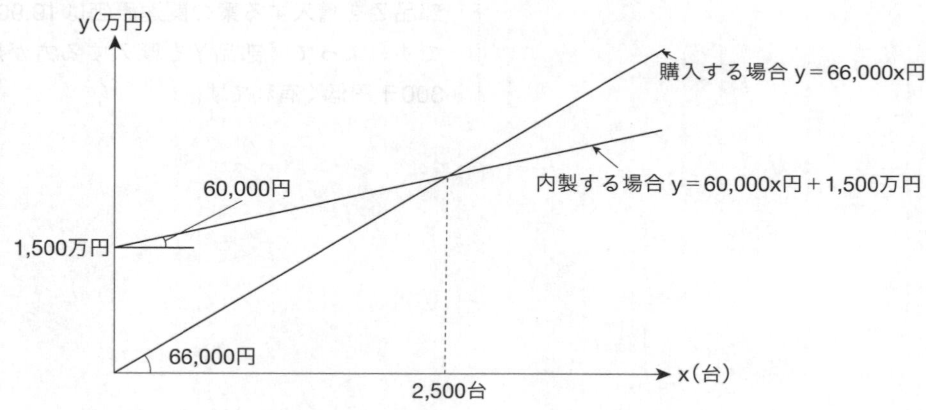

60,000x円＋1,500万円＝66,000x円

∴x＝2,500台

したがって2,500台より多ければ内製する方が有利ということになります。

01) S.Mを購入する場合、第２製造部長は第５製造部に配置換えとなります。このとき、その給料相当額の人件費の節約が生じると考え、内製する場合の原価に含めます。なお、工場建物の減価償却費配賦額と共通管理費配賦額は、埋没原価です。

問2.

問1の購入案の傾きが途中で変わる点に注意しましょう。

自製する場合

変動費　60,000円

固定費

1,500万円＋300万円[02]＝1,800万円

（機械リース料＋L.M製造による利益）

∴y＝60,000x円＋1,800万円　……①

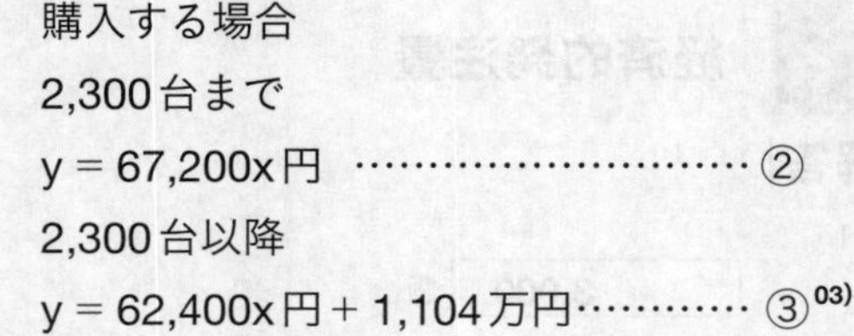

購入する場合

2,300台まで

y＝67,200x円　……………………………②

2,300台以降

y＝62,400x円＋1,104万円…………　③[03]

02)　購入案を採用しなかった場合の機会原価です。他の固定費はどちらの案によっても発生するため埋没原価となります。

03)　②式で
x=2,300台のとき
y=15,456万円
y=15,456万円+62,400円×(x−2,300)
y=15,456万円+62,400x−14,352万円
y=62,400x+1,104万円

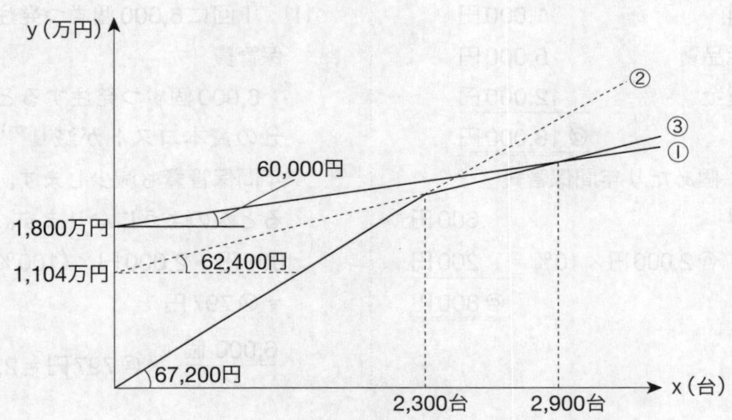

①と②の交点（2,300台まで）

60,000x＋1,800万円＝67,200x

x＝2,500台

しかし、これは2,300台までという条件に合わないので解答になりません。

①と③の交点（2,300台以降）

60,000x＋1,800万円＝62,400x＋1,104万円

x＝2,900台

2,300台以降という条件と一致するので2,900台より多ければ自製する方が有利ということが判明します。

問題 10

経済的発注量

|解答|

問１.

3,000	個

問２.

⑴	2,391,000	円
⑵	9,000	個

解説

問１.

１. 原価データの分類

与えられた資料のうち、経済的発注量の計算に必要なデータを分類します。

⑴ 材料MM１個あたり取得原価

材料MM購入原価	2,000円

⑵ 材料MM１回あたり発注費

通　信　料	1,000円
事務用消耗品費	5,000円
検収係の賃金	12,000円
	@18,000円

⑶ 材料MM１個あたり年間保管費

火災保険料	600円
資本コスト @2,000円×10%＝	200円
	@800円

２. 経済的発注量の計算

経済的発注量をQ個として計算します。

$$\frac{200,000}{Q} \times 18,000 = \frac{Q}{2} \times 800$$

$$Q^2 = 9,000,000$$

$$Q = 3,000個$$

問２.

⑴ １回に6,000個ずつ発注する場合の年間保管費

6,000個ずつ発注すると、値引を受けた分の資本コストが減り[01]、１個あたりの年間保管費も減少します。その分を考慮すると次のようになります。

600円＋2,000円×（100%−1.5%）×10%
＝@797円

$$\frac{6,000個}{2} \times @797円 = 2,391,000円$$

01) 資本コストは「購入原価×10%」で求めているので、購入原価が変化すると資本コストも当然変化します。

⑵ もっとも有利な1回あたり発注量

横浜商事より提案のあった数量のうち、発注費、保管費、値引額の合計がもっとも低くなる発注量を求めます。

発注量	発注費	保管費	値引額	合計
3,000	1,200,000	1,200,000	なし	2,400,000
6,000	600,000	2,391,000	△6,000,000	△3,009,000
9,000	400,000	3,583,800	△7,200,000	△3,216,200
12,000	300,000	4,776,000	△8,000,000	△2,924,000

①発注費の計算[02)]

（例）3,000個のとき

$\frac{200,000個}{3,000個}$×@18,000円＝1,200,000円

②保管費の計算

3,000個のとき

@800円×3,000個÷2＝1,200,000円

6,000個のとき

@797円×6,000個÷2＝2,391,000円

9,000個のとき

@796.4円×9,000個÷2＝3,583,800円

12,000個のとき

@796円×12,000個÷2＝4,776,000円

※1個あたり年間保管費の計算

9,000個のとき

600円＋@2,000円×（100％－1.8％）×10％＝796.4円

12,000個のとき

600円＋@2,000円×（100％－2.0％）×10％＝796円

③値引額

6,000個のとき

@2,000円×1.5％×200,000個＝6,000,000円

9,000個のとき

@2,000円×1.8％×200,000個＝7,200,000円

12,000個のとき

@2,000円×2.0％×200,000個＝8,000,000円

以上より、1回あたりの発注量が9,000個のときに発注費、保管費、値引額の合計がもっとも低くなるため、1回あたり9,000個ずつ発注するのがもっとも有利となります。

02) $\frac{200,000個}{Q個}$×18,000円＝発注費

Qに各発注量をあてはめ、計算します。

【解】 Chapter 4 業務的意思決定

Chapter

5 設備投資意思決定の基本

Section

1 設備投資意思決定の基礎知識

問題 1 理論問題〜設備投資意思決定の基本〜

解答

ア	c	イ	g	ウ	h	エ	k
オ	l	カ	m	キ	r		

問題 2 貨幣の時間価値と投資

解答

問1. **13,310** 円

問2. **7,513** 円

問3.

ア	いま	イ	時間価値	ウ	割引計算	エ	複利計算

解説

意思決定会計では**複利計算**と**割引計算**を前提とします。

問1. 複利計算

10,000円×1.1×1.1×1.1＝13,310円

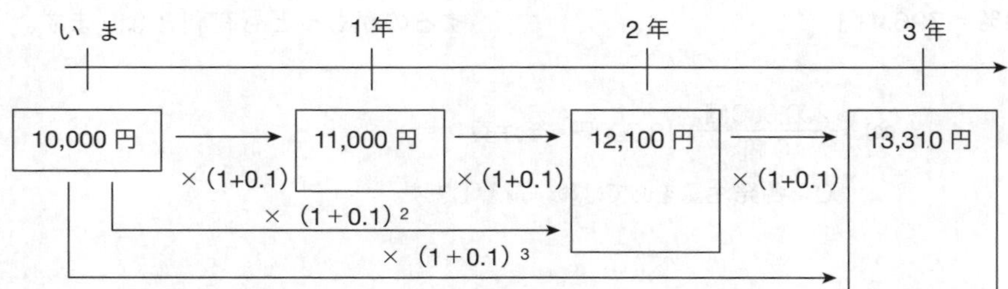

各年の金額がいまの10,000円の将来価値を表しています。いまの10,000円は3年後の13,310円と同じ価値があります。複利を前提にお金の将来価値を求めることを複利計算といいます。

問2．割引計算

10,000円÷1.1÷1.1÷1.1＝7,513.1…→7,513円

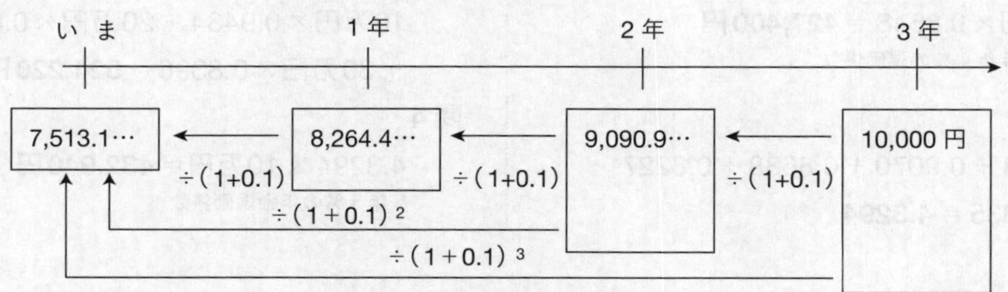

3年後に10,000円残すのであれば、いま7,513円を用意すればよいことになります。

3年後の10,000円はいまの7,513円と同じ価値があります。お金の現在価値を求めることを割引計算といいます。

問題3 現価係数と年金現価係数1（2つの係数の関係）

|解答|

①	2.6243	②	4.6228（または4.6229）	③	0.5471	④	0.6830（または0.6831）

解説

現価係数を累計したものが年金現価係数である、という関係から空欄を推定していきます。

① 0.9346＋0.8734＋0.8163＝**2.6243**
（または、1.8080＋0.8163＝**2.6243**）

② 0.9259＋0.8573＋0.7938＋0.7350＋0.6806＋0.6302＝**4.6228**
（または、3.9927＋0.6302＝**4.6229**）

③ 5.0330－4.4859＝**0.5471**

④ 3.1699－2.4869＝**0.6830**
（または、3.1699－0.9091－0.8264－0.7513＝**0.6831**）

問題4 現価係数と年金現価係数2（現在価値計算）

|解答|

問1．**427,400** 円

問2．**4.3294**

問3．**524,220** 円

問4．**432,940** 円

解説

問1.

50万円×0.8548＝**427,400円**
（0.8548：4年4％の現価係数）

問2.

0.9524＋0.9070＋0.8638＋0.8227
＋0.7835＝**4.3294**

問3.

10万円×0.9434＋20万円×0.8900
＋30万円×0.8396＝**524,220円**

問4.

4.3294×10万円＝**432,940円**
（4.3294：5年5％の年金現価係数）

問題5　加重平均資本コスト率

解答

(1) **5.5** ％

(2) **6.96** ％

解説

(1) 資本構成が金額で表示されているケース

	金　額	資本コスト率	資本コスト		
株　　式[01)]	8億円	6％	8億円×6％	＝	0.48億円
長期借入金[02)]	2億円	5％（税引前）	2億円×5％×(1－30％)	＝	0.07億円
合　　計	10億円				0.55億円

加重平均資本コスト率：
0.55億円÷10億円×100＝**5.5%**

01) 株式の資本コスト（配当）は税引後の利益に対して行われる剰余金の処分であるため、税金の影響を受けません。

02) 借入金の資本コスト（利息）は税法上、損金として認められるので、税金の影響を考慮します。

(2) 資本構成が構成割合で表示されているケース

	構成割合	資本コスト率	構成割合×資本コスト率		
株　　式	45％	10％	45％×10％	＝	4.50％
社　　債	30％	6％（税引前）	30％× 6％×(1－30％)	＝	1.26％
借 入 金	20％	5％（税引前）	20％× 5％×(1－30％)	＝	0.70％
内部留保	5％	10％	5％×10％	＝	0.50％
合　　計	100％				6.96％

加重平均資本コスト率：**6.96%**

Section

2 設備投資案の評価方法Ⅰ

問題 6 正味現在価値法と収益性指数法1（税金を考慮しない場合）

解答

問１．正味現在価値 **134,300** 円

　　　収益性指数 **1.19**

問２．正味現在価値 **51,050** 円

　　　収益性指数 **1.07**

解説

問１．

資本コスト率が７％のネット・キャッシュ・フローの現在価値合計と投資額を求めます。

ネット・キャッシュ・フローの現在価値合計：

200,000円×4.1002＋20,000円×0.7130（20,000円：残存価額[01]）

＝834,300円

投資額：

700,000円

正味現在価値：

834,300円－700,000円＝**134,300円**

収益性指数：

$$\frac{\text{ネット・キャッシュ・フローの現在価値合計}834,300\text{円}}{\text{投資額 }700,000\text{ 円}}$$

＝1.191857…

→**1.19**（小数点以下第３位四捨五入）

問２．

資本コスト率が11％のネット・キャッシュ・フローの現在価値合計と投資額を求めます。

ネット・キャッシュ・フローの現在価値合計：

200,000円×3.6959＋20,000円×0.5935

＝751,050円

投資額：

700,000円

正味現在価値：

751,050円－700,000円＝**51,050円**

収益性指数：

$$\frac{\text{ネット・キャッシュ・フローの現在価値合計}751,050\text{円}}{\text{投資額 }700,000\text{ 円}}$$

＝1.0729…

→**1.07**（小数点以下第３位四捨五入）

01) 残存価額のみ明示されている場合、当該残存価額を売却価値とみなす。

問題 7 正味現在価値法と収益性指数法2（税金を考慮しない場合）

解答

この投資案の正味現在価値は **△35,830** 円なので投資すべきで ｛~~ある~~／ない｝。

この投資案の収益性指数は **0.98** なので投資すべきで ｛~~ある~~／ない｝。

解説

本問の場合は年々の**キャッシュ・イン・フローが異なる**ので、現価係数を使用して1年ごとに正味キャッシュ・イン・フローを現在価値に割り引いて合計します。

1．現在価値合計の算定

	T_0	T_1	T_2	T_3	T_4
CIF		450,000	900,000	800,000	500,000
COF	2,000,000				

T_1：450,000円×0.8850＝ 398,250円

T_2：900,000円×0.7831＝ 704,790円

T_3：800,000円×0.6931＝ 554,480円

T_4：500,000円×0.6133＝ 306,650円

1,964,170円

2．正味現在価値と収益性指数の算定

正味現在価値：

1,964,170円－2,000,000円＝△**35,830円**

よって、正味現在価値がマイナスなので、**投資すべきではありません。**

収益性指数：

1,964,170円÷2,000,000円＝0.982085

→**0.98**（小数点以下第3位四捨五入）＜1

よって、収益性指数が1未満なので、**投資すべきではありません。**

問題 8

内部利益率法1（税金を考慮しない場合）

解答

内部利益率 **7.51** %

解説

本問は**補間法**を用いた内部利益率算定の問題です。手順は次のようになります。

1．年金現価係数の算定

内部利益率の定義から以下の関係が成立します。

投資額＝年金現価係数×年々の正味平均キャッシュ・イン・フロー

したがって、次の式が得られます。

$$年金現価係数＝\frac{投資額}{年々の正味平均キャッシュ・イン・フロー^{01)}}$$

本問では以下のようになります。

$$\frac{3,900,000円}{1,500,000円}＝2.6$$

2．内部利益率計算の大まかな読取り

年金現価係数表から2.6をオーバーし、かつ2.6に近い値を探し出し、対応する割引率を補間法による計算の出発点とします。本問では、7％と8％の中間です。

01) 年々の正味キャッシュ・フローが毎期同額の場合も含まれます。

3．補間法による内部利益率の算定

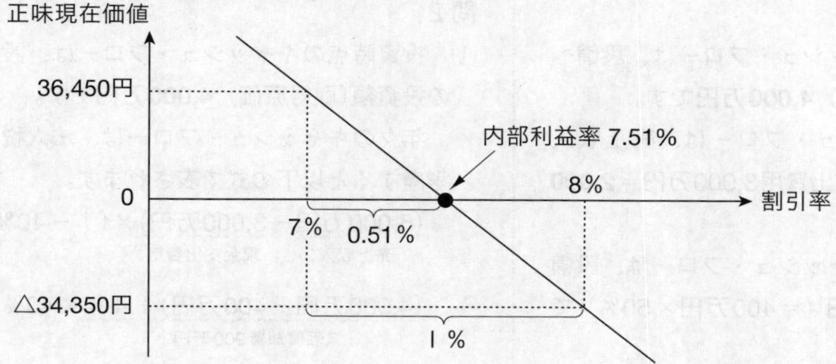

資本コスト率７％のときの正味現在価値

1,500,000円×2.6243－3,900,000円＝36,450円

資本コスト率８％のときの正味現在価値

1,500,000円×2.5771－3,900,000円＝△34,350円

補間法による内部利益率の算定

1%：(36,450 円－(△34,350 円))＝Ｘ％：36,450 円

$$X = \frac{36,450}{70,800} = 0.5148\cdots\% \rightarrow 0.51\%$$

∴**7.51%**(＝7%＋0.51%)

Section

3 キャッシュ・フロー の見積り

問題 9 キャッシュ・フロー予測１（税金を考慮する場合）

|解答|

問１．

	投資時点	年々	投資終了時
(1)	△**4,000**万円	**2,000**万円	**200**万円

	現時点	1年度	2年度	3年度	4年度
(2)	△**4,000**万円	**2,000**万円	**2,000**万円	**2,000**万円	**2,200**万円

問２．

	投資時点	年々	投資終了時
(1)	△**4,000**万円	**1,560**万円	**280**万円

	現時点	1年度	2年度	3年度	4年度
(2)	△**4,000**万円	**1,560**万円	**1,560**万円	**1,560**万円	**1,840**万円

解説

問1.

(1) 投資時点のキャッシュ・フローは、設備への投資額(取得原価) **4,000万円**です。

年々のキャッシュ・フローは、売上収入5,000万円－現金支出費用3,000万円＝**2,000万円**です。

投資終了時のキャッシュ・フローは、設備売却収入の**200万円**（＝400万円×50％）です。

(2) 現時点は投資時点のことです。したがって問1と同じ答えになります。

1年度～3年度は、(1)の年々のキャッシュ・フローしか発生しません。したがって**2,000万円**です。

4年度は、投資終了年度ですので、(1)の年々のキャッシュ・フローと投資終了時のキャッシュ・フローの合計額**2,200万円**となります。

問2.

(1) 投資時点のキャッシュ・フローは、設備への投資額(取得原価) **4,000万円**です。

年々のキャッシュ・フローは、法人税等を考慮すると以下の式で表されます。

(5,000万円－3,000万円)×(1－40%)＋
売上収入　現金支出費用

(4,000万円－400万円)÷4年×40%
減価償却費900万円

＝**1,560万円**

投資終了時のキャッシュ・フローは、法人税等を考慮すると以下の式で表されます。

400万円×50%
売却価額

＋(400万円－400万円×50%)×40%
売却損よる法人税等節約額

＝**280万円**

(2) 現時点は投資時点のことです。したがって(1)と同じ答えになります。

1年度～3年度は、(1)の年々のキャッシュ・フローしか発生しません。したがって**1,560万円**です。

4年度は、投資終了の年度ですので、(1)の年々のキャッシュ・フローと投資終了時のキャッシュ・フローの合計額**1,840万円**となります。

キャッシュ・フロー予測2（損益計算書からの計算）

解答

2,200,000 円

解説

本問は、損益計算書から正味キャッシュ・イン・フローを算定する問題です。

資料2．の年間見積損益計算書の売上原価には減価償却費も含まれています。よって、税引後の営業利益に減価償却費を加算することにより正味キャッシュ・イン・フローが求められます。

100万円（営業利益）×（1－税率30％）＋150万円（減価償却費）[01]

＝**220万円**

別の解法として損益計算書を作成して、計算する方法もあります。

損益計算書　（単位：万円）

Ⅰ	売上高		540	CIF
Ⅱ	売上原価			
	現金支出費用	255[02]		COF
	減価償却費	150[01]	405	
	売上総利益		135	
Ⅲ	販売費及び一般管理費		35	COF
	税引前営業利益		100	
	法人税等		30[03]	COF
	税引後利益		70	

正味キャッシュ・イン・フローは、CIF項目とCOF項目を集計することで求められます。

売上高540万円－現金支出費用255万円－販管費35万円－法人税等30万円＝220万円

01）750万円÷5年＝150万円

02）売上原価405万円－減価償却費150万円＝255万円

03）営業利益100万円×税率30％＝30万円

【解】Chapter 5　設備投資意思決定の基本

問題 11 正味現在価値法と収益性指数法３（税金を考慮する場合）

解答

問１.

正味現在価値が **2,470.3** 万円であるから採用すべきで {ある / ~~ない~~} 。

収益性指数が **1.20** であるから採用すべきで {ある / ~~ない~~} 。

問２.

① １年目 (**4,500**) 万円
　２年目 (**5,250**) 万円
　３年目 (**6,200**) 万円

② 正味現在価値が **588.23** 万円であるから採用すべきで {ある / ~~ない~~} 。

収益性指数が **1.05** であるから採用すべきで {ある / ~~ない~~} 。

解説

本問は、**税金を考慮する場合と考慮しない場合**の正味現在価値法および収益性指数法による投資案の評価の問題です。考慮する場合では、**減価償却費によるタックス・シールド**を把握する必要がある点に注意が必要です。

また、年金現価係数から現価係数を計算する必要があります。

問１．税金を考慮しない場合

投資額　△12,500万円

１年目　5,000万円×0.9091＝4,545.5万円

２年目　6,250万円×0.8264[01)]＝5,165万円

３年目　(5,750万円＋1,250万円[02)])
×0.7514＝5,259.8万円

正味現在価値　(4,545.5万円＋5,165万円＋5,259.8万円)－12,500万円＝**2,470.3万円**

よって、正味現在価値がプラスであるため**採用すべきです。**

収益性指数　(4,545.5万円＋5,165万円＋5,259.8万円)÷12,500万円
＝1.197624
→**1.20**（小数点以下第３位四捨五入）

よって、収益性指数が１よりも大きいので**採用すべきです。**

01) 1.7355−0.9091=0.8264
02) 新規設備売却額

問２．税金を考慮する場合

① まず、減価償却費によるタックス・シールドを求めます。

(12,500万円－1,250万円)÷３年×0.4
＝1,500万円

② 年々の純増分現金流入額を求めます。

１年目　5,000万円×(1－0.4)＋1,500万円
＝4,500万円

２年目　6,250万円×(1－0.4)＋1,500万円
＝5,250万円

３年目　5,750万円×(1－0.4)＋1,500万円
＋1,250万円＝6,200万円

③ ②で求めた純増分現金流入額に現価係数を掛けて現在価値合計を求めます。

１年目　4,500万円×0.9091＝4,090.95万円
２年目　5,250万円×0.8264＝4,338.60万円
３年目　6,200万円×0.7514＝4,658.68万円
計　13,088.23万円

④ ③で求めた現在価値合計と投資額から正味現在価値と収益性指数を求めます。

正味現在価値
13,088.23万円－12,500万円＝**588.23万円**
よって、正味現在価値がプラスであるから**採用すべきです。**

収益性指数　13,088.23万円÷12,500万円
＝1.0470584
→**1.05**（小数点以下第３位四捨五入）
よって、収益性指数が１よりも大きいので**採用すべきです。**

問題12 内部利益率法２（税金を考慮する場合）

|解答|

問１．

内部利益率が（ **7.3** ）％なので採用 ｛~~すべきである~~／すべきでない｝。

問２．

内部利益率はA案が（ **6.35** ）％、B案が（ **5.47** ）％、C案が（ **7.80** ）％なので（ **C** ）案を採用すべきである。

解説

問１．

本問は年々のキャッシュ・フローが同額であるため、「投資額＝現金支出節約額×内部利益率の年金現価係数」という関係が成り立つことを利用し、年金現価係数ｙを求めます。法人税を考慮する場合には、減価償却費によるタックス・シールドを考慮する必要があります。

年々の税引後キャッシュ・イン・フロー
490千円×(1−0.3)＋3,000千円÷10年×0.3
＝433千円
433千円×ｙ＝3,000千円
ｙ＝6.9284・・・・・・・

この値は年金現価係数表の投資期間ｎ＝10年のところで7.0236（７％）と6.7101（８％）の間に位置します。そこで補間法により内部利益率を求めます。

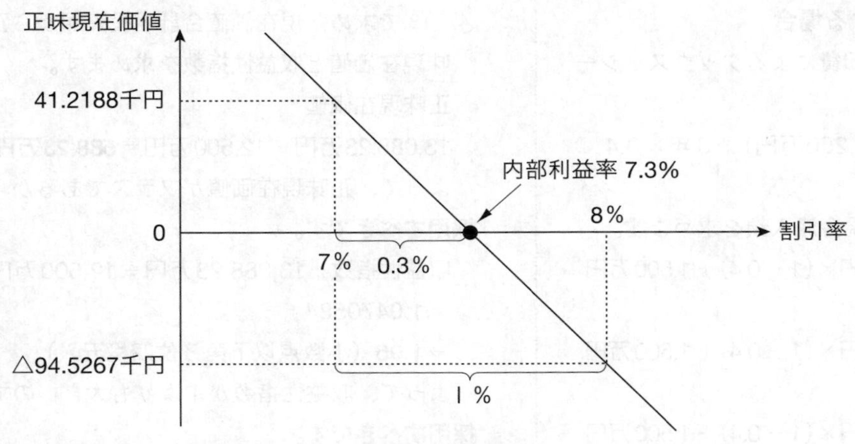

資本コスト率７％のときの正味現在価値

433千円×7.0236－3,000千円＝41.2188千円

資本コスト率８％のときの正味現在価値

433千円×6.7101－3,000千円＝△94.5267千円

補間法による内部利益率の算定

1%：(41.2188 千円－(△94.5267 千円))＝X％：41.2188 千円

$$X = \frac{41.2188}{135.7455} = 0.3036\cdots\% \rightarrow 0.3\%$$

∴**7.3%**（＝7％＋0.3％）

内部利益率**7.3％は資本コスト10％を下回っている**（コストを回収できない）ので、新設備導入案は**採用すべきではありません。**

問２.

A案

年々の正味キャッシュ・フローが異なる場合には試行錯誤法によって大まかな目安をつけ、その目安にもとづいて補間法を用いて計算します。

	T_0	T_1	T_2	T_3	T_4	T_5
						⑤ 1,200
		④ 864	④ 864	④ 864	④ 864	④ 864
CIF		② 3,000	② 3,000	② 3,000	② 3,000	② 3,000
COF	① 12,000	③ 1,200	③ 1,200	③ 1,200	③ 1,200	③ 1,200
NET	12,000	2,664	2,664	2,664	2,664	3,864

① 原始投資額

② 年々の税引前正味現金流入額

③ 年々の税引前正味現金流入額に対する法人税：

3,000千円×40％＝1,200千円

④ タックス・シールド：

減価償却費×法人税率

＝(12,000千円−1,200千円)÷５年

×40％＝864千円

⑤ 残存価額[01)]

01) 残存価額のみ明示されている場合、当該残存価額を売却価値とみなす。

1．年々の正味キャッシュ・フローの年平均値

(2,664千円×４年＋3,864千円)÷５年
＝2,904千円

2．年平均値と投資額を等しくする年金現価係数

12,000千円÷2,904千円＝4.1322…
年金現価係数表n＝５年より、4.2124（６％）と4.1002（７％）の付近と見当

	r＝６％		r＝７％	
１年度～４年度	2,664千円×3.4651＝	9,231.0264千円	2,664千円×3.3872＝	9,023.5008千円
５年度	3,864千円×0.7473＝	2,887.5672千円	3,864千円×0.7130＝	2,755.032千円
合計		12,118.5936千円		11,778.5328千円
投資額		△12,000　千円		△12,000　千円
正味現在価値		118.5936千円		△　221.4672千円

1％：(118.5936千円－(△221.4672千円))＝Ｘ％：118.5936千円

$$Ｘ＝\frac{118.5936}{340.0608}＝0.3487\cdots\%\rightarrow0.35\%$$ **∴6.35％**（＝６％＋0.35％）

B案

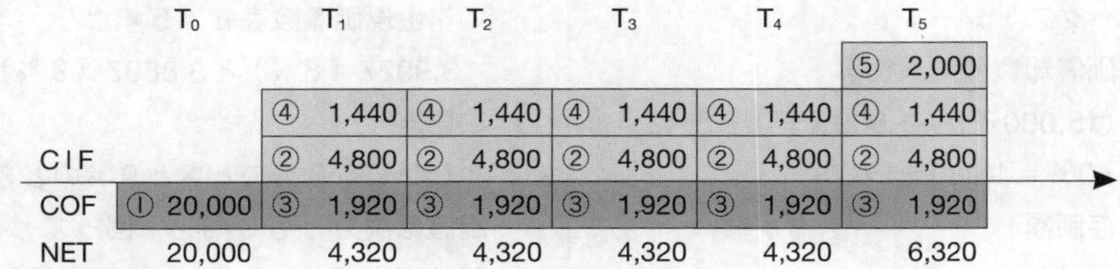

	T_0	T_1	T_2	T_3	T_4	T_5
						⑤ 2,000
		④ 1,440	④ 1,440	④ 1,440	④ 1,440	④ 1,440
CIF		② 4,800	② 4,800	② 4,800	② 4,800	② 4,800
COF	① 20,000	③ 1,920	③ 1,920	③ 1,920	③ 1,920	③ 1,920
NET	20,000	4,320	4,320	4,320	4,320	6,320

①　原始投資額
②　年々の税引前正味現金流入額
③　年々の税引前正味現金流入額に対する法人税：
4,800千円×40％＝1,920千円
④　タックス・シールド：
減価償却費×法人税率
＝(20,000千円－2,000千円)÷５年
×40％＝1,440千円
⑤　残存価額

1．年々の正味キャッシュ・フローの年平均値

(4,320千円×４年＋6,320千円)÷５年
＝4,720千円

2．年平均値と投資額を等しくする年金現価係数

20,000千円÷4,720千円＝4.2372…
年金現価係数表n＝５年より、
4.3295（５％）と4.2124（６％）の付近と見当

	r＝５％		r＝６％	
１年度～４年度	4,320千円×3.5460＝	15,318.72千円	4,320千円×3.4651＝	14,969.232千円
５年度	6,320千円×0.7835＝	4,951.72千円	6,320千円×0.7473＝	4,722.936千円
合計		20,270.44千円		19,692.168千円
投資額		△20,000　千円		△20,000　千円
正味現在価値		270.44千円		△　307.832千円

1％：(270.44千円－(△307.832千円))＝X％：270.44千円

$$X = \frac{270.44}{578.272} = 0.4676\cdots\% \rightarrow 0.47\% \quad \therefore \mathbf{5.47\%} \ (=5\%+0.47\%)$$

C案

	T_0	T_1	T_2	T_3	T_4	T_5
						⑤ 1,500
		④ 1,080	④ 1,080	④ 1,080	④ 1,080	④ 1,080
CIF		② 4,000	② 4,000	② 4,000	② 4,000	② 4,000
COF	① 15,000	③ 1,600	③ 1,600	③ 1,600	③ 1,600	③ 1,600
NET	15,000	3,480	3,480	3,480	3,480	4,980

① 原始投資額
② 年々の税引前正味現金流入額
③ 年々の税引前正味現金流入額に対する法人税：
4,000千円×40％＝1,600千円
④ タックス・シールド：
減価償却費×法人税率
＝(15,000千円−1,500千円)÷５年
×40％＝1,080千円
⑤ 残存価額

1．年々の正味キャッシュ・フローの年平均値

(3,480千円×４年＋4,980千円)÷５年
＝3,780千円

2．年平均値と投資額を等しくする年金現価係数

15,000千円÷3,780千円＝3.9682…
年金現価係数表n＝５年より、
3.9927（８％）と3.8897（９％）の付近と見当
しかし、８％のときと９％のとき正味現在価値は両方とも０円を下回ってしまうので、正味現在価値が０円になる内部利益率を探すためには、７％と８％の間と判断して解答します。

	r＝８％		r＝９％	
１年度〜４年度	3,480千円×3.3121＝	11,526.108千円	3,480千円×3.2397＝	11,274.156千円
５年度	4,980千円×0.6806＝	3,389.388千円	4,980千円×0.6499＝	3,236.502千円
合計		14,915.496千円		14,510.658千円
投資額		△15,000　千円		△15,000　千円
正味現在価値		△　84.504千円		△　489.342千円

	r＝７％	
１年度〜４年度	3,480千円×3.3872＝	11,787.456千円
５年度	4,980千円×0.7130＝	3,550.74　千円
合計		15,338.196千円
投資額		△15,000　千円
正味現在価値		338.196千円

1%：(338.196千円－(△84.504千円))＝X%：338.196千円

$$X=\frac{338.196}{422.7}=0.8000\cdots\%\rightarrow 0.80\%\quad \therefore \mathbf{7.80\%}\ (=7\%+0.80\%)$$

試行錯誤法では、毎期のＣＩＦの合計を平均して計算します。しかし、本問のように残存価額がある場合に平均してしまうと、本来、最終年度にのみ発生すべき残存価額が各期に配分され、平均ＣＩＦが実際よりも多く算定されてしまい、試行錯誤法で計算するとズレてしまうことがあります。

したがって、試行錯誤法は見当をつけるために行い、正確な計算は補間法を用いて計算します。試行錯誤法は、年金現価係数を用いて内部利益率の所在の見当をつける方法にすぎないのです。

内部利益率

Ａ案 **6.35%**　Ｂ案 **5.47%**　Ｃ案 **7.80%**

よって、もっとも望ましい案として**Ｃ案を採用すべきです。**

問題13 新規投資1（正味現在価値法の総合問題）

解答

問1.

0年度(現時点)	1年度末	2年度末	3年度末	4年度末
△**3,800**万円	**1,170**万円	**1,760**万円	**1,060**万円	**270**万円

問2.

0年度(現時点)	1年度末	2年度末	3年度末	4年度末
△**3,800**万円	**1,082**万円	**1,436**万円	**1,016**万円	**542**万円

問3.

正味現在価値が（ △**1,435,270** ）円なので採用すべきで（ ~~ある~~・ない ）。

問4.

自動化オプションを取り付ける前の正味現在価値は（ △**1,435,270** ）円であるのに対して、取り付けた後の正味現在価値は（ **1,016,070** ）円なので取り付けた上で投資すべき（ である・~~ではない~~ ）。

解説

問1.

CIF、COFにもとづきタイムテーブルを作成します。

	T_0	T_1	T_2	T_3	T_4
CIF		② 6,000	② 8,000	② 6,650	② 4,500
COF	① 3,800	③ 4,830	③ 6,240	③ 5,590	③ 4,230
NET	△**3,800万円**	**1,170万円**	**1,760万円**	**1,060万円**	**270万円**

① 設備の取得原価

② 売上収入

③ 現金支出費用

問2.

法人税等の影響額を考慮したネット・キャッシュ・フローが求められています。

ここではタックス・シールドを考慮したアプローチによって計算します。

	T_0	T_1	T_2	T_3	T_4
CIF		④ 380	④ 380	④ 380	④ 380
		② 3,600	② 4,800	② 3,990	② 2,700
COF	① 3,800	③ 2,898	③ 3,744	③ 3,354	③ 2,538
NET	**△3,800**	**1,082**	**1,436**	**1,016**	**542**

① 設備の取得原価

② 売上収入(法人税等を考慮)

　1年度：1,000円×60,000個×(1－40%)＝3,600万円

　2年度：1,000円×80,000個×(1－40%)＝4,800万円

　3年度：950円×70,000個×(1－40%)＝3,990万円

　4年度：900円×50,000個×(1－40%)＝2,700万円

③ 現金支出費用(法人税等を考慮)

　1年度：4,830万円×(1－40%)＝2,898万円

　2年度：6,240万円×(1－40%)＝3,744万円

　3年度：5,590万円×(1－40%)＝3,354万円

　4年度：4,230万円×(1－40%)＝2,538万円

④ 設備の減価償却費によるタックス・シールド

　3,800万円÷4年（減価償却費）×40%＝380万円

問3.

問2で計算したネット・キャッシュ・フローをもとに正味現在価値を計算します。

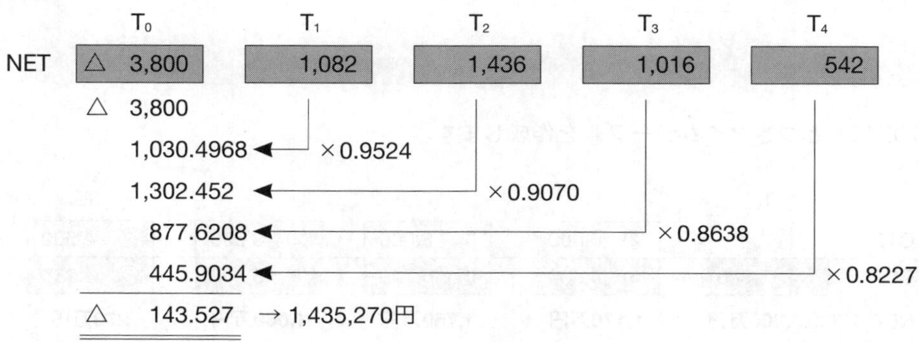

したがって、**正味現在価値が△1,435,270円ですので本投資案には投資すべきではありません。**

問４．

自動化オプションを導入して合理化を図るべきか否かの意思決定です。この意思決定会計では、自動化によって節約された労務費をキャッシュ・イン・フローと捉えて計算を行います。

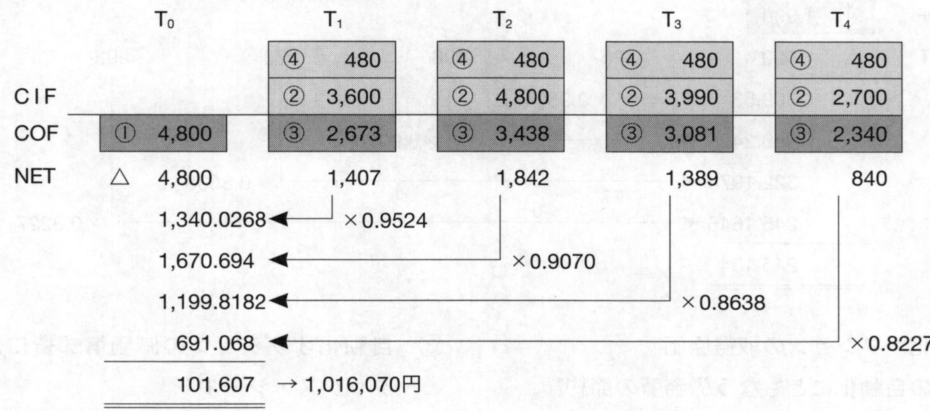

① 自動化オプションを含めた全設備の取得原価

3,800万円＋1,000万円＝4,800万円

② 売上収入（法人税等を考慮）

1年度：1,000円×60,000個×（1－40％）＝3,600万円

2年度：1,000円×80,000個×（1－40％）＝4,800万円

3年度：950円×70,000個×（1－40％）＝3,990万円

4年度：900円×50,000個×（1－40％）＝2,700万円

③ 現金支出費用（法人税等を考慮）

1年度：

（4,830万円－1,500万円×25％）×（1－40％）＝2,673万円

（1,500万円×25％：労務費節約額）

2年度：

（6,240万円－2,040万円×25％）×（1－40％）＝3,438万円

3年度：

（5,590万円－1,820万円×25％）×（1－40％）＝3,081万円

4年度：

（4,230万円－1,320万円×25％）×（1－40％）＝2,340万円

④ 設備の減価償却費によるタックス・シールド

（3,800万円＋1,000万円）÷4年×40％＝480万円

自動化オプションを取り付ける前の正味現在価値は△1,435,270円でしたので投資すべきではありませんでしたが、取り付けた後の正味現在価値は**1,016,070円**ですので自動化オプションを取り付けた上で**投資すべきです。**

問４．別解法

問4は差額原価収益のみに注目して計算することも可能です。

自動化オプションの取得原価をキャッシュ・アウト・フロー、自動化オプションによる直接労務費節約額と、減価償却費の法人税等節約額（タックス・シールド）をキャッシュ・イン・フローとすることで計算が可能です。

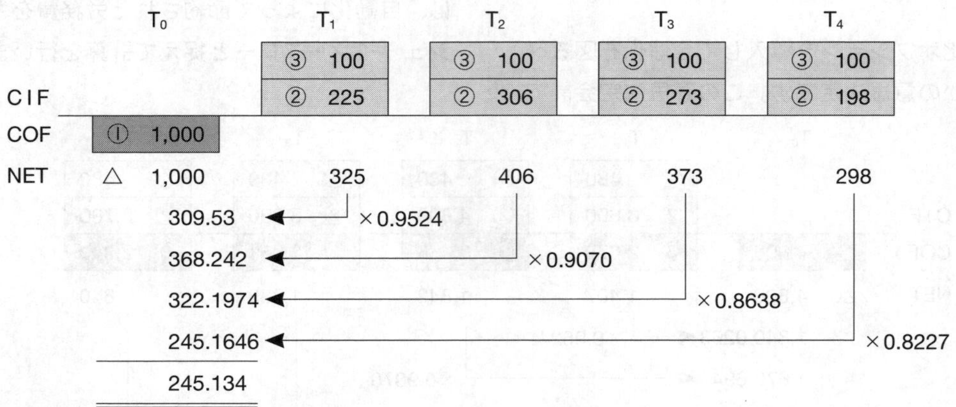

① 自動化オプションの取得原価

② 設備の自動化にともなう労務費の節約額

1年度：1,500万円×25%×（1－40%）＝225万円

2年度：2,040万円×25%×（1－40%）＝306万円

3年度：1,820万円×25%×（1－40%）＝273万円

4年度：1,320万円×25%×（1－40%）＝198万円

③ 自動化オプションの減価償却費にかかるタックス・シールド

1,000万円÷4年×40%＝100万円

よって、自動化オプションを取り付けること自体の正味現在価値は2,451,340円です。

自動化オプションを取り付ける前の正味現在価値は△1,435,270円でしたので投資すべきではありませんでしたが、取り付けることで**1,016,070円**（＝△1,435,270円＋2,451,340円）とプラスに転じるため、自動化オプションを取り付けた上で**投資すべきです。**

Section

4 設備投資案の評価方法Ⅱ

問題14 単純投下資本利益率法と単純回収期間法

解答

投下資本利益率 **7.5** %

回 収 期 間

(1) ネット・キャッシュ・フロ－の年間平均額を用いる方法 **3.64** 年

(2) ネット・キャッシュ・フロ－の累計額を用いる方法 **4.04** 年

解説

1. 投下資本利益率[01)]

（単位：万円）

	1年	2年	3年	4年	5年
ネット・キャッシュ・フロー	2,200	2,800	3,300	3,500	4,700
ネット・キャッシュ・フロー累計額	2,200	5,000	8,300	11,800	16,500

投下資本利益率：

$$\frac{（ネット・キャッシュ・フロー累計額16,500万円-投資額12,000万円）÷耐用年数5年}{投資額12,000万円}\times 100 = 7.5\%$$

01) 1年あたりの平均純現金収入額を投資額で割ることにより、投下資本利益率を算定します。

2. 回収期間[02)]

(1) 年間平均額を用いる方法

ネット・キャッシュ・フローの年間平均額

16,500万円÷5年＝3,300万円

$$回収期間：\frac{投資額12,000万円}{年間平均額3,300万円}$$

＝3.636…→ **3.64年**

(2) 累計額を用いる方法

投資額12,000万円は4年度末の時点では200万円（＝12,000万円－11,800万円）を回収しきれていませんが、5年度中に回収されていることがわかります。

1年：4,700万円＝X年：200万円

$$X = \frac{200}{4,700} = 0.042\cdots年$$

∴ 4年＋0.042…年→**4.04年**

02) 回収期間法は時間価値を考慮していないという欠点がありますが、計算が簡便でわかりやすいのでよく用いられています。

投資案の評価方法のまとめ

|解答|

問１.

現時点	１年度	２年度	３年度	合計
△**3,000**万円	**1,040**万円	**1,180**万円	**1,410**万円	**3,630**万円

問２. **7** ％

問３. **2年6カ月**

問４. **2年7カ月**

問５. **9.6** ％

問６. **1,535,790** 円

問７. **1.05**

解説

問１. 税引後の年々のネット・キャッシュ・フロー

現時点	１年度	２年度	３年度	合計
△3,000万円[01)]	1,040万円[02)]	1,180万円[03)]	1,410万円[04)]	3,630万円

01) 設備の取得原価

02) 1,100万円×（1−30%）+減価償却費900万円×法人税等税率30%=1,040万円

03) 1,300万円×（1−30%）+減価償却費900万円×法人税等税率30%=1,180万円

04) 1,200万円×（1−30%）+減価償却費900万円×法人税等税率30%+残存価額300万円 =1,410万円

問２. 会計的利益率（資本利益率）

$$\frac{(\text{ネット・キャッシュ・フロー合計3,630万円}-\text{投資額3,000万円})\div 3\text{年}}{\text{投資額 3,000 万円}}=7\%$$

別の解法として、会計的利益から計算する方法もあります。

３年間の会計的利益の合計額は、すべてのネット・キャッシュ・フローから投資額を差し引いた額です。この利益は税引前ですので、税を控除するため70％を掛けて会計的利益率を求めます。

会計的利益：

$\underbrace{1{,}100\text{万円}+1{,}300\text{万円}+1{,}200\text{万円}}_{\text{ネット・キャッシュ・フロー}}$

$+\underbrace{300\text{万円}}_{\text{残存価額}}-\underbrace{3{,}000\text{万円}}_{\text{投資額}}=900\text{万円}$

会計的利益率：

$$\frac{\text{会計的利益900万円}\div 3\text{年}\times(1-30\%)}{\text{投資額 3,000 万円}}$$

＝7％

このことから、投下資本利益率は、会計的利益率とも呼ばれます。

問３. 年々の平均ネット・キャッシュ・フローによる回収期間

$$\text{回収期間}=\frac{3{,}000\text{万円}}{3{,}630\text{万円}\div 3\text{年}}=2.4793\cdots\text{年}$$

＝**２年６カ月**

問４．ネット・キャッシュ・フローの累計額による回収期間

	１年度	２年度	３年度	合計
年々のキャッシュ・フロー	1,040万円	1,180万円	1,410万円	3,630万円
キャッシュ・フロー累計額	1,040万円	2,220万円	3,630万円	

投資額3,000万円は２年度末の時点では780万円（＝3,000万円－2,220万円）を回収しきれていませんが、３年度中に回収されていることがわかります。

１年：1,410万円＝Ｘ年：780万円

$Ｘ = \frac{780}{1,410} = 0.55\cdots$年（＝6.6…カ月）

∴２年＋6.6…カ月→**２年７カ月**

問５．内部利益率（IRR）

Step １．まず目安をつけます。

$\frac{投資額\ 3,000万円}{年々の平均\ NCF\ 1,210\ 万円} = 2.47\cdots$

資料５より、内部利益率は10％（2.4868）と11％（2.4437）の付近であることが予測できます。

Step ２．内部利益率の計算

しかし、10％のときの正味現在価値を計算するとマイナスとなり、９％のときにプラスとなるため、９％と10％の間にあると判断できます。

10％：△3,000万円＋1,040万円×0.9091
＋1,180万円×0.8264＋1,410万円×0.7513
＝△200,510円

９％：△3,000万円＋1,040万円×0.9174
＋1,180万円×0.8417＋1,410万円×0.7722
＝361,040円

つづいて補間法により、正確な内部利益率を求めます。

１％：（361,040円－（△200,510円））
＝Ｘ％：361,040円

$Ｘ = \frac{361,040}{561,550} = 0.64\cdots$％

∴９％＋0.64…％→**9.6％**

問６．正味現在価値（NPV）

ネット・キャッシュ・フローの現在価値合計（割引率７％）：

1,040万円×0.9346＋1,180万円×0.8734
＋1,410万円×0.8163＝31,535,790円

正味現在価値：

31,535,790円－30,000,000円（投資額）
＝1,535,790円

問７．収益性指数（PI）

収益性指数：

31,535,790円÷30,000,000円（投資額）
＝1.051193
→**1.05**（小数点以下第３位四捨五入）

推定問題

|解答|

①	5,792	②	9	③	採用すべき	④	348,424
⑤	21,408	⑥	採用すべき	⑦	30,000	⑧	6
⑨	採用すべきでない						

解説

① 80,000円×3.3121−259,176円＝5,792円

② 259,176円÷80,000円＝3.2397
年金現価係数表より──▶ 9％

③ 資本コスト率８％＜内部利益率９％より、採用すべきです。

④ 80,000円×4.3553＝348,424円

⑤ 80,000円×4.6229 − 348,424円
＝21,408円

⑥ 資本コスト率８％＜内部利益率10％より、採用すべきです。

⑦ 193,896円÷6.4632＝30,000円

⑧ (△7,602円＋193,896円)÷30,000円
＝6.2098
年金現価係数表より──▶ 6％

⑨ 資本コスト率６％＞内部利益率５％より、採用すべきではありません。

新規投資2 (投資を行うための条件)

|解答|

問1．税金の支払を考慮しない場合　**843** 万円

問2．税金の支払を考慮する場合　**930** 万円

解説

問1．

税金の支払を考慮しない場合

節約される労務費をXとして、各投資段階におけるキャッシュ・フローを把握します。

	キャッシュ・フロー
投資時点	△3,000万円
1年～5年	X－100万円
投資終了時	300万円

以上より正味現在価値が0になるXの値を求めます。

△3,000万円＋(X－100万円)×3.79
＋300万円×0.621＝0

X＝842.401…≒843万円(1万円未満切上げ)

よって、労務費が**843万円**以上節約されるのであれば機械を導入すべきです。

問2．

税金の支払を考慮する場合

節約される労務費をXとして、各投資段階におけるキャッシュ・フローを把握します。

	キャッシュ・フロー
投資時点	△3,000万円
1年～5年	(X－100万円)×0.7＋540万円[01]×0.3
投資終了時	300万円

以上より正味現在価値が0になるXの値を求めます。

△3,000万円＋{(X－100万円)×0.7
＋540万円×0.3}×3.79＋300万円
×0.621＝0

△3,000万円＋2.653X＋348.68万円＋
186.3万円＝0

2.653X＝2,465.02万円

X＝929.144…≒930万円(1万円未満切上げ)

よって、法人税等の支払まで考慮するのであれば、労務費が**930万円**以上節約される必要があります。

01) 減価償却費：(3,000万円－300万円)÷5年＝540万円

Chapter

6 設備投資意思決定の応用

Section

1 設備投資意思決定の応用問題

問題1 キャッシュ・フロー予測1（取替投資）

解答

投資時点	年々	投資終了時
△**1,520**万円	**605**万円	**90**万円

解説

本問では、新規設備の導入にともない現有設備を売却するためキャッシュ・イン・フローが生じます。このときに売却損益が生じていると法人税等にも影響を及ぼします。これらキャッシュ・フローをどのタイミングで計上するかに注意が必要です。本問では資料4から投資時点に計上します。

年々のキャッシュ・フローにおいては、新規設備に取り替えたことで節約できる額だけではなく、現有設備を使っていたら生じていた減価償却費の法人税等節約額（タックス・シールド）も考慮する点に注意が必要です。

投資終了時においては、新規設備の除却・売却に関するキャッシュ・フローだけではなく、現有設備を使い続けていたら生じていたであろう現有設備の除却・売却に関するキャッシュ・フローも考慮する点に注意が必要です。

投資時点のキャッシュ・フローは、

新規設備への投資額（取得原価）　△3,500万円（COF）

現有設備の売却額　1,500万円（CIF）

現有設備の売却損益

｛4,000万円－(4,000万円－400万円)÷4年×1年｝（売却時の簿価）

－1,500万円（現設備売却価額）＝1,600万円（売却損）

売却損益の法人税等影響額

1,600万円×30％＝480万円（CIF）

したがって、△3,500万円＋1,500万円＋480万円＝△**1,520万円**

年々のキャッシュ・フローは、法人税等を考慮すると以下の式で表されます。

(3,000万円－2,200万円)（節約額）×(1－30％)

＋(3,500万円－350万円)÷3年（新設備減価償却費1,050万円）×30％

－(4,000万円－400万円)÷4年（現設備減価償却費900万円）×30％

＝**605万円**

投資終了時のキャッシュ・フローは、法人税等を考慮すると以下の式で表されます。

350万円（新設備売却価額）－｛400万円×50％（現設備売却価額）＋(400万円（現設備簿価）

－400万円×50％（現設備売却価額）)×30％｝＝**90万円**

取替投資1 (基本的な総合問題)

解答

X案の正味現在価値は、 △6,859.376 千円、Y案の正味現在価値は △6,793.758 千円である。

したがって、 Y 案の方が X 案に比べて 65.618 千円有利なので、 Y 案を採用すべきである。

解説

1. X案(従来の機械の使用を続ける案)

① 税引後機械稼働費：4,000千円×(1−0.4)＝2,400千円(COF)

② 減価償却費によるタックス・シールド：450千円[01]×40%＝180千円(CIF)

③ 4年後の機械売却価額：100千円(CIF)

④ 4年後の機械売却損による法人税節約額：400千円[02]×40%＝160千円(CIF)

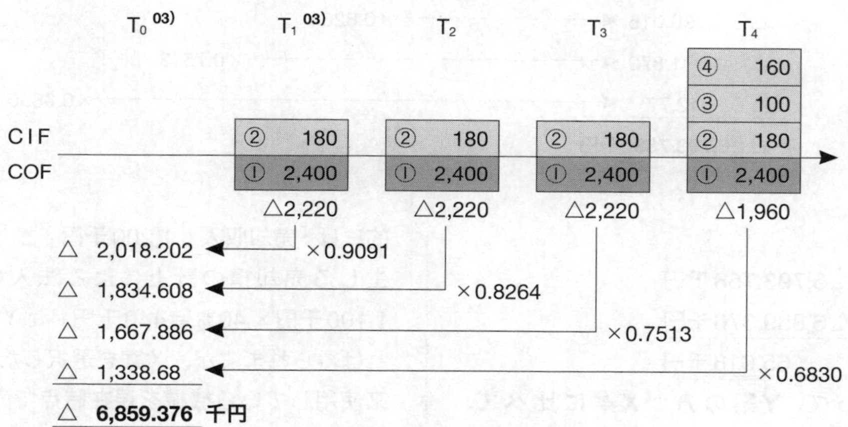

01) 減価償却費：5,000千円×0.9÷10年=450千円

02) 機械売却損：100千円−5,000千円×10%=△400千円（100千円：売却価額、5,000千円×10%：残存価額）

03) T_0は現時点、T_1は1年後を意味しています。

2. Y案(新機械を購入する案)

① 新機械の取得原価：4,000千円(COF)

② 現時点での従来の機械の売却収入：1,200千円(CIF)

③ 税引後機械稼働費：3,000千円×(1−0.4)＝1,800千円(COF)

④ 減価償却費によるタックス・シールド：900千円[04]×40%＝360千円(CIF)

⑤ 従来の機械売却により生じた売却損による法人税節約額：1,100千円[05]×40%＝440千円(CIF)

⑥ 4年後の新機械売却価額：150千円(CIF)

⑦ 4年後の新機械売却損による法人税節約額：250千円[06]×40%＝100千円(CIF)

04) 減価償却費：4,000千円×0.9÷4年=900千円

05) 従来の機械の売却損：$\left(5{,}000千円-5{,}000千円\times0.9\times\frac{6年}{10年}\right)-1{,}200千円$
（帳簿価額：括弧内）

=1,100千円

06) 新機械売却損：4,000千円×10%－150千円=250千円
（残存価額：4,000千円×10%、売却価額：150千円）

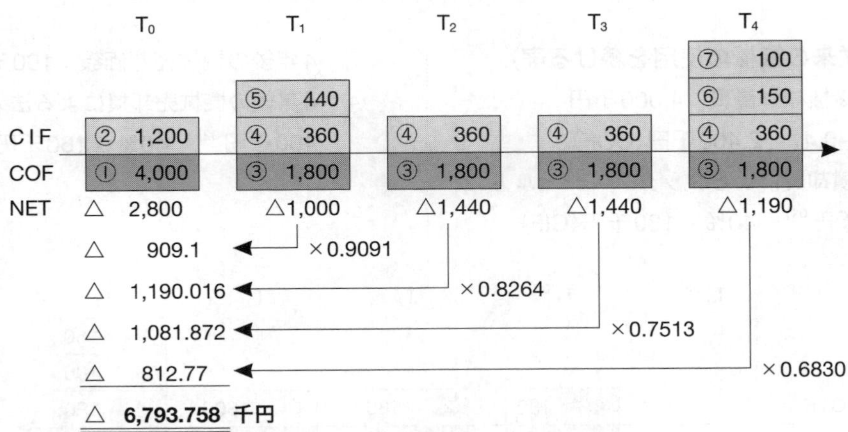

3. 結　論

Y案：　△6,793.758千円

X案：　△6,859.376千円

差引　　　＋65.618千円

したがって、**Y案の方がX案に比べて、65.618千円有利**であるといえます。

4. コメント

本問は資料３のなお書きとして「従来使用している機械を現在時点で売却したことによるキャッシュ・フローは、新機械を購入する案(Y案)のキャッシュ・フローに算入する」とあるので、従来の機械の使用を続ける案(X案)とY案の年々のキャッシュ・フローは解説のようになりました。

この「従来使用している機械を現在時点で売却したことによるキャッシュ・フロー」、具体的には「売却収入　1,200千円」と「売却により生じる売却損の計上による法人税節約額1,100千円×40%＝440千円」はY案を選択すれば得られますが、X案を選択した場合は「従来使用している機械を現在時点で売却しない」のですから、得られないことになります。つまり、このキャッシュ・フローはX案を選択した場合の逸失利益であり、機会原価と考えることもできます。

仮に、本問の資料３のなお書きが「従来使用している機械を現在時点で売却したことによるキャッシュ・フローは、従来の機械の使用を続ける案(X案)のキャッシュ・フローに算入する」となっていたならば、X案、Y案のT_0、T_1のキャッシュ・フローは次のとおりです(T_2からT_4は本問解説と同じ)。

X案(従来の機械の使用を続ける案)

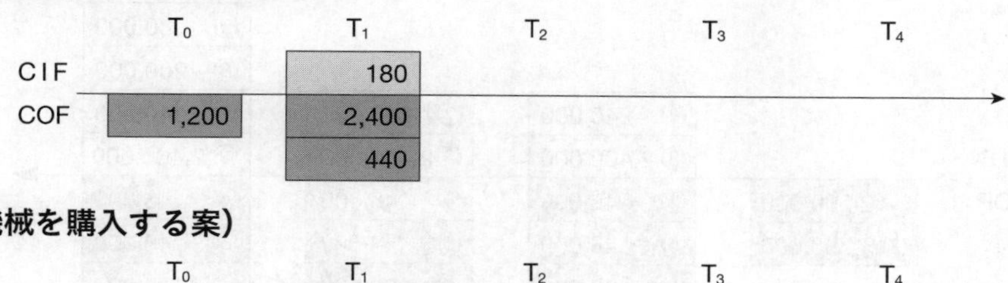

Y案(新機械を購入する案)

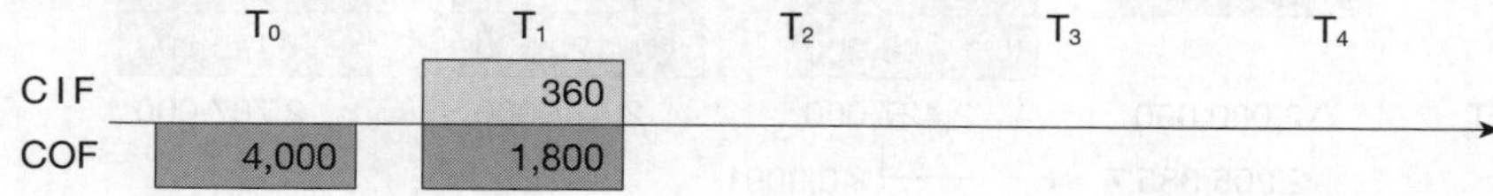

これにもとづき両案の正味現在価値を計算すると、

X案の正味現在価値：△8,459.38千円、

Y案の正味現在価値：△8,393.762千円となり、

結論は△8,393.762千円(Y案)－△8,459.38千円(X案)＝＋65.618千円となり、Y案の方が65.618千円有利です。

X案、Y案どちらに算入しても最終的な結論は同じになりますが、どちらに算入するかによって年々のキャッシュ・フローや正味現在価値の値は異なってきます。「○○は機会原価にするんだ」と杓子定規に決め付けるのではなく、問題の条件に応じて柔軟に対応できるようにすることが大切です。

問題 3 **取替投資2(応用的な総合問題)**

|解答|

最新鋭設備を導入する方が、正味現在価値が(**427,193**)円(~~高く~~・低く)(~~有利~~・不利)である。

解説

Ⅰ. 旧設備を使用した場合の正味現在価値

① 旧設備をただちに売却したら得られたキャッシュ・フロー(機会原価)：2,000,000円

② 旧設備をただちに売却した場合に生じる売却損による法人税等節約額(機会原価)：
2,000,000円－現時点の帳簿価額2,200,000円[01]＝△200,000円(売却損)
△200,000円×40％＝△80,000円

③ 貢献利益：(1,600円－800円)×5,000個×(1－0.4)＝2,400,000円

④ 手直費：500円×150個×(1－0.4)＝45,000円

⑤ 返金：1,600円×50個×(1－0.4)＝48,000円

⑥ 検査コスト：200,000円×(1－0.4)＝120,000円

⑦ 減価償却に係るタックス・シールド：減価償却費600,000円[02]×40％＝240,000円

⑧ 3年後の旧設備売却額：200,000円

⑨ 3年後の旧設備売却損による法人税等節約額：
200,000円－400,000円＝△200,000円(売却損)
200,000円×40％＝80,000円

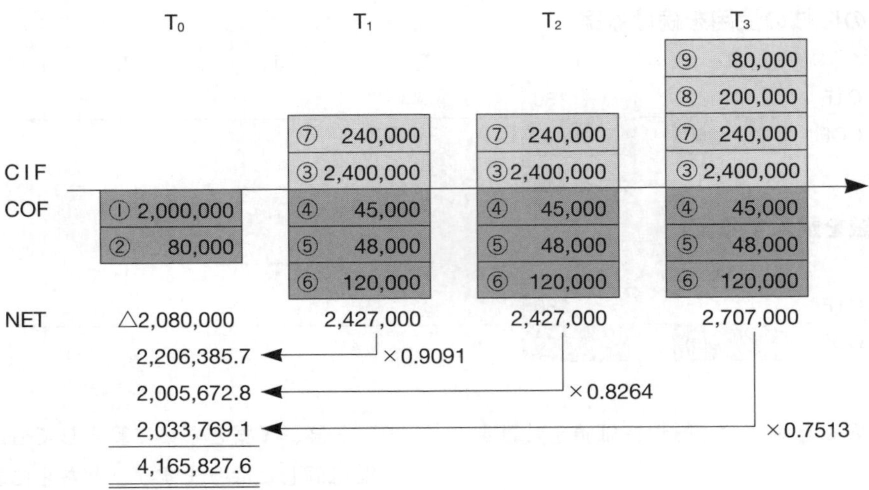

01) 4,000,000円−(4,000,000円−400,000円)÷6年×3年=2,200,000円

02) (4,000,000円−400,000円)÷6年 =600,000円

2. 最新鋭設備に取り替えた場合の正味現在価値

① 最新鋭設備の取得原価：3,000,000円

② 貢献利益：(1,600円－800円)×5,000個×(1－0.4)＝2,400,000円

③ 手直費：300円×50個×(1－0.4)＝9,000円

④ 検査コスト：250,000円×(1－0.4)＝150,000円

⑤ 減価償却に係るタックス・シールド：減価償却費900,000円[03]×40％＝360,000円

⑥ 3年後の最新鋭設備売却額：400,000円

⑦ 3年後の最新鋭設備売却益に係る法人税等影響額：(400,000円－残存価額300,000円)×40％＝40,000円

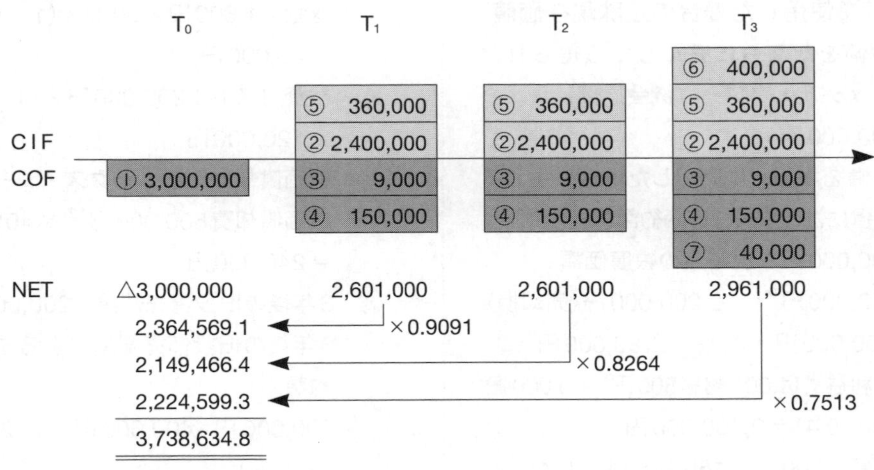

03) (3,000,000円−300,000円)÷3年 =900,000円

最新鋭設備3,738,634.8円
－旧設備4,165,827.6円
＝△427,192.8円 → △**427,193円**

以上より、最新鋭設備を導入する方が、正味現在価値が**427,193円低く不利です。**

貢献利益は、旧設備、最新鋭設備のどちらで生産しても同額となります。そのため、この金額を除外して計算することも可能です。

キャッシュ・フロー予測2（拡張投資）

|解答|

投資時点	年々	投資終了時
△**2,400**万円	**1,091**万円	**282**万円

解説

本問の最大のポイントは、現有設備に関する収支は一切考慮する必要がない点です。現状維持案にしても、新規設備追加導入案にしても、いずれの場合でも現有設備は変わらず稼働します。そのため、現有設備に関する項目は意思決定上考慮する必要がありません。したがって、新規設備に関するキャッシュ・フローのみを把握します。

投資時点のキャッシュ・フローは、新規設備への投資額(取得原価) **2,400万円**です。

年々のキャッシュ・フローは、法人税等を考慮すると以下の式で表されます。

(10,000円（販売単価）－5,000円（製造原価）)×2,500個×(1－30%)＋(2,400万円－240万円)÷3年（減価償却費720万円）×30%＝**1,091万円**

投資終了時のキャッシュ・フローは、法人税等を考慮すると以下の式で表されます。

300万円（売却価額）＋(240万円（簿価）－300万円（売却価額）)×30%
＝**282万円**

【解】 Chapter 6 設備投資意思決定の応用

問題5 耐用年数の異なる投資案の比較

解答

問Ⅰ．A案の正味現在価値は（ **5,340,495** ）円であり、B案の正味現在価値は（ **4,496,265** ）円であるため、
（ A案 ・ ~~B案~~ ）の方が有利である。

問２．A案の正味現在価値は（ **4,487,737** ）円であり、B案の正味現在価値は（ **6,878,989** ）円であるため、
（ ~~A案~~ ・ B案 ）の方が有利である。

解説

問Ⅰ．反復投資する場合

このケースでは、同じ投資期間のもとで比較を行います。

設備Aの耐用年数は２年、設備Bは４年であるため、最小公倍数である４年を投資期間として正味現在価値を計算します。

Ⅰ．A案の正味現在価値

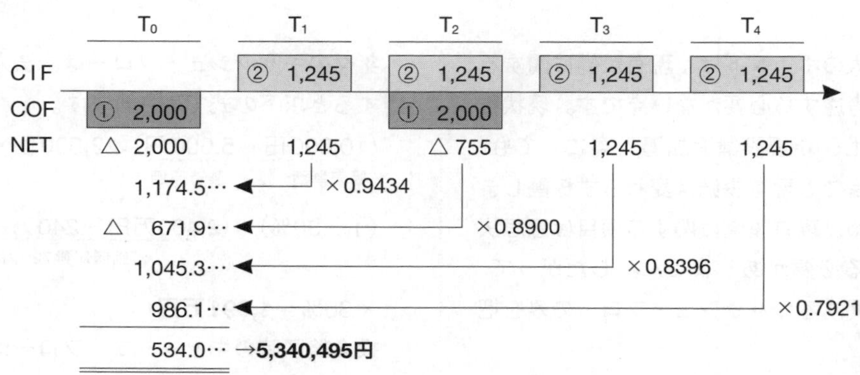

① 設備Aの取得原価：2,000万円（COF）

② 年々のネット・キャッシュ・フロー
（2,300万円－950万円）×（1－0.3）
＋1,000万円[01]×0.3＝1,245万円（CIF）

投資期間を４年とするため、耐用年数の到来する２年度末に反復投資が行われます。なお、除却のさいにコストがかかることがありますが、本問では指示がないため、考慮する必要はありません。

01) 減価償却費：2,000万円÷２年=1,000万円

2．B案の正味現在価値

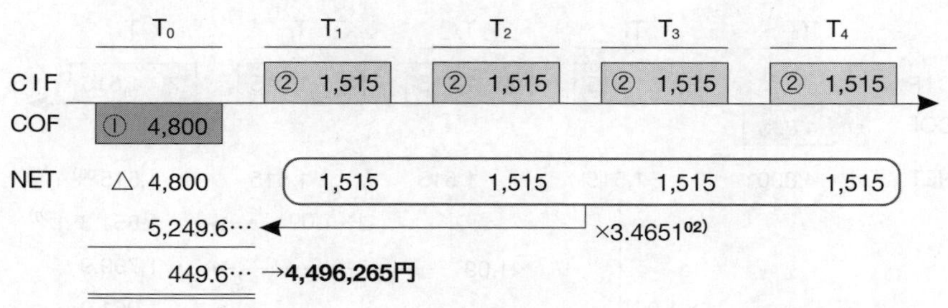

02) ４年分の年金現価係数：0.9434+0.8900+0.8396+0.7921=3.4651

① 設備Bの取得原価：4,800万円（COF）

② 年々のネット・キャッシュ・フロー

（2,300万円－650万円）×（1－0.3）＋1,200万円[03]×0.3＝1,515万円（CIF）

以上より、設備Aの正味現在価値の方が大きいため（A 5,340,495円＞B 4,496,265円）、**A案**の方が有利となります。

03) 減価償却費：4,800万円÷４年=1,200万円

問２．別の異なる投資案に投資する場合

このケースでは、⑴各投資案の終価合計を計算し、⑵終価合計の現在価値から投資額を差し引いて正味現在価値を計算します。

設備Bの耐用年数が４年であるため、本問における終価は４年度末時点の将来価値となります。終価の計算のさいには、再投資率９％を用いる点に注意してください。

Ｉ．A案の正味現在価値

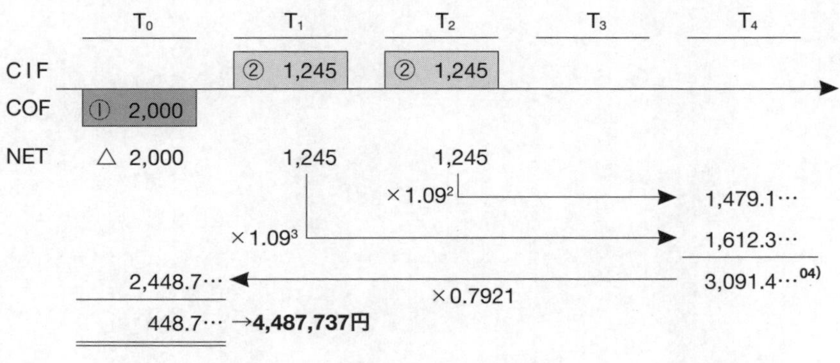

04) A案の４年度末における終価合計

各年度に生じるキャッシュ・フローは、**問Ｉ**で計算した金額と同様です。

Ｉ年度末に生じた1,245万円は、４年度末までの３年間にわたり投資されると考えるため、３年間の複利計算を行います。

2．B案の正味現在価値

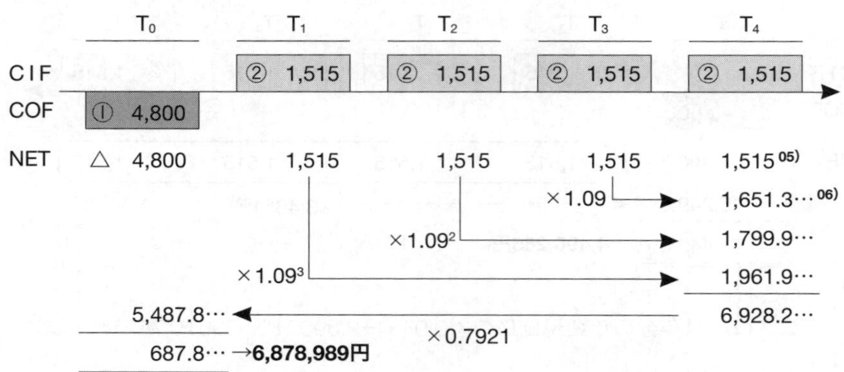

05) 4年度末時点における終価を計算するため、4年度末に生じるキャッシュ・フローについては複利計算を行う必要はありません。

06) 次のようにまとめて計算すると効率的です。$1,515\times(1+1.09+1.09^2+1.09^3)$

各年度に生じるキャッシュ・フローは、問Ⅰで計算した金額と同様です。

以上より、設備Bの正味現在価値の方が大きいため（A 4,487,737円＜B 6,878,989円）、B案の方が有利となります。

正味運転資本の投資

解答

問1．

加重平均資本コスト率 **12** %

問2．

正味運転資本のキャッシュ・フロー　(単位：万円)

20X0年度末	20X1年度末	20X2年度末	20X3年度末
△1,000	**△1,000**	**900**	**1,100**

問3．

固定資産の売却・処分にともなうキャッシュ・フロー　(単位：万円)

①　土地の売却にともなうキャッシュ・フロー	**3,400**
②　建物の売却にともなうキャッシュ・フロー	**2,300**
③　設備の処分にともなうキャッシュ・フロー	**△300**

問4．

各年度末のキャッシュ・フロー　(単位：万円)

20X0年度末	20X1年度末	20X2年度末	20X3年度末
△13,000	**1,100**	**6,600**	**8,960**

問5．

正味現在価値 **△379** 万円

問6．

内部利益率 **10.6** %

解説

問1．

本問では加重平均資本コスト率が与えられていないため、資料1．から算出する必要があります。このとき、負債(本問では社債のみ)は法人税等の影響を受けるため、(1－税率)を掛ける点に注意が必要です。

	構成割合	資本コスト率	構成割合×資本コスト率		
社　　債	25%	6%	25%×6%×(1－40%)	=	0.9%
普 通 株	60%	15%	60%×15%	=	9　%
留保利益	15%	14%	15%×14%	=	2.1%
	100%				12.0%

問2．正味運転資本への追加投資

各年度の売上収入に対する運転資本への比率を計算します。

売 掛 金	＋4%
棚卸資産	＋3%
買 掛 金	△2%
	5%

20X1年度の売上収入は20,000万円が見込まれていますので、現時点で必要な正味運転資本は1,000万円(＝20,000万円×５%)です[01)]。

20X2年度の売上収入は40,000万円が見込まれていますので、20X1年度に必要な正味運転資本は2,000万円[03)]となりますが、すでに前年度に1,000万円を投資していますので、追加投資額は1,000万円[04)](＝2,000万円－1,000万円)です。

同様にして年々の正味運転資本への追加投資額(キャッシュ・アウト・フローとなる場合は、△表示をしています)は以下のとおりです。

	売上収入	正味運転資本	追加投資額
20X0年度末(現時点)	―	1,000万円[01)]	△1,000万円[02)]
20X1年度末	20,000万円	2,000万円[03)]	△1,000万円[04)]
20X2年度末	40,000万円	1,100万円	900万円[05)]
20X3年度末	22,000万円	―	1,100万円[06)]

01) 20X1年度売上収入20,000万円×5%=1,000万円

02) 現時点で必要な追加投資額1,000万円は、キャッシュ・アウト・フローであるため△表示

03) 20X2年度売上収入40,000万円×5%=2,000万円

04) 現時点の正味運転資本1,000万円−20X1年度に必要な正味運転資本2,000万円=△1,000万円

05) 20X2年度においては、当年に必要となる正味運転資本(1,100万円)を用意する必要がありますが、すでに20X1年度に正味運転資本として2,000万円を投資しているため、運転資本の一部である900万円を回収することになります。したがってキャッシュ・イン・フローとなります。

06) 最終年度(20X3年度)においては、それまでに投資してきた正味運転資本の累積投資額1,100万円(=△1,000万円+△1,000万円+900万円)を回収します。

問3．固定資産の売却・処分にともなうキャッシュ・フロー

Ⅰ．土地

土地の売却額：	3,000万円	(CIF)
売却損に対する法人税節約額：	400万円[07)]	(CIF)
	3,400万円	

２．建物

建物の売却額：	1,500万円	(CIF)
売却損に対する法人税節約額：	800万円[08)]	(CIF)
	2,300万円	

３．設備

建物の売却額：	△500万円	(COF)
除却損に対する法人税節約額：	200万円[09)]	(CIF)
	△300万円	(COF)

07) (4,000万円−3,000万円)×40%=400万円

08) 20X3年度末の帳簿価額：5,000万円−5,000万円÷10年×３年=3,500万円
売却損に対する法人税節約額：(3,500万円−1,500万円)×40%=800万円

09) 500万円×0.4=200万円

問4.

1．固定資産の購入にともなうキャッシュ・アウト・フロー

4,000万円＋5,000万円＋3,000万円

＝12,000万円(COF) …①

2．製品の生産・販売による各年度の税引後現金流入額…②

	売上収入	現金支出費用	税引前差額CF	税引後差額CF
20X1年度末	20,000万円[10]	17,500万円[11]	2,500万円[12]	1,500万円[13]
20X2年度末	40,000万円	31,500万円	8,500万円	5,100万円
20X3年度末	22,000万円	18,900万円	3,100万円	1,860万円

10) 20X1年度売上収入400個×@50万円=20,000万円
11) 20,000万円×70%＋現金支出固定費3,500万円=17,500万円
12) 20,000万円−17,500万円=2,500万円
13) 2,500万円×(1−40%)=1,500万円

3．減価償却費の計上にともなう各年度のタックス・シールド

(1)各年度の減価償却費

建物：5,000万円÷10年＝500万円

設備：3,000万円÷３年＝1,000万円

(2)タックス・シールド

(500万円＋1,000万円)×40%

＝600万円…③

4．タイムテーブルによる集計

(単位：万円)

	20X0年度	20X1年度	20X2年度	20X3年度
				⑤ 5,400
			④ 900	④ 1,100
		③ 600	③ 600	③ 600
CIF		② 1,500	② 5,100	② 1,860
COF	① 12,000			
	④ 1,000	④ 1,000		
NET	△13,000	1,100	6,600	8,960

① 固定資産の購入にともなうキャッシュ・アウト・フロー
② 製品の生産・販売による各年度の税引後現金流入額
③ 減価償却費の計上にともなう各年度のタックス・シールド
④ 正味運転資本への追加投資(問２)
⑤ 固定資産の売却・処分にともなうキャッシュ・フロー（問３）
土地3,400万円＋建物2,300万円－設備300万円＝5,400万円

問5．正味現在価値法による評価

各年度のキャッシュ・フローを資本コスト12％で割り引いて、正味現在価値を計算します。

（単位：万円）

	割引前CF		現価係数		割引後CF
20X1年度	1,100	×	0.8929	＝	982.190
20X2年度	6,600	×	0.7972	＝	5,261.520
20X3年度	8,960	×	0.7118	＝	6,377.728
			割引後CF合計		12,621.438
			20X0年度投資額		△13,000.000
			正味現在価値		△378.562

したがって、正味現在価値は△379万円（万円未満の端数四捨五入）となり、正味現在価値がマイナスであるため、この投資案は不利な投資であるといえます。

問6．内部利益率法による評価

各年度のキャッシュ・フローが異なることから、試行錯誤法により、各年度のキャッシュ・フローの現在価値合計と投資額がちょうど等しくなる割引率(内部利益率)を求めます。

Step Ⅰ．おおまかに目安をつける

まず、投資額÷年々の平均キャッシュ・フローを計算します。

$$\frac{\text{投資額 } 13{,}000\text{ 万円}}{(1{,}100\text{ 万円}+6{,}600\text{ 万円}+8{,}960\text{ 万円})\div 3\text{ 年}}$$

$=2.3409\cdots$

次に、年金現価係数表からこの数値に近い割引率を選びます。するとおおよそ13％から14％の間であることがわかります。しかし一方で、問5からは割引率12％のときの正味現在価値が△379万円とマイナスであり、この結果からは割引率は12％未満であることがわかります。

このように結果が相反する理由は、年々のキャッシュ・フローに偏りがあるためです。目安をつけるさい、年々のキャッシュ・フローの平均値を利用するため、本問のように偏りが大きいと誤った結果になることがあります(キャッシュ・フローが後半にいくに従って大きくなる場合、平均的にキャッシュ・フローを得る場合に比べて内部利益率は低くなります)。

したがって、割引率11％と10％あたりに目安をつけて、正味現在価値を計算してみます。

Step 2．目安をつけた割引率における正味現在価値を計算する

割引率10％のときの正味現在価値：

△13,000万円＋1,100万円×0.9091
＋6,600万円×0.8264＋8,960万円
×0.7513＝185.898万円

割引率11％のときの正味現在価値：

△13,000万円＋1,100万円×0.9009
＋6,600万円×0.8116＋8,960万円
×0.7312＝△100.898万円

Step 3．補間法により内部利益率を求める

1％：(185.898万円－(△100.898万円))
＝X％：185.898万円

$$X=\frac{185.898}{286.796}=0.64\cdots\%$$

∴10％＋0.64…％→**10.6％**

新規投資1（材料在庫の消費）

|解答|

問1. △9,135 万円

問2.

■節税効果に着目した方法

（単位：万円）

	1年後	2年後	3年後
製品Bの売上高	(5,000)	(5,000)	(5,000)
材料xの購入額		△(1,200)	△(2,400)
税金考慮前差額キャッシュ・フロー	(5,000)	(3,800)	(2,600)
税金考慮前差額キャッシュ・フロー×（1−30%）	(3,500)	(2,660)	(1,820)
減価償却による節税効果	(600)	(600)	(600)
材料x使用による節税効果	(690)	(345)	
税引後差額キャッシュ・フロー	(4,790)	(3,605)	(2,420)

■キャッシュ・イン・フローとキャッシュ・アウト・フローに着目した方法

（単位：万円）

	1年後	2年後	3年後
製品Bの売上高	(5,000)	(5,000)	(5,000)
売上原価	△(2,300)	△(2,350)	△(2,400)
減価償却費	△(2,000)	△(2,000)	△(2,000)
営業利益	(700)	(650)	(600)
法人税額	(210)	(195)	(180)
キャッシュ・イン・フロー	(5,000)	(5,000)	(5,000)
キャッシュ・アウト・フロー			
材料購入額		△(1,200)	△(2,400)
法人税の支払	△(210)	△(195)	△(180)
税引後差額キャッシュ・フロー	(4,790)	(3,605)	(2,420)

問3. 1,120 万円

解説

問1. 現在時点の差額キャッシュ・フロー

(1) 新規設備の取得価格：△6,000万円

(2) 材料xの売却による差額キャッシュ・フロー（機会原価）

材料xの売却に係る仕訳　（単位：万円）

（現　金）	3,000	（材　料）	3,450
（売却損）	450		

材料の売却損に係る節税効果：

450万円×30%＝135万円

材料xの売却に係るキャッシュ・イン・フロー：

3,000万円＋135万円＝3,135万円

なお、本キャッシュ・フローは、製品Bを生産しなければ得られたはずのキャッシュ・フローですので、新規設備を導入する案の機会原価となります。したがってキャッシュ・アウト・フローとなります。

現在時点の税金考慮後差額キャッシュ・フロー：

△6,000万円＋△3,135万円＝△9,135万円

問２．各年度の税引後差額キャッシュ・フロー

Ⅰ．節税効果[01]に着目した方法

（単位：万円）

	１年後	２年後	３年後	
製品Bの売上高	（ **5,000** ）	（ **5,000** ）	（ **5,000** ）	①
材料xの購入額		△（ **1,200** ）	△（ **2,400** ）	②
税金考慮前差額キャッシュ・フロー	（ **5,000** ）	（ **3,800** ）	（ **2,600** ）	③

⑴　製品Ｂの売上高：@5,000円×10,000個
　＝5,000万円

⑵　材料購入額：現在時点で15,000個保有
　１年後：
　　15,000個保有、年間10,000個消費
　　∴購入なし
　２年後：
　　5,000個保有、年間10,000個消費
　　∴5,000個購入
　　@2,400円×5,000個＝1,200万円
　３年後：
　　0個保有、年間10,000個消費
　　∴10,000個購入
　　@2,400円×10,000個＝2,400万円

⑶　税金考慮前差額キャッシュ・フロー：
　製品Ｂの売上高－材料ｘの購入額

01)　節税効果とは、タックス・シールドのことです。

（単位：万円）

	１年後	２年後	３年後	
③×（1－30％）	（ **3,500** ）	（ **2,660** ）	（ **1,820** ）	④
減価償却による節税効果	（ **600** ）	（ **600** ）	（ **600** ）	⑤
材料x使用による節税効果	（ **690** ）	（ **345** ）	（ ）	⑥
税引後差額キャッシュ・フロー	（ **4,790** ）	（ **3,605** ）	（ **2,420** ）	

⑷　税金考慮後キャッシュ・フロー：税金考慮前キャッシュ・フロー×（1－30％）
　１年後：
　　5,000万円×（1－30％）＝3,500万円
　２年後：
　　3,800万円×（1－30％）＝2,660万円
　３年後：
　　2,600万円×（1－30％）＝1,820万円

⑸　減価償却による節税効果：
　6,000万円÷３年×30％＝600万円

⑹　材料ｘ使用による節税効果：現在時点で保有しているものへの節税効果
　１年後：
　　15,000個保有、内10,000個消費
　　∴@2,300円×10,000個×30％
　　＝690万円
　２年後：
　　5,000個保有、内 5,000個消費
　　∴@2,300円× 5,000個×30％
　　＝345万円
　３年後： 0個保有　∴節税効果なし

2．キャッシュ・イン・フローとキャッシュ・アウト・フローに着目した方法

キャッシュ・イン・フローとキャッシュ・アウト・フローの項目に注目して計算する方法です。

(1)キャッシュ・イン・フロー：売上高のみ

(2)キャッシュ・アウト・フロー：材料の購入（現金支出費用）、法人税の支払

（単位：万円）

	1年後	2年後	3年後	
キャッシュ・イン・フロー	（ 5,000 ）	（ 5,000 ）	（ 5,000 ）	①
キャッシュ・アウト・フロー				
材料購入額		△（ 1,200 ）	△（ 2,400 ）	②
法人税の支払	△（ 210 ）	△（ 195 ）	△（ 180 ）	③
税引後差額キャッシュ・フロー	（ 4,790 ）	（ 3,605 ）	（ 2,420 ）	

① キャッシュ・イン・フロー：
節税効果に着目した方法の製品B売上高と同じ

② 材料購入額：
節税効果に着目した方法と同じ

③ 法人税：以下の簡易P/Lを作成して算定

（単位：万円）

	1年後	2年後	3年後	
製品Bの売上高	（ 5,000 ）	（ 5,000 ）	（ 5,000 ）	④
売上原価	△（ 2,300 ）	△（ 2,350 ）	△（ 2,400 ）	⑤
減価償却費	△（ 2,000 ）	△（ 2,000 ）	△（ 2,000 ）	⑥
営業利益	（ 700 ）	（ 650 ）	（ 600 ）	
法人税額	（ 210 ）	（ 195 ）	（ 180 ）	

④ 製品Bの売上高：節税効果に着目した方法と同じ

⑤ 売上原価：材料消費額の算定

1年後：

＠2,300円×10,000個＝2,300万円

2年後：

＠2,300円×5,000個＋＠2,400円×5,000個＝2,350万円

3年後：

＠2,400円×10,000個＝2,400万円

⑥ 減価償却費：6,000万円÷3年＝2,000万円

問3．正味現在価値の計算

新規設備売却によるキャッシュ・フロー：

550万円×（1－30％）＝385万円

3年後の差額キャッシュ・フロー合計：

2,420万円＋385万円＝2,805万円

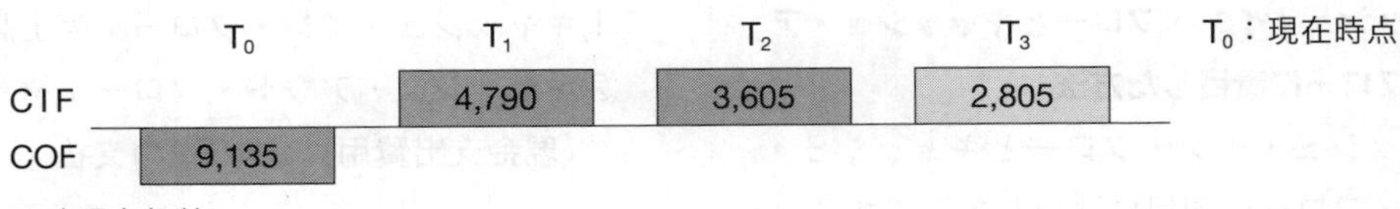

正味現在価値：

現在時点：	△9,135万円
1年後：4,790万円×0.9524≒	4,562万円（万円未満四捨五入、以下同様）
2年後：3,605万円×0.9070≒	3,270万円
3年後：2,805万円×0.8638≒	2,423万円
	1,120万円

問題 8 拡張投資

問1. **2,961,500** 円

問2. **288,450** 円

問3. **1,648,000** 円

問4. **4,397,290** 円

問5. **1,147,340** 円

解説

本問は、新設ライン(新設備)の導入のための初期投資が2年間に分散されており、現在価値の基準となる時点と新設ラインの稼働開始の時点に1年間のズレが生じています。どこの時点を基準として現在価値の計算をするのかに注意しましょう。

問1、問2.

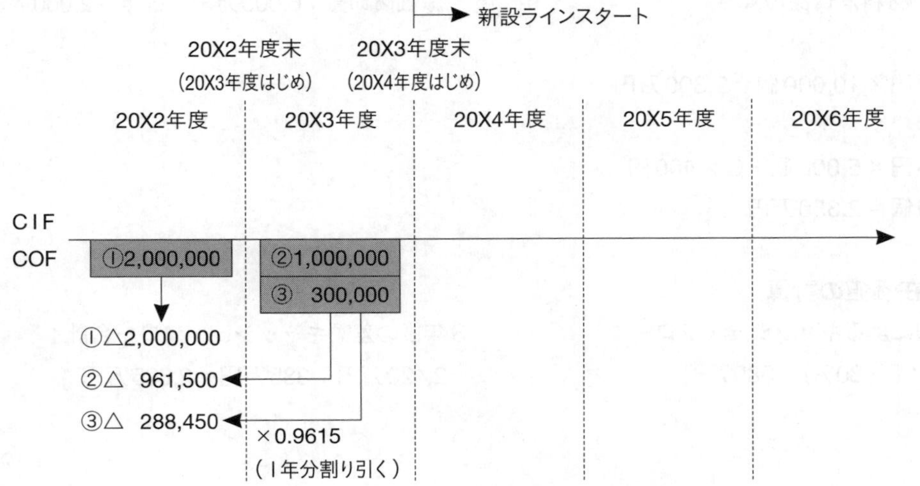

① 20X2年度末の初期投資の現在価値：2,000,000円

② 20X3年度末の初期投資の現在価値：1,000,000円×0.9615＝961,500円
初期投資の現在価値：2,000,000円＋961,500円＝2,961,500円

③ 税金の影響も考慮した訓練費支出の現在価値：
500,000円×(1－40%)[01]×0.9615
＝288,450円

01) 訓練支出は、現金支出費用であるため、法人税の影響を考慮します。

問3.

問題文の指示に、「利益が最大となるように既設ラインと新設ラインとに生産量を割り当てるものとする」とあるため、各製造ラインから生産された製品の単位あたり貢献利益を計算し、最適な設備利用を考えます。

	既設ライン	新設ライン
売上高	@1,000円	@1,000円
直接材料費	@100円	@60円[02]
変動製造間接費	@260円[03]	@140円[04]
単位あたり貢献利益	@640円	@800円

02) @100円×60%＝@60円
03) @200円×1.3時間/個＝@260円
04) @200円×0.7時間/個＝@140円

よって、貢献利益が大きい新設ラインで可能な限り生産(5,000個)し、残りの販売可能な数量(2,000個)を既設ラインで生産することで最大の貢献利益が得られます。

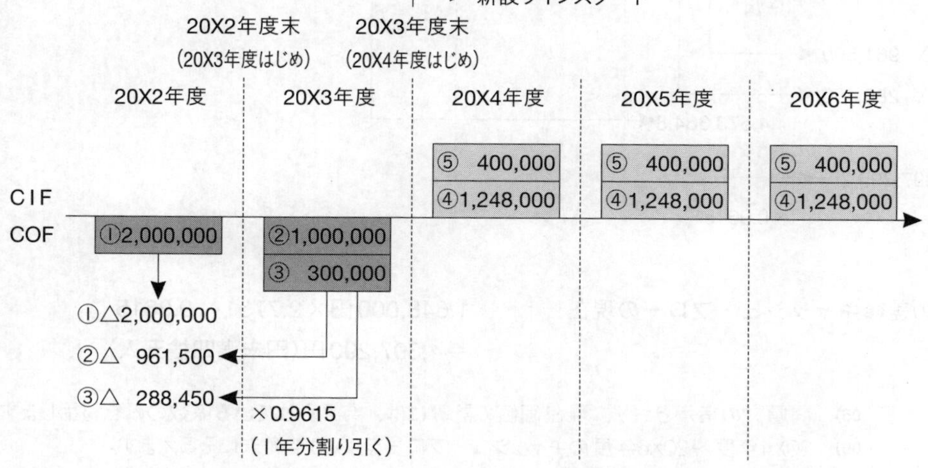

④　税引後純現金流入額の増加額
@640円×5,000個＝3,200,000円
…既設ラインのみの貢献利益
@800円×5,000個＋@640円×2,000個
＝5,280,000円…新設ラインを加えた貢献利益
(5,280,000円－3,200,000円)
×(1－40%)＝1,248,000円
…税引後純現金流入額の増加額

⑤　新設ラインの減価償却費から生じるタックス・シールド
(2,000,000円＋1,000,000円)÷3年
×40%＝400,000円
1,248,000円＋400,000円＝1,648,000円
…毎年の差額キャッシュ・フロー

問4.

新設ラインを設置した場合の20X4年度から20X6年度までの差額キャッシュ・フローは毎年同額が発生するため、問題文に与えられた3年分の年金現価係数(2.7751)を利用します。

しかし、問題文の年金現価係数は3年分しか与えられておらず、20X3年度はじめ時点を基準とした現在価値を計算するには、さらにもう1年分割り引く必要があります[05]。

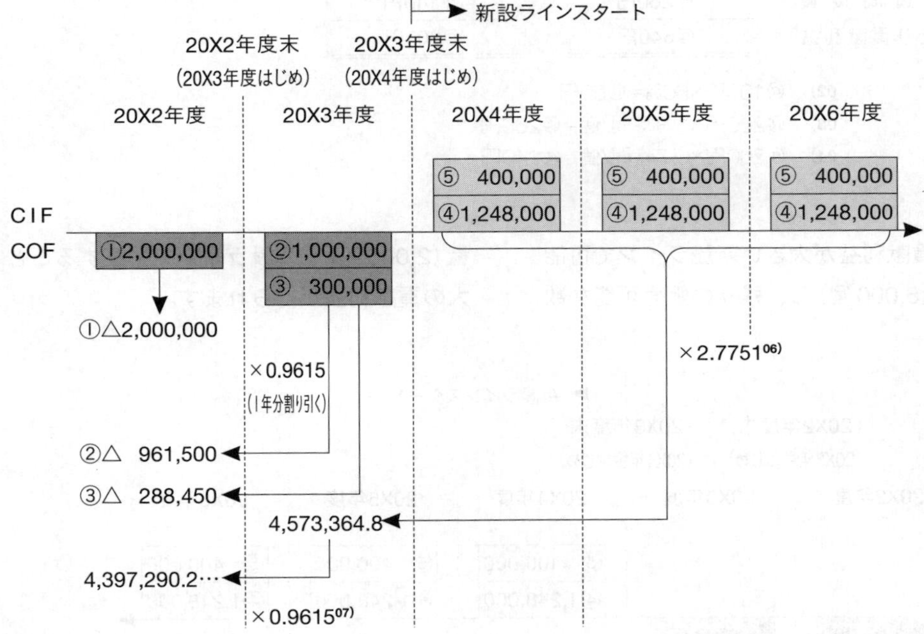

④＋⑤毎年の差額キャッシュ・フローの現在価値合計：

1,648,000円×2.7751×0.9615
≒4,397,290円(円未満四捨五入)

05) 問題文の指示どおり、現在価値の計算には、与えられている係数のみを利用します。
06) 20X4年度〜20X6年度のキャッシュ・フローを20X3年度末にそろえます。
07) さらに20X3年度末から20X3年度はじめにそろえます。

問5.

①＋②設備に対する初期投資額の現在価値：2,961,500円

③訓練支出の現在価値：288,450円

④＋⑤毎年の差額キャッシュ・フローの現在価値合計：4,397,290円

新設ラインを設置する案の正味現在価値：

4,397,290円－2,961,500円－288,450円
＝1,147,340円

問題9 新規投資2（設備の比較）

|解答|

問１．年間の製造・販売量が **747** 個以上であれば、採算がとれる。

問２．年間の製造・販売量が **1,604** 個以上であれば、**B** 社製設備の方が有利である。

解説

本問は**設備投資の経済性計算**についての問題です。

問１.

法人税を考慮した場合のキャッシュ・フローを考えたとき、採算がとれる製造・販売量を求めます。

１．A社製設備を採用した場合の年間の現金支出費用

変動費　50千円／個

固定費　20,000千円－7,000千円 01)
　＝13,000千円

２．年間の製造・販売量をX個としたときのA社製設備採用時の年間税引後純現金流入額

{80X－(50X＋13,000)}×(1－0.4)＋7,000×0.4＝18X－5,000

01)　減価償却費：21,000千円÷3年=7,000千円(非現金支出費用)

３．正味現在価値(NPV)

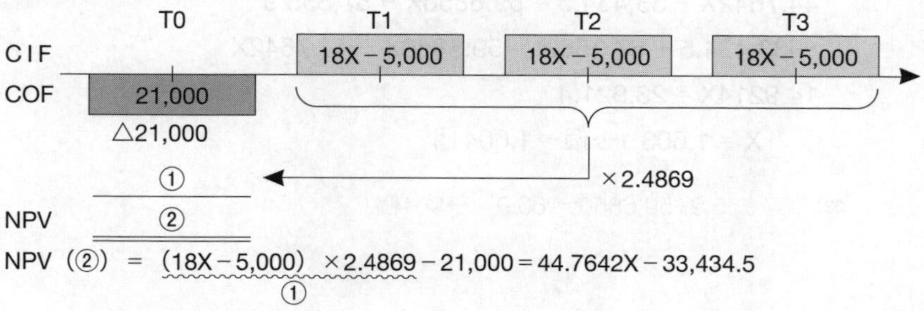

NPV（②）＝（18X－5,000）×2.4869－21,000＝44.7642X－33,434.5
　　　　　　　　①

４．採算がとれる製造・販売量

44.7642X−33,434.5 ＞0
　　　　44.7642X ＞33,434.5

∴X＞746.9… ──→ 747個

(746個では正味現在価値が負の値となるため、切り上げて解答します)

問２．

１．A社設備投資

A社設備の正味現在価値

44.7642X − 33,434.5…………問１より

２．B社製設備

(1) **B社製設備を採用した場合の年間現金支出費用**

変動費　40千円／個

固定費　35,000千円 − 10,000千円[02)]

　　　= 25,000千円

(2) **年間の製造・販売量をX個としたときのB社製設備採用時の年間税引後純現金流入額**

{80X −（40X + 25,000）} ×（1 − 0.4）

+ 10,000 × 0.4 = 24X − 11,000

(3) **B社製設備の正味現在価値（NPV）**

NPV =（24X − 11,000）× 2.4869

−30,000 = 59.6856X − 57,355.9

02)　減価償却費：30,000千円÷3年=10,000千円（非現金支出費用）

３．両社設備の比較

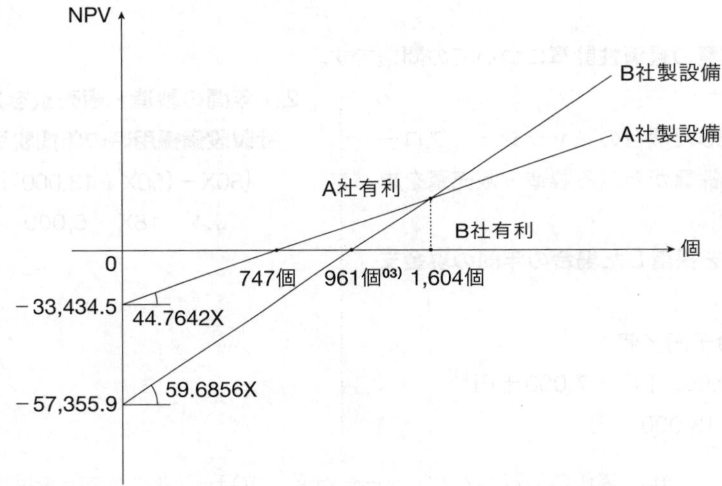

両社設備の正味現在価値が等しくなる製造・販売量

44.7642X − 33,434.5 = 59.6856X − 57,355.9

− 33,434.5 + 57,355.9 = 59.6856X − 44.7642X

14.9214X = 23,921.4

　∴X = 1,603.1…個→1,604個

03)　57,355.9÷59.6856=960.9…→961個

４．結　論

年間1,604個以上製造するならば、B社製設備を利用する方が有利となります。

Chapter

7 直接原価計算

Section

1 直接実際原価計算

直接原価計算と全部原価計算

解答

問1.

損益計算書 (単位：円)

Ⅰ	売上高		(4,900,000)
Ⅱ	売上原価		(3,000,000)
	売上総利益		(1,900,000)
Ⅲ	販売費及び一般管理費		(1,300,000)
	営業利益		(600,000) 01)

問2.

損益計算書 (単位：円)

Ⅰ	売上高		(4,900,000)
Ⅱ	変動売上原価		(1,856,400)
	(変動製造マージン)		(3,043,600)
Ⅲ	変動販売費		(420,000)
	(貢献利益)		(2,623,600)
Ⅳ	固定費		
	1. 固定製造費	(1,104,000)	
	2. 固定販売費	(800,000)	
	3. 固定一般管理費	(80,000)	(1,984,000)
	営業利益		(639,600) 01)

01) 全部原価計算と直接原価計算では、期首、期末の仕掛品、製品に含まれている固定加工費に相当する分だけ営業利益が異なります。

解説

本問は、全部原価計算と直接原価計算について、損益計算書の作成によって比較する問題です。

問１．全部原価計算による損益計算書

１．売　上　高

@3,500円×1,400個＝4,900,000円

２．売上原価

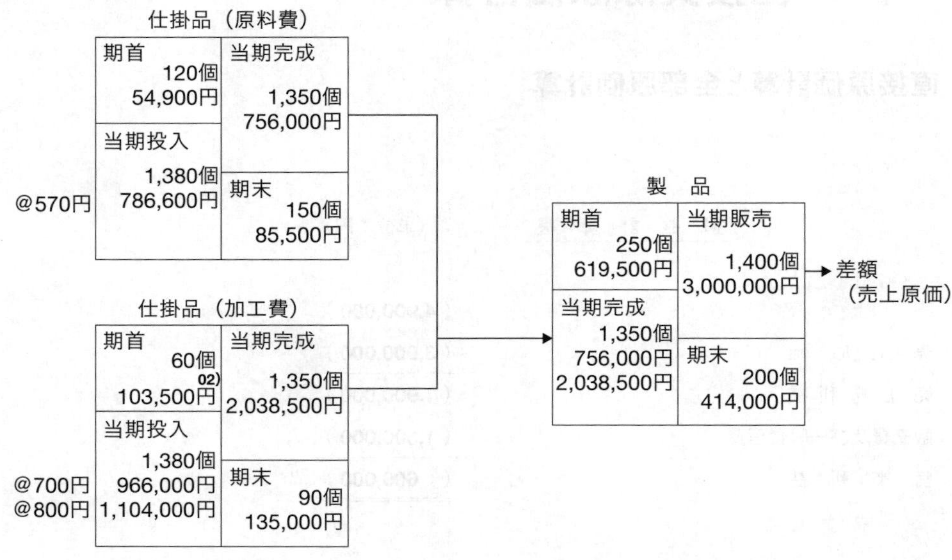

02)　50,100円+53,400円=103,500円

問２．直接原価計算による損益計算書

１．売　上　高

@3,500円×1,400個＝4,900,000円

２．変動売上原価[03)]

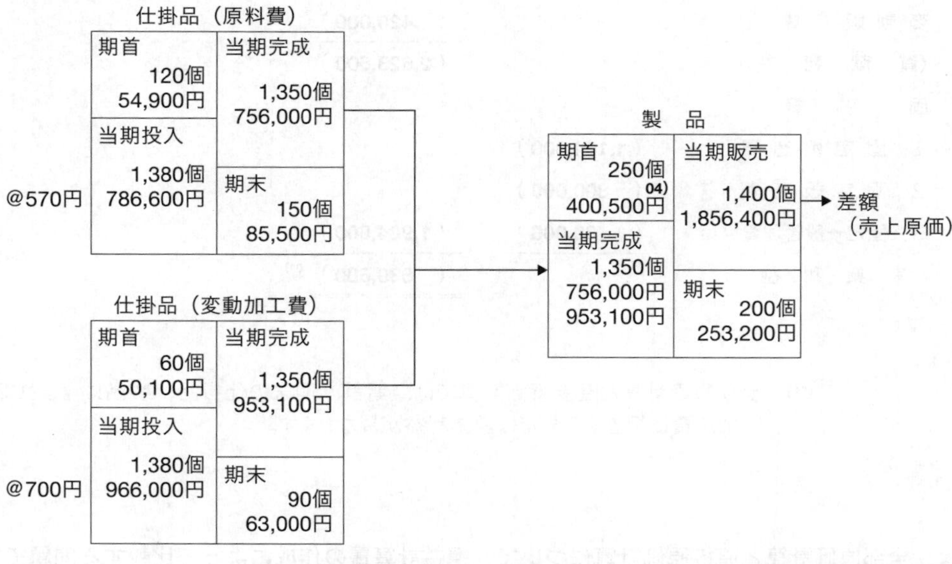

03)　固定加工費については当期製造費用がそのまま当期の費用（期間原価）となります。

04)　200,000円+200,500円=400,500円

問題 2

固定費調整1（ころがし計算法と一括調整法）

解答

問1.

固定費調整		(単位：円)
直接原価計算の営業利益		(697,700)
期末仕掛品固定費	(45,900)	
期末製品固定費	(32,720)	(78,620)
期首仕掛品固定費	(41,800)	
期首製品固定費	(49,100)	(90,900)
全部原価計算の営業利益		(685,420)

問2.

固定費調整		(単位：円)
直接原価計算の営業利益		(697,700)
期末仕掛品固定費	(45,900)	
期末製品固定費	(35,100)	(81,000)
期首仕掛品固定費	(41,800)	
期首製品固定費	(49,100)	(90,900)
全部原価計算の営業利益		(687,800)

解説

本問は在庫として製品・仕掛品がある場合の固定費調整の問題です。ころがし計算法と一括調整法の違いをきちんと確認した上で、勘定分析を細かく行う必要があります。

Ⅰ．原価の流れ

(1)材　料　費

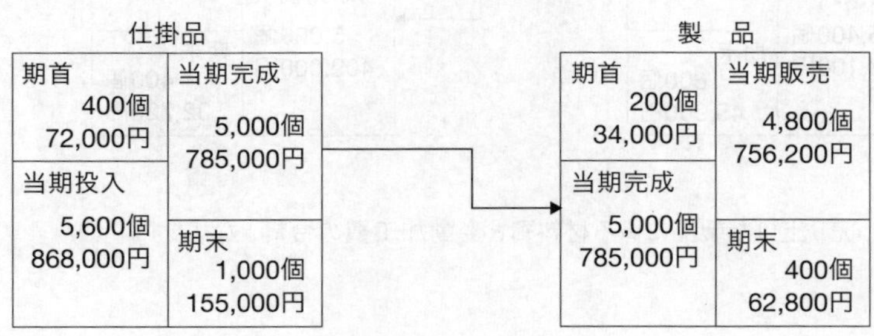

(2)**変動加工費**

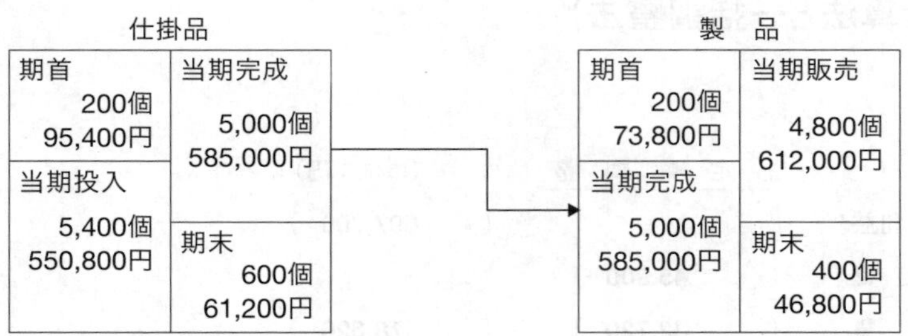

2．直接原価計算による営業利益

売　上　高	
@600円×4,800個	=2,880,000円
変動製造原価[01)]	
756,200円+612,000円=	1,368,200円
変動製造マージン	1,511,800円
変動販売費	
@20円×4,800個	=　96,000円
貢献利益	1,415,800円
固　定　費	
413,100円+305,000円=	718,100円
営業利益	697,700円

3．ころがし計算法による固定費調整

ころがし計算法では、まず当期完成品と期末仕掛品に含まれる固定製造原価を計算し、次いで期末製品と売上原価に含まれる固定製造原価を計算します。計算の流れを示すと、以下のようになります。

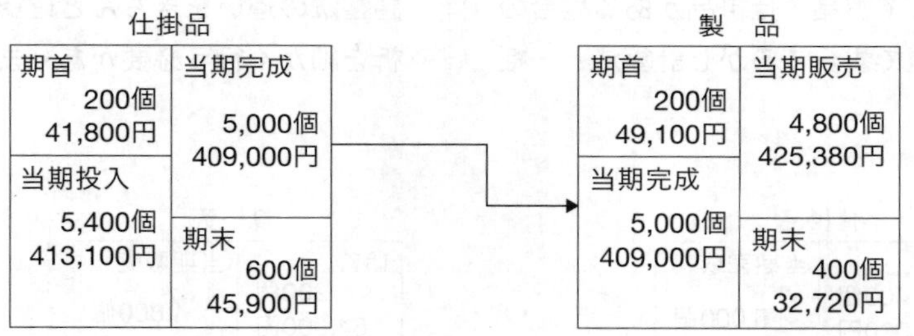

01)　売り上げた製品に係る材料費と変動加工費の合計となります。

(1)期末仕掛品に含まれる固定製造原価

$$413{,}100円 \times \frac{600個}{5{,}400個} = 45{,}900円^{02)}$$

(2)当期完成品に含まれる固定製造原価

41,800円＋413,100円－45,900円
＝409,000円

(3)期末製品に含まれる固定製造原価

$$409{,}000円 \times \frac{400個}{5{,}000個} = 32{,}720円$$

(4)固定費調整

697,700円（直接原価計算による営業利益）＋78,620円（期末在庫品[03]に含まれる固定加工費）－90,900円（期首在庫品[04]に含まれる固定加工費）

＝685,420円（全部原価計算による営業利益）

4．一括調整法による固定費調整

変動加工費を配賦基準として配賦します。

仕掛品・製品

固定加工費		
41,800円	期首仕掛品 95,400円	売上品 612,000円
49,100円	期首製品 73,800円	
413,100円	当期投入 550,800円	期末仕掛品 61,200円
		期末製品 46,800円

(1)期末仕掛品に含まれる固定製造原価

$$\frac{413{,}100円}{612{,}000円-(95{,}400円+73{,}800円)+61{,}200円+46{,}800円} \times 61{,}200円 = 45{,}900円^{05)}$$

(2)期末製品に含まれる固定製造原価

$$\frac{413{,}100円}{612{,}000円-(95{,}400円+73{,}800円)+61{,}200円+46{,}800円} \times 46{,}800円 = 35{,}100円^{05)}$$

(3)固定費調整

697,700円（直接原価計算による営業利益）＋81,000円（期末在庫品に含まれる固定加工費）－90,900円（期首在庫品に含まれる固定加工費）

＝687,800円（全部原価計算による営業利益）

02) 直接原価計算による計算と同じ原価配分方法によるため、先入先出法で求めます。
03) 期末在庫品=期末仕掛品+期末製品
04) 期首在庫品=期首仕掛品+期首製品
05) 当期投入との対応により以下のように求めることもできます。

$$\frac{413{,}100円}{550{,}800円} \times 61{,}200円 = 45{,}900円$$

$$\frac{413{,}100円}{550{,}800円} \times 46{,}800円 = 35{,}100円$$

固定費調整2（加工費を予定配賦している場合）

|解答|

直接原価計算の損益計算書　　（単位：円）

売上高			3,150,000
変動売上原価	（ 1,467,000 ）		
原価差額	（ 2,500 ）	（不利）	（ 1,469,500 ）
変動製造マージン			（ 1,680,500 ）
変動販売費			126,000
貢献利益			（ 1,554,500 ）
固定費			
製造固定費	（ 206,000 ）		
固定販売費及び一般管理費	（ 726,500 ）		（ 932,500 ）
直接原価計算の営業利益			（ 622,000 ）
固定費調整			
月末仕掛品固定費	（ 40,000 ）		
月末製品固定費	（ 40,000 ）		（ 80,000 ）
月初仕掛品固定費	（ 25,000 ）		
月初製品固定費	（ 60,000 ）		（ 85,000 ）
全部原価計算の営業利益			（ 617,000 ）

解説

1．変動費率、固定費率の計算

変動費率：

4,800,000円÷24,000kg＝200円／kg
（4,800,000円：変動加工費予算、24,000kg：正常生産量）

固定費率：

2,400,000円÷24,000kg＝100円／kg
（2,400,000円：固定加工費予算、24,000kg：正常生産量）

2．生産データと販売データ

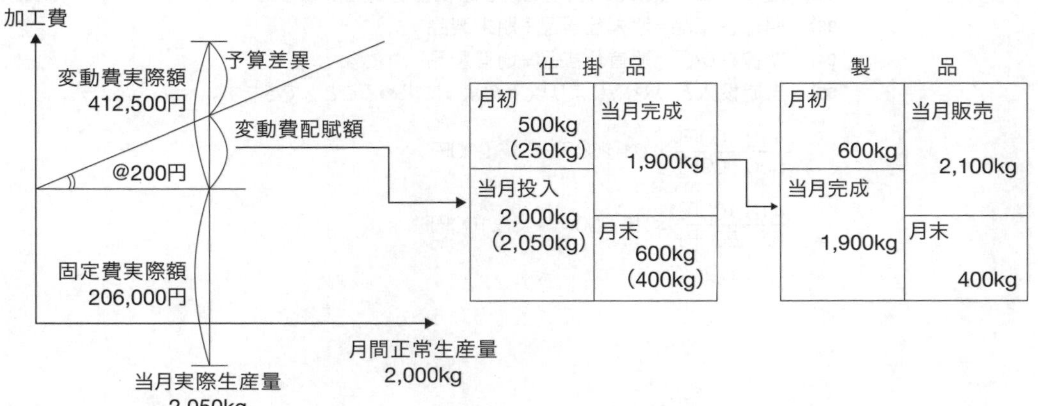

3．月末仕掛品原価[01)]

⑴原料費の計算

996,000円÷2,000kg×600kg

＝298,800円

⑵変動加工費の計算

@200円×400kg＝80,000円

⑶月末仕掛品原価総額

298,800円＋80,000円＝378,800円

4．当月完成品原価

⑴原料費の計算

252,800円＋996,000円－298,800円

＝950,000円

⑵変動加工費の計算

@200円×1,900kg＝380,000円

⑶当月完成品原価総額

950,000円＋380,000円＝1,330,000円

5．加工費配賦差額の把握[02)]

200円／kg×2,050kg（当月予定配賦額） － 412,500円（当月実際発生額）

＝△2,500円（不利差異）

この加工費配賦差額は変動加工費予算差異です。

6．変動売上原価

⑴月初製品原価の計算[03)]

477,000円－100円/kg×600kg

＝417,000円

⑵月末製品原価の計算

1,330,000円÷1,900kg×400kg

＝280,000円

⑶売上原価の計算

417,000円＋1,330,000円－280,000円

＝1,467,000円

7．固定費

⑴固定加工費

206,000円（実際発生額）[04)]

⑵固定販売費及び一般管理費

237,000円＋489,500円＝726,500円

8．固定費調整

⑴月末仕掛品・製品に含まれる固定費

@100円（固定費率）×（400kg（仕掛品）＋400kg（製品））＝80,000円

仕掛品：40,000円

製　品：40,000円

⑵月初仕掛品・製品に含まれる固定費

100円／kg（固定費率）×（250kg（仕掛品）＋600kg（製品））＝85,000円

仕掛品：25,000円

製　品：60,000円

01) 変動製造原価となるのは原料費と変動加工費です。

02) 直接原価計算では、固定加工費は期間費用となるため、操業度差異は生じません。

03) 月初製品原価は、477,000円の中に含まれている固定費100円/kg×600kgを控除して求めます。

04) 固定加工費については、予算額200,000円（2,400,000円÷12カ月）ではなく、実際発生額全額を計上します。

【解】 Chapter 7 直接原価計算

2 直接標準原価計算

問題4 直接標準原価計算における標準原価差異分析

解答

損益計算書　(単位：円)

Ⅰ 売上高			(140,000,000)
Ⅱ 標準変動売上原価			(86,800,000)
変動製造マージン			(53,200,000)
Ⅲ 標準変動販売費			(5,200,000)
標準貢献利益			(48,000,000)
Ⅳ 原価差異			
1 価格差異	〔－〕	(364,600)	
2 数量差異	〔－〕	(299,000)	
3 賃率差異	〔－〕	(220,000)	
4 作業時間差異	〔＋〕	(750,000)	
5 予算差異	〔＋〕	(75,000)	
6 能率差異	〔＋〕	(900,000)	
7 販売費差異	〔－〕	(55,000)	〔＋〕(786,400)
実際貢献利益			(48,786,400)
Ⅴ 固定費			
1 固定製造原価		(35,248,300)	
2 固定販売費		(3,538,100)	(38,786,400)
営業利益			(10,000,000)

解説

本問は、直接原価計算と標準原価計算をミックスさせた直接標準原価計算の問題です。変動費と固定費の区別の他に、原価差異の把握と分析が必要になります。

1．売上高

@35,000円×4,000個＝140,000,000円

2．標準変動売上原価

@21,700円×4,000個[01)]＝86,800,000円

3．標準変動販売費

@1,300円×4,000個＝5,200,000円

4．原価差異

(1)直接材料費

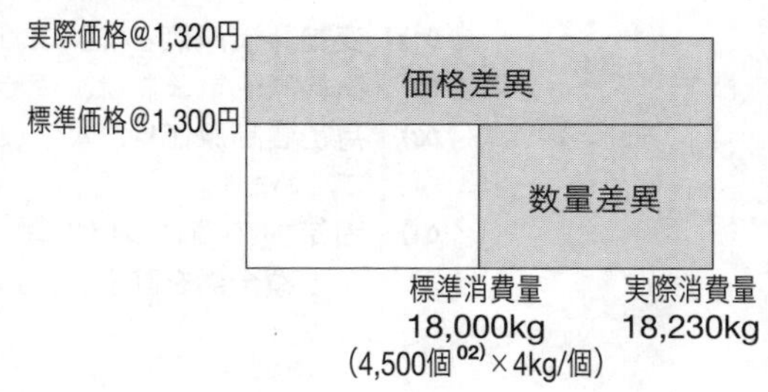

01) 当期投入量や当期完成品量ではなく、当期販売量を用います。

02) 当期販売量ではなく、当期投入量を用います。

価格差異

(@1,300円－@1,320円)×18,230kg

＝△364,600円(不利差異)

数量差異

@1,300円×(18,000kg－18,230kg)

＝△299,000円(不利差異)

⑵直接労務費

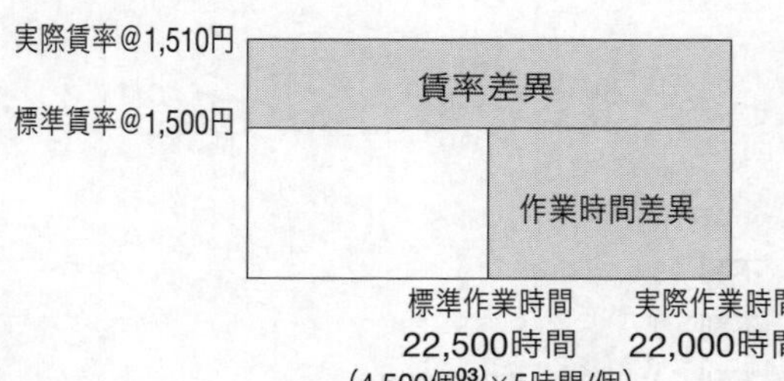

賃率差異

(@1,500円－@1,510円)×22,000時間

＝△220,000円(不利差異)

作業時間差異

@1,500円×(22,500時間－22,000時間)

＝750,000円(有利差異)

⑶変動製造間接費

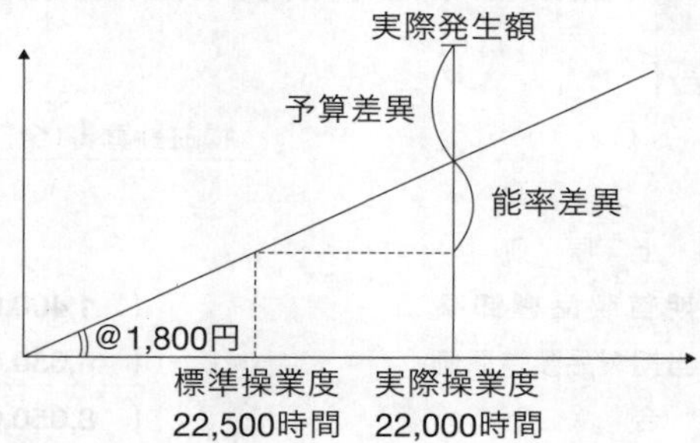

予算差異

@1,800円×22,000時間－39,525,000円

＝75,000円(有利差異)

能率差異

@1,800円×(22,500時間－22,000時間)

＝900,000円(有利差異)

⑷変動販売費

@1,300円×4,000個(標準)－5,255,000円(実際)

＝△55,000円(不利差異)

03) 4,250個(完成品)＋750個×60%(期末仕掛品)－500個×40%(期首仕掛品)＝4,500個

問題 5

直接標準原価計算と固定費調整

|解答|

損益計算書(全部原価計算)　　(単位：円)

売　上　高			15,000,000
売上原価			
期首製品棚卸高	(**1,400,000**)		
当期製品製造原価	(**6,650,000**)		
合　計	(**8,050,000**)		
期末製品棚卸高	(**1,050,000**)		
	(**7,000,000**)		
原価差異			
予算差異	(**280,000**)	(**不利**)	
操業度差異	(**30,000**)	(**不利**)	
差異合計	(**310,000**)	(**不利**)	(**7,310,000**)
売上総利益			(**7,690,000**)
販売費及び一般管理費			(**1,600,000**)
営業利益			(**6,090,000**)

損益計算書(直接原価計算)　　(単位：円)

売　上　高			15,000,000
変動売上原価			
期首製品棚卸高	(**1,200,000**)		
当期製品製造原価	(**5,700,000**)		
合　計	(**6,900,000**)		
期末製品棚卸高	(**900,000**)		
	(**6,000,000**)		
変動原価差異			
予算差異	(**180,000**)	(**不利**)	
差異合計	(**180,000**)	(**不利**)	(**6,180,000**)
変動製造マージン			(**8,820,000**)
変動販売費			400,000
貢献利益			(**8,420,000**)
固定費			
加工費	(**1,100,000**)		
販売費及び一般管理費	(**1,200,000**)		(**2,300,000**)
直接原価計算の営業利益			(**6,120,000**)
固定費調整			
期末仕掛品固定費	(**60,000**)		
期末製品固定費	(**150,000**)		(**210,000**)
期首仕掛品固定費	(**40,000**)		
期首製品固定費	(**200,000**)		(**240,000**)
全部原価計算の営業利益			(**6,090,000**)

解説

1．生産データと販売データのボックス図

仕　掛　品

期首 1,000単位 (400単位)	当期完成 9,500単位
当期投入 9,700単位 (9,700単位)	期末 1,200単位 (600単位)

(注)( )は完成品換算量を表す。

製　品

期首 2,000単位	当期販売 10,000単位
当期生産 9,500単位	期末 1,500単位

2．全部原価計算の損益計算書

期首製品棚卸高：

@700円×2,000単位＝1,400,000円

当期製品製造原価：

@700円×9,500単位＝6,650,000円

期末製品棚卸高：

@700円×1,500単位＝1,050,000円

予算差異：

@300円×9,700単位＋1,000,000円

－(3,090,000円+1,100,000円)

＝△280,000円(不利差異)

操業度差異：

(9,700単位－10,000単位)×@100円

＝△30,000円(不利差異)

または@400円×9,700単位－(@300円×9,700単位+1,000,000円)

＝△30,000円(不利差異)

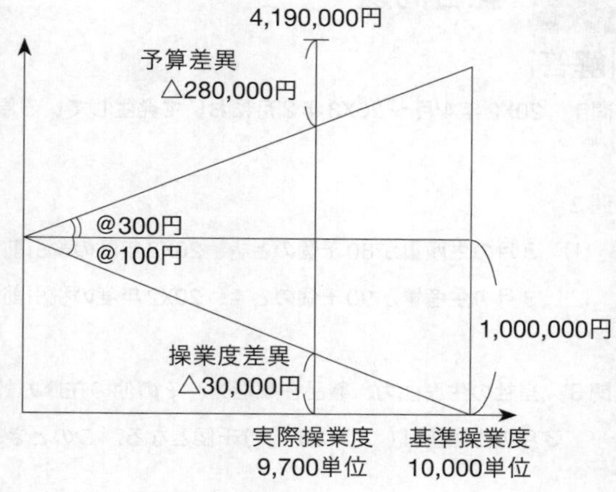

販売費及び一般管理費：

@40円×10,000単位+1,200,000円

＝1,600,000円

3．直接原価計算の損益計算書

期首製品棚卸高：

@600円×2,000単位＝1,200,000円

当期製品製造原価：

@600円×9,500単位＝5,700,000円

期末製品棚卸高：

@600円×1,500単位＝　900,000円

予算差異：

@300円×9,700単位－3,090,000円

＝△180,000円(不利差異)

固定費：実績データを記入します。

期末仕掛品固定費：

@100円×600単位＝60,000円

期末製品固定費：

@100円×1,500単位＝150,000円

期首仕掛品固定費：

@100円×400単位＝40,000円

期首製品固定費：

@100円×2,000単位＝200,000円

総合問題

解答

問１．20X2年４月～20X3年２月において発生している原価差異は（　**10,000**　）千円の（ 有利 ・~~不利~~ ）差異である。

問２．

⑴　３月の生産量が80千個のとき、20X2年度の税引前営業利益は（　**497,200**　）千円である。

⑵　３月の生産量が90千個のとき、20X2年度の税引前営業利益は（　**501,200**　）千円である。

問３．当社の生産能力、製品在庫能力、その他の在庫方針を考慮したときの20X2年度の税引前営業利益が最大となる３月の生産量は（　**135**　）千個となる。このとき、20X2年度の税引前営業利益（　**519,200**　）千円である。

問４．３月の生産量は（　**70**　）千個とすべきであり、このときの20X2年度の税引前営業利益は問３の計算結果と比較して（　**26,000**　）千円だけ（ ~~増加する~~・ 減少する ）。また、翌年度の生産量は（　**1,025**　）千個とすべきであり、税引前営業利益は（　**88,400**　）千円となる。

問５．当社が直接標準原価計算の採用した場合、問３を前提とするときの直接標準原価計算による税引前営業利益は（　**457,200**　）千円になる。また、全部標準原価計算のときと比べて20X2年度の税引前営業利益は（　**62,000**　）千円（ ~~増加する~~・ 減少する）。

解説

本問は、全部原価計算と直接原価計算との比較を問う問題です。２つの計算方法で固定製造原価の取扱いが異なる点に注意してください。

<table>
<tr><td colspan="2"></td><td>全部原価計算</td><td>直接原価計算</td></tr>
<tr><td rowspan="2">製造原価</td><td>変動製造原価</td><td rowspan="2">製品原価</td><td>製品原価</td></tr>
<tr><td>固定製造原価</td><td rowspan="2">期間原価</td></tr>
<tr><td colspan="2">販売費・一般管理費</td><td>期間原価</td></tr>
</table>

←両原価計算で取扱いが異なるため、利益が相違する原因となる。

また、全部原価計算では、生産量（操業度）の多寡により原価差異（操業度差異）が異なることに注意し、そのことが営業利益に与える影響を考慮して解答にあたってください。

Ⅰ．各種データの整理

NS社は標準原価計算を採用しているので、損益計算書上の製品原価は原価標準を用いて計算しています。製品Dの原価標準を用いて、問題資料に与えられた損益計算書から20X2年4月から20X3年2月中の生産・販売数量を把握します。また、算定された販売数量を用いて売上高から製品単位あたり販売価格を求めます。

⑴　生産・販売データの整理
（20X2年4月～20X3年2月）

製　品

期首 60千個[01]	販売(差引) 1,300千個
生産 1,400千個[02]	2月末 160千個[03]

01）　期首製品有高36,000千円÷600円／個=60千個

02）　当期製品製造原価840,000千円÷600円／個=1,400千個

03）　2月末製品有高96,000千円÷600円／個=160千個

⑵　販売価格の計算

1,560,000千円（売上高）÷ 1,300千個（販売量）＝ 1,200円/個

2．原価差異（操業度差異）の把握（問Ⅰ）

年間基準操業度は1,500千個（月間125千個）です。しかし、問題資料中の損益計算書は20X2年4月から20X3年2月末までの累積であり、20X2年4月から20X3年2月における操業度差異を算定するために必要な基準操業度は月間125千個×11カ月（20X2年4月から20X3年2月）＝1,375千個となります。

したがって、原価差異（操業度差異）は以下の算式で求められます。

（1,400千個（上記Ⅰ.⑴より）－ 1,375千個）× 400円/個

＝ 10,000千円（有利差異）

以上より、問題資料中の損益計算書は以下のようになります。

ＮＳ社損益計算書

20X2年４月～20X3年２月　（単位：千円）

売上高		1,560,000
売上原価		
期首製品有高	36,000	
当期製品製造原価	840,000	
合　計	876,000	
２月末製品有高	96,000	
差　引	780,000	
原価差異	10,000	770,000
売上総利益		790,000
販売費及び一般管理費		
変動費	78,000	
固定費	220,000	298,000
営業利益		492,000

3．20X2年度の税引前営業利益の算定(問２)

問題資料中で与えられている『NS社損益計算書』は、20X2年４月から20X3年２月までの11か月間の業績を示しています。20X3年３月の月次損益計算書を作成し、20X2年４月から20X3年２月までの税引前営業利益492,000千円に対して、20X3年３月の税引前営業利益を加減することで20X2年度（以下、「当年度」とする)の税引前営業利益を算定します。

(1) ３月の生産量が80千個の場合

① 生産・販売データの整理

製　品

月初　160千個[04]	販売　80千個
生産　80千個	月末(差引)　160千個

04) ２月末製品在庫(上記１.(1)より)

② 月次損益計算書の作成

ＮＳ社損益計算書

20X3年3月　（単位：千円）

売　上　高	1,200円/個×80千個	=		96,000
売上原価	600円/個×80千個	=	48,000	
原　価　差　異			△18,0000[05]	66,000
売上総利益				30,000
販売費及び一般管理費				
変　動　費	60円/個×80千個	=	4,800	
固　定　費			20,000	24,800
営 業 利 益				5,200

05) 操業度差異　(80千個−125千個)×400円/個=△18,000千円(不利差異)

③ 税引前営業利益の算定

492,000千円＋5,200千円＝497,200千円
（492,000千円：上記２.より）

(2) ３月の生産量を90千個の場合

３月の生産量を90千個とする場合でも販売量80千個は同じです。そのため、売上高、売上原価、販売費および一般管理費は生産量と相関していないので生産量を80千個とする場合と比較しても変わることはありません。両者で相違がみられるのは操業度差異です。したがって、両者の操業度差異の差が税引前営業利益の差となります。

① 生産・販売データの整理

製　品

月初　160千個	販売　80千個
生産　90千個	月末(差引)　170千個

② **操業度差異の算定**

(90千個 − 125千個) × 400円/個

＝△14,000千円(不利差異)

③ **税引前営業利益増加額**

18,000千円(不利差異) − 14,000千円

(不利差異) = 4,000千円

④ **税引前営業利益の算定**

497,200千円 + 4,000千円
問2.(1)より

＝501,200千円

4．当年度の税引前営業利益を最大にする3月の生産量と税引前営業利益の算定(問3)

上記3.の計算結果より、販売量が同じ場合でも生産量を増加させれば、売上原価に賦課される原価差異(操業度差異)は減少し、営業利益は増加します。

ここでは、可能な限り生産量を増加させ営業利益の最大化を図ります。そこで、問題資料中に与えられている制約条件（最大生産能力145千個、最大在庫保有量215千個）を考慮して、当年度の税引前営業利益を最大にする生産量を算定します。

⑴ **最大生産量の算定(3月)**

製品

月初 160千個	販売 80千個
生産(差引)(最大生産量) 135千個	月末 215千個 ←最大在庫保有量

上記3.と同様に、3月の生産量を135千個とする場合と80千個とする場合の税引前営業利益を比較したときの差は操業度差異の差と等しくなります。

⑵ **操業度差異の算定**

(135千個 − 125千個) × 400円/個

＝4,000千円(有利差異)

⑶ **税引前営業利益増加額**

18,000千円(不利差異) + 4,000千円
上記3.より

(有利差異) = 22,000千円

⑷ **税引前営業利益の算定**

497,200千円 + 22,000千円
問2.(1)より

＝519,200千円

5．利益を可能な限り翌年度に繰り越す場合(問4)

利益を可能な限り翌年度に繰り越すには、上記4.の計算とは反対に、3月の生産量を可能な限り減らし(制約条件である最低生産量70千個)、翌年度において生産量を最大限増加させることになります。

⑴ **3月の最低生産量および期末在庫の算定**

製品

月初 160千個	販売 80千個
生産(最低生産量) 70千個	月末(差引) 150千個

⑵ **当年度の税引前営業利益減少額**

問3で求めた生産量と比較して生産量が70千個と減少しているため、操業度差異は増加し税引前営業利益は減少することになります。

(135千個 − 70千個) × 400円/個

＝26,000千円

⑶ **翌年度の生産量**

翌年度の販売量は資料4．より毎月80千個と一定であるので年間では960千個の販売計画となります。ここでは、期間費用が最小となる(＝操業度差異が有利で最大となる)ように、制約条件（最大生産能力145千個、最大在庫保有量215千個）を考慮して最大生産量を算定し、

税引前営業利益を算定すればよいことになります。また、翌年度の生産量を考えるさいには1年分であるため、12カ月単位で考える点に注意して下さい。

製　品(20X3年度)

期首 150千個[06)	販売 960千個[07)
生産(差引)(最大生産量) 1,025千個	期末 215千個　←最大在庫保有量

06)　上記(1).期末生産量より

07)　80千個×12カ月=960千個

(4)　翌年度の税引前営業利益の算定

NS社損益計算書
20X3年4月～20X4年3月　(単位：千円)

売上高	1,200円/個×960千個＝		1,152,000
売上原価			
期首製品有高	600円/個×150千個＝	90,000	
当期製品製造原価	600円/個×1,025千個＝	615,000	
合計		705,000	
期末製品有高	600円/個×215千個＝	129,000	
差引		576,000	
原価差異		△190,0000 08)	766,000
売上総利益			386,000
販売費及び一般管理費			
変動費	60円/個×960千個＝	57,600	
固定費		240,000	297,600
営業利益			88,400

08)　操業度差異(1,025千個−1,500千個)×400円/個=△190,000千円(不利差異)

6. 直接標準原価計算と全部標準原価計算の税引前営業利益の比較(問5)

直接標準原価計算により当年度の税引前営業利益を計算します。直接原価計算における固定製造原価はその全額が発生した期の費用となる点に注意してください。

(1)　生産・販売データの整理(3月の生産量：135千個)

製　品

期首 60千個	販売 1,380千個[10)
生産 1,535千個[09)	期末(差引) 215千個

09)　1,400千個+135千個=1,535千個

10)　1,300千個+80千個=1,380千個

⑵ 直接標準原価計算の損益計算書

直接原価計算方式の損益計算書を作成し、当年度の税引前営業利益を計算すれば、以下のとおりとなります（３月の生産量135千個、ただし、販売量は80千個）。

損益計算書

20X2年4月～20X3年3月　（単位：千円）

売　上　高	1,200円/個×1,380千個	=	1,656,000
変動売上原価	200円/個×1,380千個	=	276,000
変動製造マージン			1,380,000
変動販売費	60円/個×1,380千個	=	82,800
貢献利益			1,297,200
固　定　費			
製造原価	400円/個×1,500千個[11]	=	600,000
販管費			240,000
営業利益			457,200

11）基準操業度

⑶ 全部標準原価計算による税引前営業利益との比較

３月の生産量を135千個とした場合での全部標準原価計算による税引前営業利益と直接標準原価計算を採用した場合の税引前営業利益を比較し、営業利益減少額を計算します。

519,200千円－457,200千円＝62,000千円

問３.より

理論問題
～直接原価計算と全部原価計算の関係～

|解答|

①	等しい	②	全部原価計算	③	直接原価計算
④	直接原価計算	⑤	変化する		

解説

本問は、直接原価計算による営業利益と全部原価計算による営業利益の相違についての理論問題です。両者の相違は、それぞれにおける固定製造原価の取扱いの相違がもたらすものです。直接原価計算では固定製造原価は期間原価とされるのに対して、全部原価計算では固定製造原価は変動製造原価と同じく製品原価とされ、期首棚卸資産（仕掛品および製品）の原価や期末棚卸資産の原価の一部を構成します。

1．生産量＝販売量の場合
（期首棚卸資産数量＝期末棚卸資産数量）

期首・期末の棚卸資産に含まれる固定製造原価の額が等しくなるため、全部原価計算の営業利益と直接原価計算の営業利益は等しくなります。

2．生産量＞販売量の場合
（期首棚卸資産数量＜期末棚卸資産数量）

期末棚卸資産に含まれる固定製造原価の方が期首棚卸資産に含まれる固定製造原価よりも大きくなるため、全部原価計算の方が利益は大きくなります。

3．生産量＜販売量の場合
（期首棚卸資産数量＞期末棚卸資産数量）

期首棚卸資産に含まれる固定製造原価の方が期末棚卸資産に含まれる固定製造原価よりも大きくなるため、直接原価計算の方が利益は大きくなります。

4．販売量が一定の場合の営業利益の変化

直接原価計算による営業利益は販売量の増減による貢献利益の増減のみに影響を受けるため、生産量が変化しても販売量が一定であれば各期の利益額は変化しません。これに対して、全部原価計算による営業利益は販売量だけでなく、生産量の増減にも影響を受けます。

5．生産量が一定の場合の営業利益の変化

いずれの方法による営業利益も販売量の増減に影響を受けます。このことは、生産量が一定であるか否かとは関係ありません。

Chapter

8 予算管理

Section

1 予算編成

問題 1 予算編成1（直接標準原価計算）

|解答|

20X3年　予定損益計算書（単位：千円）

	5月	6月
売上高	(294,000)	(252,000)
変動売上原価	(191,800)	(164,400)
変動製造マージン	(102,200)	(87,600)
変動販売費	(29,400)	(25,200)
貢献利益	(72,800)	(62,400)
固定費		
製造間接費	(33,600)	(33,600)
販売費・一般管理費	(16,000)	(16,000)
固定費計	(49,600)	(49,600)
直接原価計算の営業利益	(23,200)	(12,800)
固定費調整額	(△480)	(240)
全部原価計算の営業利益	(22,720)	(13,040)
支払利息	(1,445)	(1,445)
経常利益	(21,275)	(11,595)

20X3年　予定貸借対照表（単位：千円）

	5月末	6月末
流動資産		
現金	(70,408)	(70,352)
売掛金	(29,400)	(25,200)
製品	(19,320)	(20,930)
原材料	(22,990)	(23,940)
流動資産計	(142,118)	(140,422)
固定資産		
土地	(162,500)	(162,500)
建物・設備	(360,700)	(359,400)
固定資産計	(523,200)	(521,900)
資産合計	(665,318)	(662,322)
流動負債		
買掛金	(38,361)	(34,770)
短期借入金	(60,500)	(49,500)
流動負債計	(98,861)	(84,270)
固定負債	(70,000)	(70,000)
純資産		
資本金	(350,000)	(350,000)
資本剰余金	(50,000)	(50,000)
利益剰余金	(96,457)	(108,052)
純資産計	(496,457)	(508,052)
負債・純資産合計	(665,318)	(662,322)

解説

本問は、企業予算の編成に関する問題です。本問では、予定損益計算書は直接標準原価計算方式、予定貸借対照表は全部標準原価計算方式によって作成することに注意してください。

また､解答の順序は何通りか考えられますが､今回は、まず予定損益計算書の直接原価計算の営業利益までを作成し、次に予定貸借対照表の買掛金や売掛金などを算定します。最後に現金収支の計算をした後で、支払利息や利益剰余金などを算定します。

Ⅰ．直接標準原価計算による予定損益計算書(直接原価計算の営業利益まで)の作成

製品Xの月別販売数量にもとづいて、予定損益計算書の直接原価計算の営業利益までを作成します。

(単位：千円)

	5月	6月
売上高 01)	294,000	252,000
変動売上原価 02)	191,800	164,400
変動製造マージン	102,200	87,600
変動販売費 03)	29,400	25,200
貢献利益	72,800	62,400
固定費		
製造間接費 04)	33,600	33,600
販売費・一般管理費 04)	16,000	16,000
固定費計	49,600	49,600
直接原価計算の営業利益	23,200	12,800

01) 売上高
5月：21,000円/個(販売単価)×14,000個(月間販売数量)=294,000千円
6月：21,000円/個×12,000個=252,000千円

02) 変動売上原価
5月：13,700円/個(製品X1個あたり標準変動製造原価)×14,000個(月間販売数量)=191,800千円
6月：13,700円/個×12,000個=164,400千円

03) 変動販売費
5月：2,100円/個(製品1個あたり変動販売費)×14,000個(月間販売数量)=29,400千円
6月：2,100円/個×12,000個=25,200千円

04) 固定製造間接費と固定販売費・一般管理費は問題資料の金額をそのまま記入します。

2．予定貸借対照表の売掛金と買掛金

まず、貸借対照表項目のうち売掛金と買掛金について、各月の流れを把握して、月末残高（予定貸借対照表上の残高）を算定します。特に、買掛金の算定は、それに先立って製品および原材料の各月の流れを把握する必要があり、本問での大きなポイントとなるところです。

(1) 売掛金

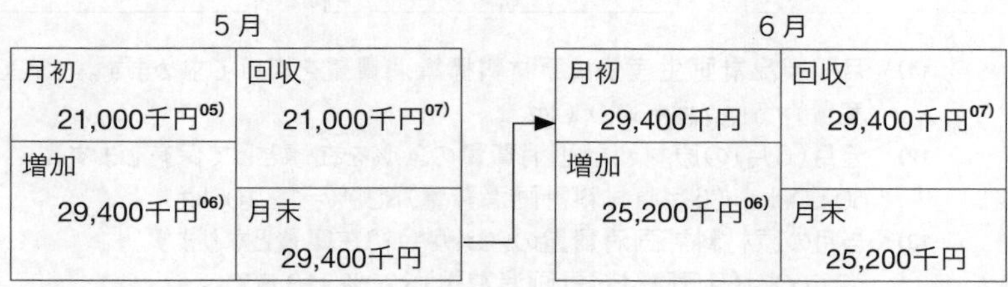

05) 資料2.の4月末の貸借対照表から記入します。

06) 当月増加額（資料3．（オ）より、月間売上高×10%）
5月：294,000千円（月間売上高）×10%=29,400千円
6月：252,000千円×10%=25,200千円

07) 資料3．（オ）より、月初売掛金残高は当月末に現金回収されます。

(2) 製品

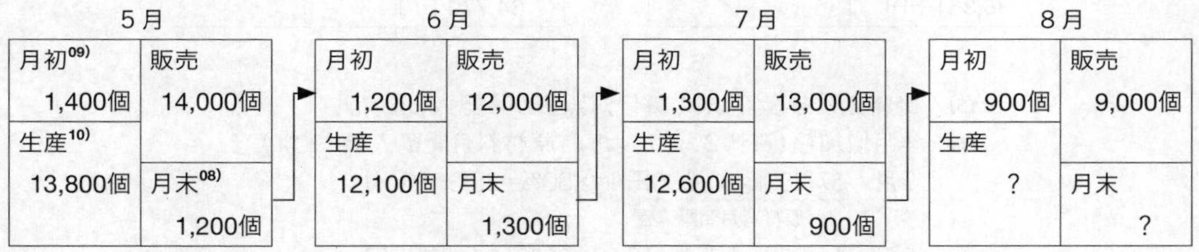

08) 翌月（6月）の計画販売量の10%を在庫として保有します。12,000個（6月計画販売量）×10%=1,200個

09) 当月の計画販売量の10%が月初在庫量となります。14,000個（5月計画販売量）×10%=1,400個

10) 計画生産量は貸借差引で求めます。

【解】 Chapter 8 予算管理

(3) 原材料

5月

月初[13] 13,800kg	消費[11] 69,000kg
購買[14] 67,300kg	月末[12] 12,100kg

6月

月初 12,100kg	消費 60,500kg
購買 61,000kg	月末 12,600kg

7月

月初 12,600kg	消費 63,000kg
購買 ?	月末 ?

11) 月間製品計画生産量に原材料標準消費量を掛けて求めます。13,800個（5月計画生産量）×5kg/個=69,000kg

12) 翌月（6月）の原材料計画消費量の20%を在庫として保有します。
60,500kg（6月原材料計画消費量）×20%=12,100kg

13) 当月の原材料計画消費量の20%が月初在庫量となります。
69,000kg（5月原材料計画消費量）×20%=13,800kg

14) 計画購買量は貸借差引で求めます。

(4) 買掛金

5月

支払 31,578千円[17]	月初 31,578千円[15]
月末 38,361千円	増加 38,361千円[16]

6月

支払 38,361千円[17]	月初 38,361千円
月末 34,770千円	増加 34,770千円[16]

15) 資料2.にある4月末の貸借対照表から記入します。

16) 当月増加額（資料3.（キ）より、原材料月間購入額×30%）
5月：67,300kg×1,900円/kg×30%=38,361千円
（67,300kg×1,900円/kg：原材料月間購入額）
6月：61,000kg×1,900円/kg×30%=34,770千円

17) 資料3.（キ）により、月初買掛金残高は当月末に現金決済されます。

3．前月末（4月末）貸借対照表の ？ の金額の算定

上記2．で求めた製品および原材料の5月の月初数量にもとづいて4月末の貸借対照表の？の金額を算定します。ただし、製品の金額は全部標準原価計算による原価標準を使うことに注意してください。

製品1個あたりの固定製造原価：

33,600千円÷28,000時間×2時間/個
（固定製造間接費配賦率）

＝2,400円/個

全部標準原価計算による原価標準：

13,700円/個（変動製造原価）＋2,400円/個（固定製造原価）＝16,100円/個

貸借対照表　（単位：千円）

流動資産		流動負債	
現金	70,000	買掛金	31,578
売掛金	21,000	短期借入金	50,000
製品	22,540 [18]	計	81,578
原材料	26,220 [19]	固定負債	70,000
計	139,760	純資産	
固定資産		資本金	350,000
土地	125,000	資本剰余金	50,000
建物・設備	362,000	利益剰余金	75,182 [20]
計	487,000	計	475,182
資産合計	626,760	負債・純資産合計	626,760

18) 16,100円/個（全部標準原価計算による原価標準）×1,400個（月末製品在庫量）＝22,540千円

19) 1,900円/kg（材料標準単価）×13,800kg（月末材料在庫量）＝26,220千円

20) 貸借差額

4．全部標準原価計算方式による予定貸借対照表の作成（現金・短期借入金・利益剰余金を除く）

(1) 製品と原材料

上記2．で作成したボックス図の月末有高に単価を掛けて、予定貸借対照表の金額を算定します。

① 製品

5月：16,100円/個（全部標準原価計算による原価標準）×1,200個（月末製品在庫量）＝19,320千円

6月：16,100円/個×1,300個
＝20,930千円

② 原材料

5月：1,900円/kg（材料標準単価）×12,100kg（月末材料在庫量）＝22,990千円

6月：1,900円/kg×12,600kg＝23,940千円

(2) 売掛金と買掛金

上記2．で算定した月末の残高を用います。

	売掛金	買掛金
5月：	29,400千円	38,361千円
6月：	25,200千円	34,770千円

【解】 Chapter 8 予算管理

⑶ **固定資産**

① 土　地

5月：125,000千円＋37,500千円
(資料3．(ケ)より)＝162,500千円

6月：162,500千円

② 建物・設備

5月：

362,000千円－(1,040千円＋260千円)
＝360,700千円
(減価償却費)

6月：

360,700千円－(1,040千円＋260千円)
＝359,400千円

5．現金・支払利息・短期借入金

下記のような現金収支計算表を作成します。

現金収支計算表　（単位：千円）

	5月	6月
月初現金残高	70,000	70,408
収入		
現金売上	264,600	226,800
売掛金の回収	21,000	29,400
収入額合計	285,600	256,200
支出		
現金仕入	△89,509	△81,130
買掛金の支払	△31,578	△38,361
変動費(直接材料費以外)の支払	△87,360	△76,020
固定費の支払	△48,300	△48,300
土地の取得による支払	△37,500 [21)	—
支払利息(新たな借入れ分以外)	△1,340	△1,445
支出額合計	△295,587	△245,256
差引残高[22)	60,013	81,352
支払利息(新たな借入れ分)	△105	—
短期借入金の借入・返済	10,500	△11,000
月末現金残高	70,408	70,352

21)　資料3．(ケ)より

22)　差引残高=月初現金残高+収入額合計−支出額合計

⑴ 現金売上と売掛金の回収

現金売上は上記１.で算定した売上高に90％を掛けて算定します。また、売掛金の回収は上記２.で算定した額です。

	５月	６月
現金売上	21,000円/個×14,000個×90％ ＝264,600千円	21,000円/個×12,000個×90％ ＝226,800千円
売掛金の回収	21,000千円	29,400千円

⑵ 現金仕入と買掛金の支払

現金仕入は上記２.で算定した原材料購買量にもとづく購入額に70％を掛けて算定します。また、買掛金の支払は上記２.で算定した額です。

	５月	６月
現金仕入	1,900円/kg×67,300kg×70％ ＝89,509千円	1,900円/kg×61,000kg×70％ ＝81,130千円
買掛金の支払	31,578千円	38,361千円

⑶ 変動費（直接材料費以外）の支払

直接労務費と変動製造間接費は上記２.で算定した月間製品計画生産量から算定します。また、変動販売費は製品の販売数量から算定します。

	５月		６月	
直接労務費	2,500円/個×13,800個＝	34,500千円	2,500円/個×12,100個＝	30,250千円
変動製造間接費	1,700円/個×13,800個＝	23,460千円	1,700円/個×12,100個＝	20,570千円
変動販売費	2,100円/個×14,000個＝	29,400千円	2,100円/個×12,000個＝	25,200千円
変動費の支払合計		87,360千円		76,020千円

⑷ 固定費の支払

各固定費月間予算から非現金支出費用である減価償却費を控除します。なお、５月分と６月分は同額になります。

固定製造間接費のうち現金支出費用	33,600千円－1,040千円	＝	32,560千円
固定販売費・一般管理費のうち現金支出費用	16,000千円－ 260千円	＝	15,740千円
固定費の支払合計			48,300千円

【解】 Chapter 8 予算管理

⑸ 借入金と支払利息

資料３．(コ) ⑵に「各月の支払利息は、月初借入金残高（月初に借り入れた場合には当該借入額も含む）に月利を乗じて計算し、月末に現金で支払う」とあります。よって、もし月初に借り入れた場合には、月末の利息の支払はその新たな借入れに対しても発生することに注意が必要です。

① ５月の支払利息（新たに借り入れたもの以外に対する利息）

まず、５月の月初に新たな借入れの必要はないものと仮定して、既存の借入金である４月末の貸借対照表の短期借入金と長期借入金（固定負債の全額）から５月の利息支払額を算定します。

５月の利息支払額：50,000千円×1.0%
＋70,000千円×1.2%＝1,340千円

② ５月の借入金

資料３．(コ) ⑴に「月末の現金残高が70,000千円に満たないと予想される場合には、あらかじめその月初に、最低必要額を500千円の倍数で銀行から借り入れておく」とあります。そして、５月末の差引残高は60,013千円であり、70,000千円に満たないため、最低必要額を借り入れる必要があります。

予想される５月の現金不足額：70,000千円
－60,013千円＝9,987千円

ここで、上述のように、月初の新たな借入れに対しても、月末に利息の支払が発生します。よって、借入れによる現金収入と利息の支払による現金支出の正味現金収入が現金不足額9,987千円を補えるか否か（正味現金収入により所要残高である70,000千円に達するか否か）を検討しなければなりません。

ⅰ 月初に10,000千円を借り入れた場合
正味現金収入：10,000千円（借入れによる現金収入）－10,000千円×1.0%＝9,900千円
利息の支払による現金支出100千円

よって、正味現金収入が不足額である9,987千円より少ないため、不足額を補うことができません。

ⅱ 月初に10,500千円を借り入れた場合
正味現金収入：10,500千円（借入れによる現金収入）－10,500千円×1.0%＝10,395千円
利息の支払による現金支出105千円

よって、正味現金収入が不足額である9,987千円より多いため、不足額を補うことができます。

以上より、５月の月初の借入れは、10,500千円となります。

５月末短期借入金残高：50,000千円
＋10,500千円＝60,500千円

③ ５月の支払利息（Ｐ／Ｌ計上額）

1,340千円（既存の借入れ分）＋105千円（新たな借入れ分）＝1,445千円

④ ６月の支払利息

５月末の借入金残高が判明したところで、これに対する６月の利息支払額を算定します。

６月の支払利息：60,500千円×1.0%
＋70,000千円×1.2%＝1,445千円

⑤ ６月の借入金

資料３．(コ) ⑴に「現金所要残高を上回ると予想される場合には、その月末に500千円の倍数額で短期借入金の元金を返済する」とあります。６月末の差引残高は81,352千円であり、70,000千円を500千円超、上回るため、短期借入金を返済することになります。

６月末の現金余剰額：
81,352千円－70,000千円＝11,352千円
短期借入金の返済額：
500千円の倍数額により、11,000千円
６月末短期借入金残高：
60,500千円－11,000千円＝49,500千円

6．予定損益計算書（経常利益まで）と利益剰余金の算定

固定費調整を行って、全部原価計算による営業利益を示し、さらに上記5.で算定した支払利息を計上して経常利益を算定します。

(単位：千円)

	5月	6月
直接原価計算の営業利益	(23,200)	(12,800)
固定費調整額	(△480)	(240)
全部原価計算の営業利益	(22,720)	(13,040)
支払利息	(1,445)	(1,445)
経常利益	(21,275)	(11,595)

(1) 固定費調整額

5月：2,400円/個（製品1個あたりの固定製造原価）×（1,200個（月末製品在庫量）－1,400個（月初製品在庫量））＝△480千円

6月：2,400円/個×（1,300個－1,200個）＝240千円

(2) 利益剰余金

5月：75,182千円（上記3.より）＋21,275千円（5月の経常利益）＝96,457千円

6月：96,457千円（前月繰越）＋11,595千円（6月の経常利益）＝108,052千円

問題2 予算編成2（全部標準原価計算）

解答

予定損益計算書（単位：千円）

	7月	8月
売上高	(**250,000**)	(**270,000**)
売上原価	(**173,200**)	(**204,400**)
売上総利益	(**76,800**)	(**65,600**)
販売費・一般管理費	(**25,000**)	(**28,000**)
営業利益	(**51,800**)	(**37,600**)
支払利息	(**800**)	(**300**)
経常利益	(**51,000**)	(**37,300**)
固定資産売却損益	(**△4,000**)	(**0**)
税引前当期純利益	(**47,000**)	(**37,300**)
法人税等	(**14,100**)	(**11,190**)
当期純利益	(**32,900**)	(**26,110**)

【解】 Chapter 8 予算管理

予定貸借対照表(単位：千円)

	7月末	8月末
流動資産		
現金	(52,160)	(64,520)
売掛金	(97,500)	(106,000)
製品	(40,800)	(37,400)
原料	(35,400)	(32,400)
小計	(225,860)	(240,320)
固定資産		
土地	(852,040)	(852,040)
建物・設備	(2,300,000)	(2,300,000)
減価償却累計額	(△677,600)	(△683,500)
小計	(2,474,440)	(2,468,540)
合計	(2,700,300)	(2,708,860)
流動負債		
買掛金	(32,520)	(33,780)
借入金	(30,000)	(0)
未払法人税等	(35,240)	(46,430)
小計	(97,760)	(80,210)
固定負債	(0)	(0)
株主資本		
資本金	(1,600,000)	(1,600,000)
資本剰余金	(500,000)	(500,000)
利益剰余金	(502,540)	(528,650)
小計	(2,602,540)	(2,628,650)
合計	(2,700,300)	(2,708,860)

解説

本問は、企業予算の編成に関する問題です。予定損益計算書と予定貸借対照表のいずれも全部標準原価計算にもとづいて作成します。

解答の順序は何通りか考えられますが、今回は、まず未払法人税等および利益剰余金を除く予定貸借対照表を作成してから、予定損益計算書を作成します。予定損益計算書より法人税等および当期純利益が算定できれば、残りの予定貸借対照表の未払法人税等および利益剰余金の金額も算定できます。

また、予定操業度差異は各月の売上原価に賦課することに注意しましょう。

1．月間製品計画生産量と月間原料計画購入量

(1) 月間製品計画生産量

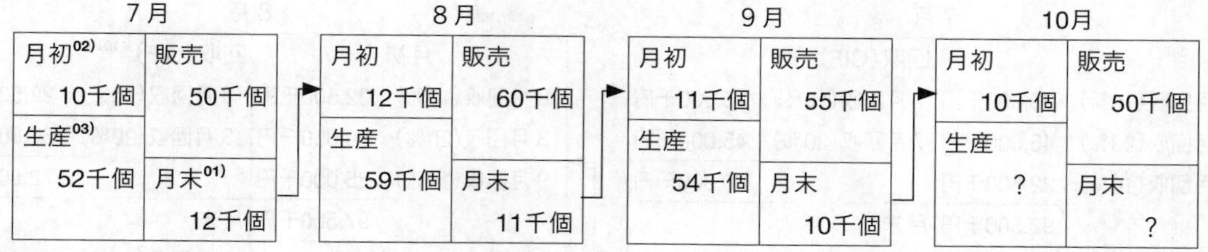

01) 翌月（8月）の計画販売量の20％を在庫として保有します。
60千個（8月計画販売量）×20％＝12千個

02) 当月の計画販売量の20％が月初在庫量となります。
50千個（7月計画販売量）×20％＝10千個

03) 計画生産量は貸借差引で求めます。

(2) 月間原料計画購入量

04) 月間製品計画生産量に原料標準消費量を掛けて求めます。
52千個（7月計画生産量）×4 kg /個＝208千kg

05) 翌月の原料計画消費量の50％を在庫として保有します。
236千kg（8月原料計画消費量）×50％＝118千kg

06) 当月の原料計画消費量の50％が月初在庫量となります。
208千kg（7月原料計画消費量）×50％＝104千kg

07) 計画購入量は貸借差引で求めます。

2．予定貸借対照表の作成（現金・借入金・未払法人税等・利益剰余金を除く）

まず、上記1.および資料1.より、貸借対照表項目のうち製品と原料の月末残高（予定貸借対照表上の残高）を算定します。それから、売掛金と買掛金について、各月の流れを把握して、月末残高を算定します。特に、買掛金の算定は、それに先立って製品および原料の各月の流れを把握する必要があり、本問での大きなポイントとなるところです。なお、土地、固定負債、資本金、資本剰余金については、変動がないため、資料2.貸借対照表上の金額をそのまま解答欄に記入します。

(1) 製品と原料

① 製品

7月：3,400円/個（全部標準原価計算による原価標準）×12千個（月末製品在庫量）＝40,800千円

8月：3,400円/個×11千個＝37,400千円

② 原料

7月：300円/kg（原料標準単価）×118千kg（月末材料在庫量）＝35,400千円

8月：300円/kg×108千kg＝32,400千円

(2) 売掛金と買掛金

① 売掛金

7月

借方	貸方
月初[08]	回収(CIF)[10]
7月回収(10%):25,000千円	7月回収(10%):25,000千円
7月回収(20%):45,000千円	7月回収(20%):45,000千円
8月回収(10%):22,500千円	70,000千円
92,500千円	月末
増加[09]	8月回収(10%):22,500千円
8月回収(20%):50,000千円	8月回収(20%):50,000千円
9月回収(10%):25,000千円	9月回収(10%):25,000千円
75,000千円	97,500千円

8月

借方	貸方
月初	回収(CIF)[10]
8月回収(10%):22,500千円	8月回収(10%):22,500千円
8月回収(20%):50,000千円	8月回収(20%):50,000千円
9月回収(10%):25,000千円	72,500千円
97,500千円	月末
増加[11]	9月回収(10%):25,000千円
9月回収(20%):54,000千円	9月回収(20%):54,000千円
10月回収(10%):27,000千円	10月回収(10%):27,000千円
81,000千円	106,000千円

08) 資料2.貸借対照表(6月末)の売掛金の内訳は、以下のとおりです(資料3.(3)より)。
7月回収(10%):5,000円/個(5月販売単価)×50千個(5月販売数量)×10%
=25,000千円　5月売上高
7月回収(20%):5,000円/個(6月販売単価)×45千個(6月販売数量)×20%
=45,000千円　6月売上高
8月回収(10%):5,000円/個×45千個×10%=22,500千円

09) 7月の売掛金増加額(資料3.(3)より)
8月回収(20%):5,000円/個(7月販売単価)×50千個(7月販売数量)×20%
=50,000千円　7月売上高
9月回収(10%):5,000円/個×50千個×10%=25,000千円

10) 資料3.(3)より、月初売掛金残高のうち、当月末にて現金回収されるものだけを抽出します。

11) 8月の売掛金増加額(資料3.(3)より)
9月回収(20%):4,500円/個(8月販売単価)×60千個(8月販売数量)×20%
=54,000千円　8月売上高
10月回収(10%):4,500円/個×60千個×10%=27,000千円

② 買掛金

7月

借方	貸方
支払(COF)[14]	月初[12]
7月支払:23,340千円	7月支払:23,340千円
月末	8月支払: 5,880千円
8月支払: 5,880千円	29,220千円
8月支払(30%):19,980千円	増加[13]
9月支払(10%): 6,660千円	8月支払(30%):19,980千円
	9月支払(10%): 6,660千円
32,520千円	26,640千円

8月

借方	貸方
支払(COF)[14]	月初
8月支払: 5,880千円	8月支払: 5,880千円
8月支払(30%):19,980千円	8月支払(30%):19,980千円
25,860千円	9月支払(10%): 6,660千円
月末	32,520千円
9月支払(10%): 6,660千円	増加[15]
9月支払(30%):20,340千円	9月支払(30%):20,340千円
10月支払(10%): 6,780千円	10月支払(10%): 6,780千円
33,780千円	27,120千円

12) 資料２.貸借対照表（６月末）の買掛金の内訳は、以下のとおりです（資料３.⑸より）。
7月支払：23,340千円　8月支払：5,880千円（=29,220千円−23,340千円）

13) ７月の買掛金増加額（資料３.⑸より）
8月支払（30%）：300円/kg（原料標準単価）×222千kg（７月購入量）×30%
=19,980千円　　7月原料購入額
9月支払（10%）：300円/kg×222千kg×10%= 6,660千円

14) 資料３.⑸より、月初買掛金残高のうち、当月末にて現金決済されるものだけを抽出します。

15) ８月の買掛金増加額（資料３.⑸より）
9月支払（30%）：300円/kg（原料標準単価）×226千kg（８月購入量）×30%
=20,340千円　　8月原料購入額
10月支払（10%）：300円/kg×226千kg×10%= 6,780千円

⑶ 建物と設備

① 営業用設備の売却

売却設備の減価償却費は第１四半期末までは計上されているため、その累計額は資料２.の６月末貸借対照表の減価償却累計額に含まれています。よって、2xx1年４月１日から2xx4年６月30日までの39ヵ月分の減価償却累計額を差し引く必要があります。

また、資料３.⑽（注１）より、同⑺の販売費・一般管理費予算における建物・設備減価償却費の1,180千円には、売却設備の減価償却費は含まれていないため、第２四半期の各月の販売費・一般管理費の減価償却費は1,180千円をそのまま用いればよいことになります。

営業用設備売却の仕訳：

（減価償却累計額）	14,040[16]	（建物・設備）	24,000
（現　　　金）	5,960		
（固定資産売却損益）	4,000		

16) $24{,}000\text{千円}\times(1-10\%)\times\dfrac{39\text{ヵ月}}{60\text{ヵ月}}=14{,}040\text{千円}$

② 建物・設備

7月・8月：2,300,000千円
（＝2,324,000千円－24,000千円）

③ 減価償却累計額

7月：685,740千円－14,040千円（売却設備分）
＋（4,720千円（製造間接費）＋1,180千円（販管費））
＝677,600千円

8月：677,600千円＋（4,720千円＋1,180千円）＝683,500千円

【解】 Chapter 8 予算管理

3．現金・支払利息・借入金の算定

下記のような現金収支計算表を作成すると、現金、支払利息、借入金を正確に計算できます。

現金収支計算表　（単位：千円）

	7月	8月
月初現金残高	52,000	52,160
収入		
現金売上	175,000	189,000
売掛金の回収	70,000	72,500
設備売却代金[17]	5,960	—
収入額合計	250,960	261,500
支出		
現金仕入	△39,960	△40,680
買掛金の支払	△23,340	△25,860
給与・諸経費	△136,700	△152,300
支払利息（新たな借入れ分以外）	△800	△300
支出額合計	△200,800	△219,140
差引残高[18]	102,160	94,520
支払利息（新たな借入れ分）	0	0
借入金の借入・返済	△50,000	△30,000
月末現金残高	52,160	64,520

17) 資料3.⑽より

18) 差引残高=月初現金残高+収入額合計−支出額合計

⑴ 現金売上と売掛金の回収

現金売上は上記1.で算定した売上高に70％を掛けて計算します。また、売掛金の回収は上記2.で算定した額です。

	7月	8月
現金売上	5,000円/個×50千個×70％＝175,000千円	4,500円/個×60千個×70％＝189,000千円
売掛金の回収	70,000千円	72,500千円

⑵ 現金仕入と買掛金の支払

現金仕入は上記1.で算定した原料購買量にもとづく購入額に60％を掛けて算定します。また、買掛金の支払は上記2.で算定した額です。

	7月	8月
現金仕入	300円/kg×222千kg×60％＝39,960千円	300円/kg×226千kg×60％＝40,680千円
買掛金の支払	23,340千円	25,860千円

⑶　給与・諸経費

直接労務費と変動製造間接費は上記Ⅰ.で算定した月間製品計画生産量から算定し、変動販売費は製品の販売数量から算定します。また、各固定費のうち現金支出費用については、各固定費月間予算から非現金支出費用である減価償却費を控除しますが、7月分と8月分は同額になります。

なお、7月の給与・諸経費は資料3.⑽より136,700千円（＝74,200千円＋62,500千円）であることが判明するため、7月に関する下記の表は、参考として示します。

	7月（参考）		8月	
直接労務費	1,200円/個×52千個＝	62,400千円	1,200円/個×59千個＝	70,800千円
変動製造間接費	600円/個×52千個＝	31,200千円	600円/個×59千個＝	35,400千円
変動販売費	300円/個×50千個＝	15,000千円	300円/個×60千個＝	18,000千円
固定製間費のうち現金支出費用	24,000千円－4,720千円＝	19,280千円		19,280千円
固定販管費のうち現金支出費用	10,000千円－1,180千円＝	8,820千円		8,820千円
		136,700千円		152,300千円

⑷　支払利息と借入金

資料3.⑼に「各月の支払利息は、月初借入残高に月利1％を乗じて計算し、その金額を月末に現金で支払う」とあります。よって、もし月初に借り入れた場合には、月末の利息の支払はその新たな借入れに対しても発生するため、注意が必要です。

①　7月の支払利息

上記、現金収支計算表より7月の差引残高（＝月初現金残高＋収入額合計－支出額合計）は、102,160千円であり、現金所要残高である50,000千円を超えているため、新たな借入れは必要ありません。

したがって、資料2.貸借対照表の借入金残高80,000千円に月利1％を乗じて7月の支払利息を計算します。

7月の利息支払額：

80,000千円×1％＝800千円

②　7月の借入金

資料3.⑼に「各月末の現金残高が50,000千円を超えると予想される場合は、5,000千円の倍数額で、その月末に借入金を返済する」とあります。そして、7月の差引残高は102,160千円であり、現金所要残高である50,000千円を超えているため、5,000千円の倍数額で借入金を返済します。

予想される7月の現金超過額：

102,160千円－50,000千円（現金所要残高）
＝52,160千円

以上より、50,000千円の返済が可能となるため、資料2.貸借対照表の借入金残高80,000千円から50,000千円を差し引き、7月末の借入金残高を算定します。

7月末借入金残高：

80,000千円－50,000千円（返済額）
＝30,000千円

③　8月の支払利息

上記、現金収支計算表より8月の差引残高は、94,520千円であり、現金所要残高である50,000千円を超えているため、8月についても新たな借入れは必要ありません。

したがって、7月末の借入金残高30,000千円に月利1％を乗じて8月の支払利息を計算します。

8月の利息支払額：

30,000千円×1％＝300千円

④　８月の借入金

８月の差引残高は94,520千円であり、現金所要残高である50,000千円を超えているため、5,000千円の倍数額で借入金を返済します。

予想される８月の現金超過額：
94,520千円－50,000千円（現金所要残高）
＝44,520千円

以上より、７月末の借入金残高30,000千円の全額を返済します。

８月末借入金残高：
30,000千円－30,000千円（返済額）＝０円

４．予定損益計算書の作成

製品Xの月別販売数量、上記の判明事項にもとづいて全部標準原価計算方式による予定損益計算書を作成します。また、予定操業度差異は問題文の指示より売上原価に賦課します。

（単位：千円）

	７月	８月
売上高	（250,000）	（270,000）
売上原価	（173,200）	（204,400）
売上総利益	（76,800）	（65,600）
販売費・一般管理費	（25,000）	（28,000）
営業利益	（51,800）	（37,600）
支払利息	（800）	（300）
経常利益	（51,000）	（37,300）
固定資産売却損益	（△4,000）	（0）
税引前当期純利益	（47,000）	（37,300）
法人税等	（14,100）	（11,190）
当期純利益	（32,900）	（26,110）

(1)　売上高

７月：5,000円/個（７月における製品Xの予算販売単価）×50千個（７月の販売数量）
＝250,000千円

８月：4,500円/個（８月における製品Xの予算販売単価）×60千個（８月の販売数量）
＝270,000千円

(2)　売上原価

７月：3,400円/個×50千個＋3,200千円[19)]
＝173,200千円

８月：3,400円/個×60千個＋ 400千円[19)]
＝204,400千円

19)　操業度差異
７月：400円/時間（固定費率）×（52,000時間（７月の予定操業度）[20)]－60,000時間（基準操業度）[21)]）＝△3,200千円（不利差異）
８月：400円/時間×（59,000時間[22)]－60,000時間）＝△400千円（不利差異）

20)　52千個（計画生産量、上記１.より）×１時間（製品X１個あたり標準時間）＝52,000時間

21)　24,000千円（固定製造間接費月次予算額）÷400円／時間＝60,000時間

22)　59千個×１時間＝59,000時間

⑶ 販売費及び一般管理費

資料３.⑺より変動販売費および固定販売費・一般管理費を求めます。なお、７月分、８月分の固定販売費・一般管理費は同額となります。

		７月		８月
変動販売費	300円/個×50千個＝	15,000千円	300円/個×60千個＝	18,000千円
固定販売費・一般管理費		10,000千円		10,000千円
		25,000千円		28,000千円

⑷ 支払利息

７月：上記３.より、800千円

８月：上記３.より、300千円

⑸ 固定資産売却損益

上記２.⑶①より、７月の固定資産売却損益は△4,000千円です。

⑹ 法人税等

７月：47,000千円（税引前当期純利益）×30％（法人税等税率）＝14,100千円

８月：37,300千円×30％＝11,190千円

５．予定貸借対照表の作成（未払法人税等、利益剰余金）

上記３.までに未払法人税等と利益剰余金を除き、予定貸借対照表の各項目を算定してきました。上記、予定損益計算書の法人税等および当期純利益から、未払法人税等および利益剰余金を算定します。

⑴ 未払法人税等

７月：21,140千円（資料２.より）＋14,100千円（７月の未払法人税等）＝35,240千円

８月：35,240千円（前月繰越）＋11,190千円（８月の未払法人税等）＝46,430千円

⑵ 利益剰余金

７月：469,640千円（資料２.より）＋32,900千円（７月の当期純利益）＝502,540千円

８月：502,540千円（前月繰越）＋26,110千円（８月の当期純利益）＝528,650千円

Section

2 予算実績差異分析

問題3 直接実際原価計算による予算実績差異分析

解答

【総額分析】

営業利益差異分析表 (単位：円)

1．予算営業利益		17,400,000
2．売上高差異		
(1)販売価格差異	(△3,150,000)	
(2)販売数量差異	(＋4,000,000)	(＋850,000)
3．変動売上原価差異		
(1)売上原価価格差異	(＋1,102,500)	
(2)売上原価数量差異	(△1,800,000)	(△697,500)
4．変動販売費差異		
(1)変動販売費予算差異	(△420,000)	
(2)変動販売費数量差異	(△150,000)	(△570,000)
5．貢献利益差異		(△417,500)
6．固定費差異		
(1)固定製造間接費差異	(△2,500)	
(2)固定販売費差異	(＋40,000)	
(3)固定一般管理費差異	(△200,000)	(△162,500)
7．実績営業利益		16,820,000

【純額分析】

営業利益差異分析表 (単位：円)

1．予算営業利益		17,400,000
2．貢献利益差異		
(1)販売価格差異	(△3,150,000)	
(2)販売数量差異	(＋2,050,000)	
(3)変動売上原価価格差異	(＋1,102,500)	
(4)変動販売費予算差異	(△420,000)	(△417,500)
3．固定費差異		
(1)固定製造間接費差異	(△2,500)	
(2)固定販売費差異	(＋40,000)	
(3)固定一般管理費差異	(△200,000)	(△162,500)
4．実績営業利益		16,820,000

解説

1．予算実績比較損益計算書の作成

予算実績比較損益計算書　（単位：円）

	予算	実績	差異	
売上高	80,000,000	80,850,000	＋850,000	売上高差異
変動費				
製造原価	36,000,000	36,697,500	△697,500	変動売上原価差異
販売費	3,000,000	3,570,000	△570,000	変動販売費差異
計	39,000,000	40,267,500	△1,267,500	
貢献利益	41,000,000	40,582,500	△417,500	貢献利益差異
固定費				
製造間接費	20,000,000	20,002,500	△2,500	固定製造間接費差異
販売費	1,200,000	1,160,000	＋40,000	固定販売費差異
一般管理費	2,400,000	2,600,000	△200,000	固定一般管理費差異
計	23,600,000	23,762,500	△162,500	
営業利益	17,400,000	16,820,000	△580,000	営業利益差異

2．総額分析による差異の詳細分析

(1) 売上高差異の分析

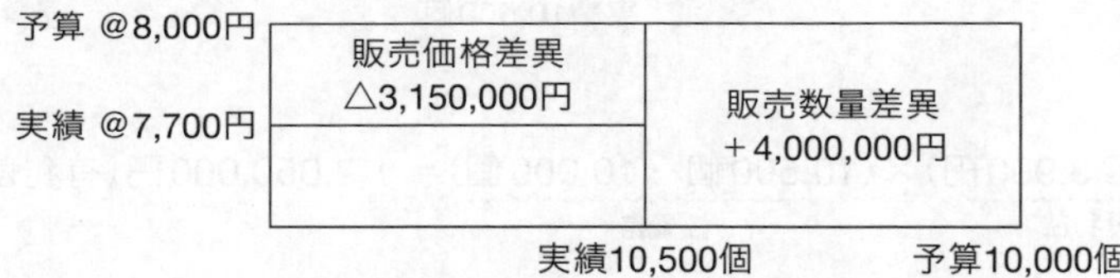

販売価格差異：

(@7,700円－@8,000円)×10,500個
価格差　実績数量

＝△3,150,000円(不利差異)

販売数量差異：

(10,500個－10,000個)×@8,000円
数量差　予算価格

＝＋4,000,000円(有利差異)

(2) 変動売上原価差異の分析

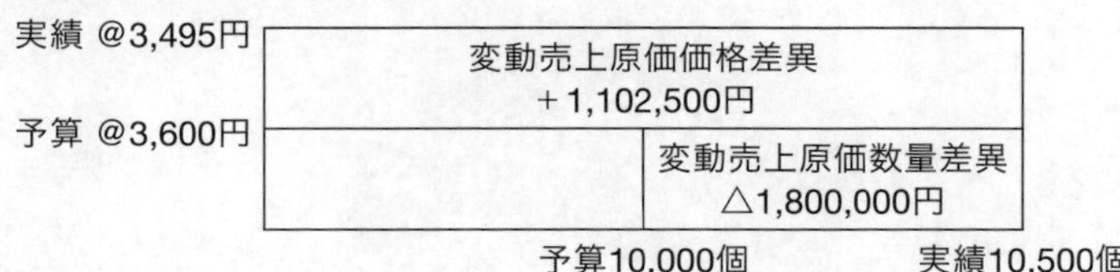

売上原価価格差異：

(@3,600円－@3,495円)×10,500個
価格差　実績数量

＝＋1,102,500円(有利差異)

売上原価数量差異：

(10,000個－10,500個)×@3,600円
数量差　予算価格

＝△1,800,000円(不利差異)

⑶　変動販売費差異の分析

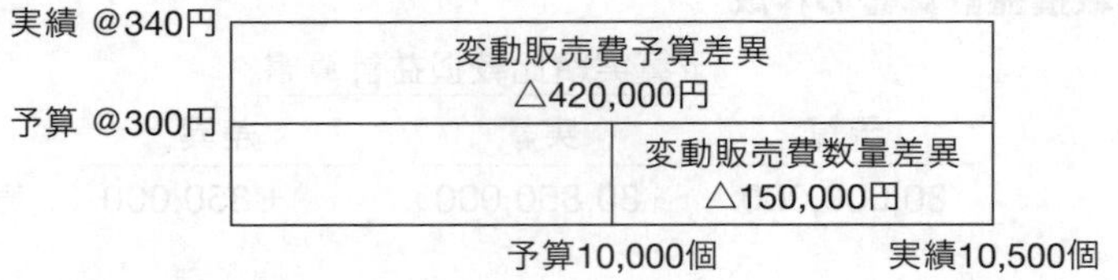

実績 @340円	変動販売費予算差異 △420,000円	
予算 @300円		変動販売費数量差異 △150,000円
	予算10,000個	実績10,500個

変動販売費予算差異：

(@300円－@340円)×10,500個
（価格差）（実績数量）

＝△420,000円(不利差異)

変動販売費数量差異：

(10,000個－10,500個)×@300円
（数量差）（予算価格）

＝△150,000円(不利差異)

3．純額分析による差異の詳細分析

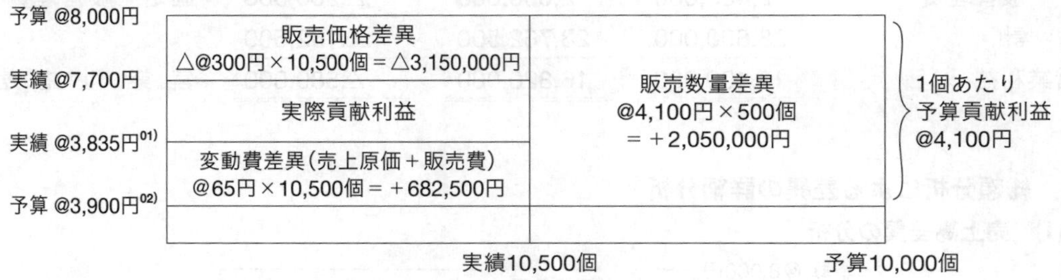

予算 @8,000円	販売価格差異 △@300円×10,500個＝△3,150,000円	販売数量差異 @4,100円×500個 ＝＋2,050,000円	1個あたり 予算貢献利益 @4,100円
実績 @7,700円	実際貢献利益		
実績 @3,835円[01]	変動費差異(売上原価＋販売費) @65円×10,500個＝＋682,500円		
予算 @3,900円[02]			
	実績10,500個	予算10,000個	

販売数量差異：

(@8,000円－@3,900円)×(10,500個－10,000個)＝＋2,050,000円(有利差異)
（@予算貢献利益）（数量差）

01)　3,495円+340円=3,835円
02)　3,600円+300円=3,900円

問題4 直接標準原価計算による予算実績差異分析

解答

予算実績損益比較計算書　(単位：円)

	予算	実績	差異
売上高	(80,000,000)	(80,850,000)	(＋850,000)
標準変動費			
製造原価	(36,000,000)	(37,800,000)	(△1,800,000)
販売費	(3,000,000)	(3,150,000)	(△150,000)
計	(39,000,000)	(40,950,000)	(△1,950,000)
標準貢献利益	(41,000,000)	(39,900,000)	(△1,100,000)
標準変動費差異	—	(682,500)	(＋682,500)
実際貢献利益	(41,000,000)	(40,582,500)	(△417,500)
固定費			
製造間接費	(20,000,000)	(20,002,500)	(△2,500)
販売費	(1,200,000)	(1,160,000)	(＋40,000)
一般管理費	(2,400,000)	(2,600,000)	(△200,000)
計	(23,600,000)	(23,762,500)	(△162,500)
営業利益	(17,400,000)	(16,820,000)	(△580,000)

【総額分析】

営業利益差異分析表　(単位：円)

1．予算営業利益		(17,400,000)
2．売上高差異		
(1)販売価格差異	(△3,150,000)	
(2)販売数量差異	(＋4,000,000)	(＋850,000)
3．標準変動売上原価数量差異		(△1,800,000)
4．標準変動販売費数量差異		(△150,000)
5．標準貢献利益差異		(△1,100,000)
6．標準変動費差異		
(1)材料価格差異	(△598,500)	
(2)材料消費数量差異	(＋945,000)	
(3)労働賃率差異	(＋441,000)	
(4)労働時間差異	(△525,000)	
(5)変動製造間接費予算差異	(＋1,260,000)	
(6)変動製造間接費能率差異	(△420,000)	
(7)変動販売費予算差異	(△420,000)	(＋682,500)
7．固定費差異		
(1)固定製造間接費差異	(△2,500)	
(2)固定販売費差異	(＋40,000)	
(3)固定一般管理費差異	(△200,000)	(△162,500)
8．実績営業利益		(16,820,000)

【純額分析】

営業利益差異分析表　　　　（単位：円）

Ⅰ．予算営業利益		（17,400,000）
2．標準貢献利益差異		
(1)販売価格差異	（△3,150,000）	
(2)販売数量差異	（＋2,050,000）	（△1,100,000）
3．標準変動費差異		
(1)材料価格差異	（△598,500）	
(2)材料消費数量差異	（＋945,000）	
(3)労働賃率差異	（＋441,000）	
(4)労働時間差異	（△525,000）	
(5)変動製造間接費予算差異	（＋1,260,000）	
(6)変動製造間接費能率差異	（△420,000）	
(7)変動販売費予算差異	（△420,000）	（＋682,500）
4．固定費差異		
(1)固定製造間接費差異	（△2,500）	
(2)固定販売費差異	（＋40,000）	
(3)固定一般管理費差異	（△200,000）	（△162,500）
5．実績営業利益		（16,820,000）

解説

Ⅰ．予算実績比較損益計算書の作成

予算実績比較損益計算書　　　　（単位：円）

	予算	実績	差異	
売上高	80,000,000	80,850,000	＋850,000	売上高差異
標準変動費				
製造原価	36,000,000	37,800,000 01)	△1,800,000	標準変動売上原価数量差異
販売費	3,000,000	3,150,000 02)	△150,000	標準変動販売費数量差異
計	39,000,000	40,950,000 03)	△1,950,000	
標準貢献利益	41,000,000	39,900,000	△1,100,000	標準貢献利益差異
標準変動費差異	―	682,500 04)	＋682,500	標準変動費差異
実際貢献利益	41,000,000	40,582,500	△417,500	
固定費				
製造間接費	20,000,000	20,002,500	△2,500	固定製造間接費差異
販売費	1,200,000	1,160,000	＋40,000	固定販売費差異
一般管理費	2,400,000	2,600,000	△200,000	固定一般管理費差異
計	23,600,000	23,762,500	△162,500	
営業利益	17,400,000	16,820,000	△580,000	

01) 標準変動製造原価（実績P/L）：@3,600円（単位あたり標準変動製造原価）× 10,500個（実績販売量）＝37,800,0000円

02) 標準変動販売費（実績P/L）：@300円（単位あたり標準販売費）× 10,500個（実績販売量）＝3,150,000円

03) 標準変動費（実績P/L）：37,800,000円 ＋ 3,150,000円＝ 40,950,000円

04) 標準変動費差異：40,950,000円（標準変動費）－ 40,267,500円（実際発生額）＝ +682,500円（有利差異）

2. 総額分析による差異の詳細分析

(1) 売上高差異の分析

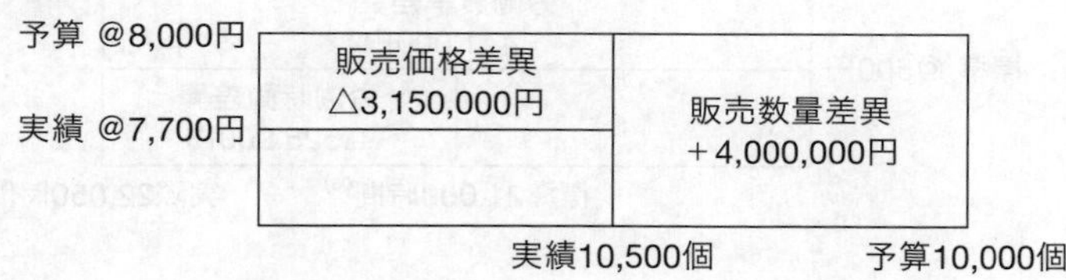

販売価格差異：

(@7,700円－@8,000円)×10,500個
価格差　実績数量

＝△3,150,000円(不利差異)

販売数量差異：

(10,500個－10,000個)×@8,000円
数量差　予算価格

＝＋4,000,000円(有利差異)

3. 純額分析による差異の詳細分析

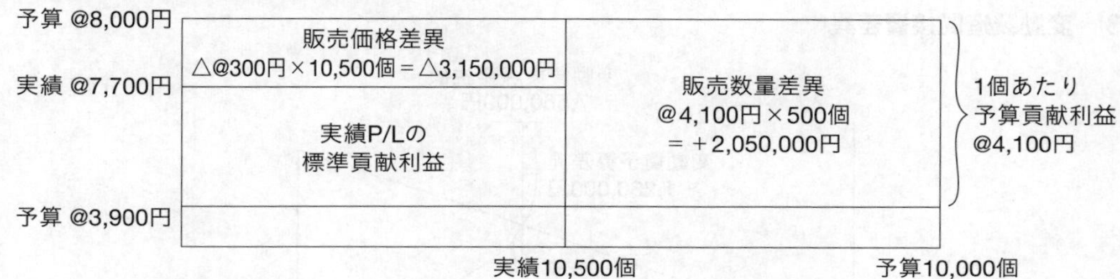

販売数量差異：

(@8,000円－@3,900円)×(10,500個－10,000個)＝＋2,050,000円(有利差異)
@予算貢献利益　個数差

4. 標準変動費差異の詳細分析

(1) 直接材料費差異

材料価格差異：

(@600円－@620円)×29,925kg
価格差　実際数量

＝△598,500円(不利差異)

材料消費数量差異：

(31,500kg－29,925kg)×@600円
数量差　標準価格

＝＋945,000円(有利差異)

05) 3kg×10,500個＝31,500kg

⑵ 直接労務費差異

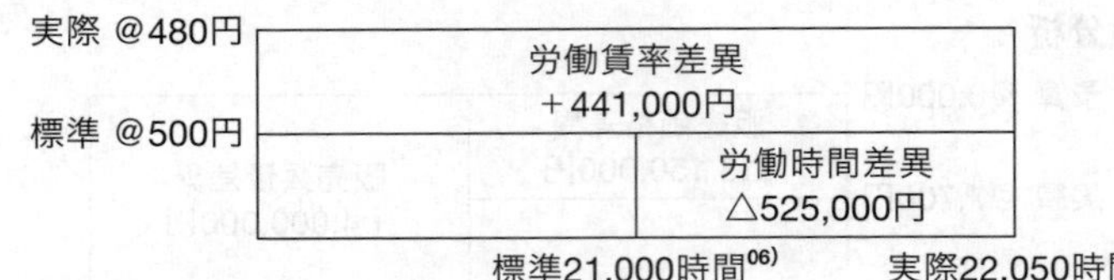

労働賃率差異：

(@500円－@480円)×22,050時間
賃率差　実際作業時間

＝＋441,000円(有利差異)

労働時間差異：

(21,000時間－22,050時間)×@500円
時間差　標準賃率

＝△525,000円(不利差異)

06) 2時間×10,500個=21,000時間

⑶ 変動製造間接費差異

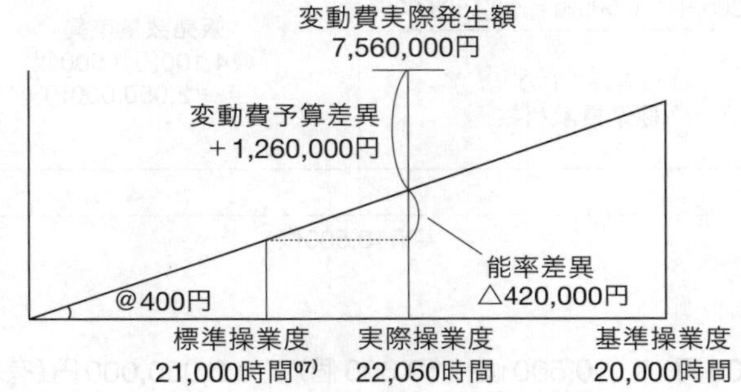

変動製造間接費予算差異：

@400円×22,050時間－7,560,000円
＝＋1,260,000円(有利差異)

能率差異：

@400円×(21,000時間－22,050時間)
時間差

＝△420,000円(不利差異)

07) 2時間×10,500個=21,000時間

⑷ 変動販売費予算差異

(@300円－@340円)×10,500個＝△420,000円(不利差異)
価格差　実績数量

問題5 全部実際原価計算による予算実績差異分析

解答

【総額分析(項目別分析)】

営業利益差異分析表　(単位：円)

1．予算営業利益		17,400,000
2．売上高差異		
(1)販売価格差異	(**△3,150,000**)	
(2)販売数量差異	(**＋4,000,000**)	(**＋850,000**)
3．売上原価差異		
(1)売上原価価格差異	(**＋2,100,000**)	
(2)売上原価数量差異	(**△2,800,000**)	(**△700,000**)
4．売上総利益差異		(**＋150,000**)
5．販売費・一般管理費差異		
(1)販売費差異	(**△530,000**)	
(2)一般管理費差異	(**△200,000**)	(**△730,000**)
6．実績営業利益		16,820,000

【純額分析(要因別分析)】

営業利益差異分析表　(単位：円)

1．予算営業利益		17,400,000
2．売上総利益差異		
(1)販売価格差異	(**△3,150,000**)	
(2)販売数量差異	(**＋1,200,000**)	
(3)売上原価価格差異	(**＋2,100,000**)	(**＋150,000**)
3．販売費・一般管理費差異		
(1)販売費差異	(**△530,000**)	
(2)一般管理費差異	(**△200,000**)	(**△730,000**)
4．実績営業利益		16,820,000

解説

1．予算実績比較損益計算書の作成

予算実績比較損益計算書　（単位：円）

	(1) 予算	(2) 実績	(1)−(2) 差異	
Ⅰ．売上高	80,000,000	80,850,000	＋850,000	売上高差異
Ⅱ．売上原価	56,000,000	56,700,000	△700,000	売上原価差異
売上総利益	24,000,000	24,150,000	＋150,000	売上総利益差異
Ⅲ．販売費・一般管理費				
販売費	4,200,000	4,730,000	△530,000	販売費差異
一般管理費	2,400,000	2,600,000	△200,000	一般管理費差異
計	6,600,000	7,330,000	△730,000	
営業利益	17,400,000	16,820,000	△580,000	営業利益差異

2．総額分析による差異の詳細分析

(1) 売上高差異の分析

販売価格差異：
(@7,700円－@8,000円)×10,500個
価格差　実績数量
＝△3,150,000円(不利差異)

販売数量差異：
(10,500個－10,000個)×@8,000円
数量差　予算価格
＝＋4,000,000円(有利差異)

(2) 売上原価差異の分析

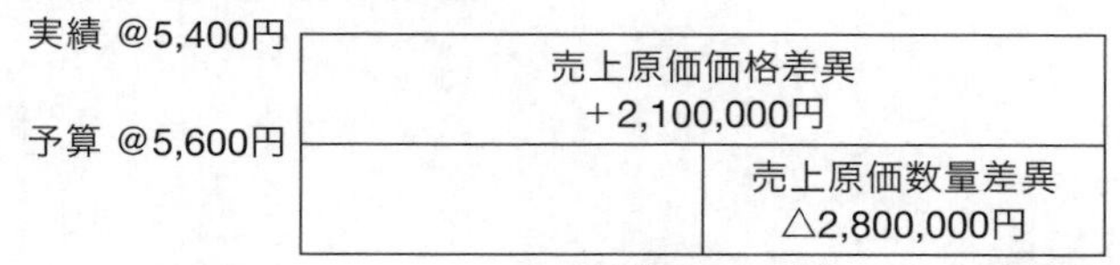

売上原価価格差異：
(@5,600円－@5,400円)×10,500個
価格差　実績数量
＝＋2,100,000円(有利差異)

売上原価数量差異：
(10,000個－10,500個)×@5,600円
数量差　予算価格
＝△2,800,000円(不利差異)

3．純額分析による差異の詳細分析

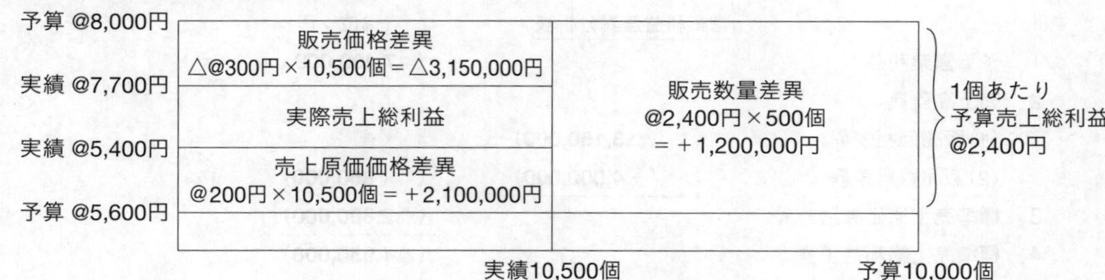

販売数量差異：

（@ 8,000円－@ 5,600円）×（10,500個－10,000個）＝＋1,200,000円（有利差異）

@予算売上総利益　　数量差

全部標準原価計算による予算実績差異分析

|解答|

予算実績比較損益計算書　（単位：円）

	予算	実績	差異
売上高	(80,000,000)	(80,850,000)	(　＋850,000)
標準売上原価	(56,000,000)	(58,800,000)	(△2,800,000)
標準売上総利益	(24,000,000)	(22,050,000)	(△1,950,000)
標準原価差異	—	(2,100,000)	(＋2,100,000)
実際売上総利益	(24,000,000)	(24,150,000)	(　＋150,000)
販売費・一般管理費			
販売費	(4,200,000)	(4,730,000)	(　△530,000)
一般管理費	(2,400,000)	(2,600,000)	(　△200,000)
計	(6,600,000)	(7,330,000)	(　△730,000)
営業利益	(17,400,000)	(16,820,000)	(　△580,000)

【総額分析】

営業利益差異分析表　　　　（単位：円）

1．予算営業利益		（17,400,000）
2．売上高差異		
(1)販売価格差異	（△3,150,000）	
(2)販売数量差異	（＋4,000,000）	（＋850,000）
3．標準売上原価数量差異		（△2,800,000）
4．標準売上総利益差異		（△1,950,000）
5．標準原価差異		
(1)材料価格差異	（△598,500）	
(2)材料消費数量差異	（＋945,000）	
(3)労働賃率差異	（＋441,000）	
(4)労働時間差異	（△525,000）	
(5)変動製造間接費予算差異	（＋1,260,000）	
(6)固定製造間接費予算差異	（△2,500）	
(7)製造間接費能率差異	（△1,470,000）	
(8)操業度差異	（＋2,050,000）	（＋2,100,000）
6．販売費・一般管理費		
(1)販売費差異	（△530,000）	
(2)一般管理費差異	（△200,000）	（△730,000）
7．実績営業利益		（16,820,000）

【純額分析】

営業利益差異分析表　　　　（単位：円）

1．予算営業利益		（17,400,000）
2．標準売上総利益差異		
(1)販売価格差異	（△3,150,000）	
(2)販売数量差異	（＋1,200,000）	（△1,950,000）
3．標準原価差異		
(1)材料価格差異	（△598,500）	
(2)材料消費数量差異	（＋945,000）	
(3)労働賃率差異	（＋441,000）	
(4)労働時間差異	（△525,000）	
(5)変動製造間接費予算差異	（＋1,260,000）	
(6)固定製造間接費予算差異	（△2,500）	
(7)製造間接費能率差異	（△1,470,000）	
(8)操業度差異	（＋2,050,000）	（＋2,100,000）
4．販売費・一般管理費		
(1)販売費差異	（△530,000）	
(2)一般管理費差異	（△200,000）	（△730,000）
5．実績営業利益		（16,820,000）

解説

1．予算実績比較損益計算書の作成

予算実績比較損益計算書

	(1) 予算	(2) 実績	(1)−(2) 差異	
売上高	80,000,000	80,850,000	＋850,000	売上高差異
標準売上原価	56,000,000	58,800,000 01)	△2,800,000	標準売上原価数量差異
標準売上総利益	24,000,000	22,050,000	△1,950,000	標準売上総利益差異
標準原価差異	—	2,100,000 02)	＋2,100,000	標準原価差異
実際売上総利益	24,000,000	24,150,000	＋150,000	売上総利益差異
販売費・一般管理費				
販売費	4,200,000	4,730,000	△530,000	販売費差異
一般管理費	2,400,000	2,600,000	△200,000	一般管理費差異
計	6,600,000	7,330,000	△730,000	
営業利益	17,400,000	16,820,000	△580,000	営業利益差異

01) 標準売上原価　@5,600円（単位あたり標準原価）× 10,500個（実績販売量）＝ 58,800,000円

02) 標準原価差異　58,800,000円（標準製造原価）− 56,700,000円（製造原価実際発生額）＝ +2,100,000円

2．総額分析による差異の詳細分析

(1) 売上高差異の分析

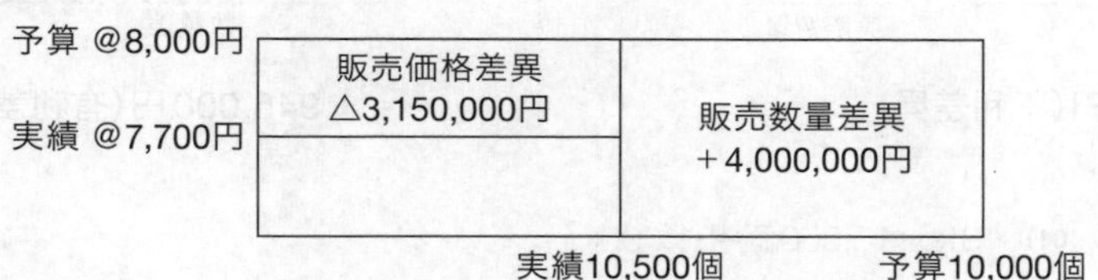

販売価格差異：
(@7,700円－@8,000円)（価格差）×10,500個（実績数量）
＝△3,150,000円(不利差異)

販売数量差異：
(10,500個－10,000個)（数量差）×@8,000円（予算価格）
＝＋4,000,000円(有利差異)

【解】Chapter 8 予算管理

3．純額分析による差異の詳細分析

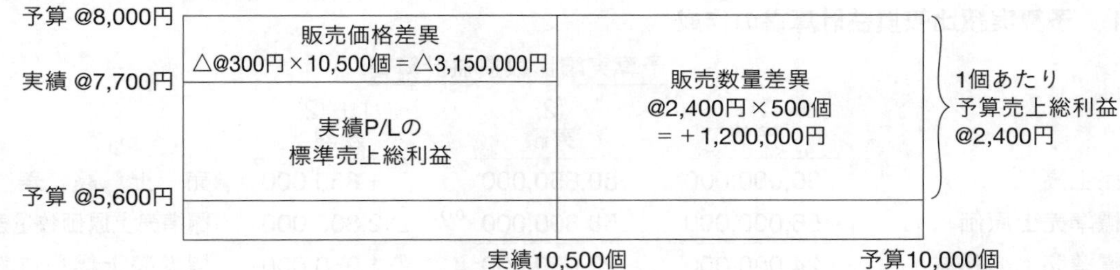

販売数量差異：

(@8,000円－@5,600円)×(10,500個－10,000個)＝＋1,200,000円(有利差異)

@予算売上総利益　　個数差

4．標準原価差異の詳細分析

(1) 直接材料費差異

材料価格差異：

(@600円－@620円)×29,925kg

価格差　　実際数量

＝△598,500円(不利差異)

材料消費数量差異：

(31,500kg－29,925kg)×@600円

数量差　　標準価格

＝＋945,000円(有利差異)

01) 3kg×10,500個=31,500kg

(2) 直接労務費差異

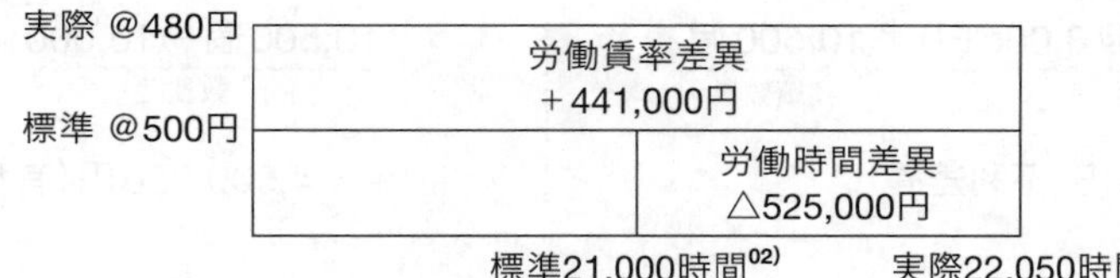

労働賃率差異：

(@500円－@480円)×22,050時間

賃率差　　実際作業時間

＝＋441,000円(有利差異)

労働時間差異：

(21,000時間－22,050時間)×@500円

時間差　　標準賃率

＝△525,000円(不利差異)

02) 2時間×10,500個=21,000時間

⑶　製造間接費差異

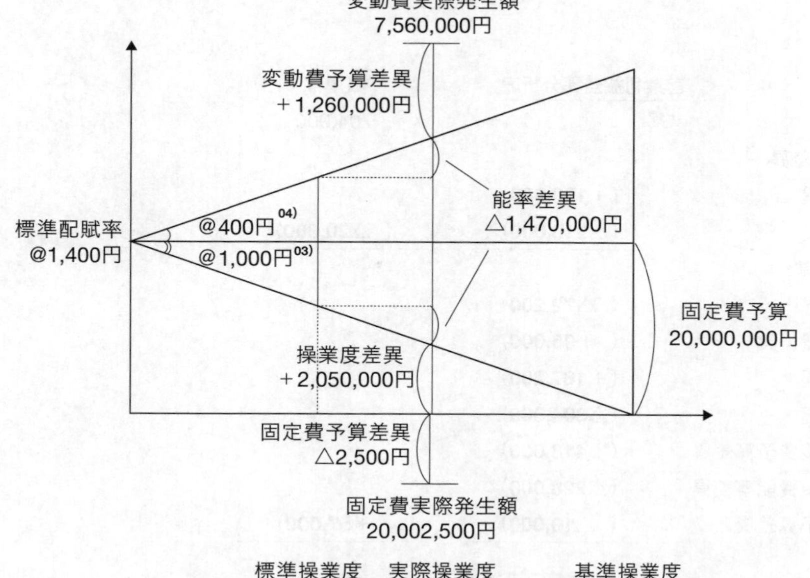

03)　固定製造間接費予算 20,000,000円÷基準操業度20,000時間＝@1,000円

04)　@1,400円－@1,000円＝@400円

05)　2時間×10,500個（実績生産数量）＝21,000時間

変動製造間接費予算差異：

@400円×22,050時間－7,560,000円

＝＋1,260,000円（有利差異）

固定製造間接費予算差異：

20,000,000円－20,002,500円

＝△2,500円（不利差異）

製造間接費能率差異：

@1,400円×（21,000時間－22,050時間）

＝△1,470,000円（不利差異）

操業度差異：

@1,000円×（22,050時間－20,000時間）

＝＋2,050,000円（有利差異）

【解】 Chapter 8 予算管理

活動区分別の営業利益差異分析

|解答|

営業利益差異分析表　（単位：円）

1．予算営業利益		704,000
2．標準貢献利益差異		
(1)販売価格差異	(＋190,000)	
(2)販売数量差異	(△210,000)	(△20,000)
3．標準変動費差異		
(1)材料価格差異	(△72,200)	
(2)材料消費数量差異	(＋95,000)	
(3)労働賃率差異	(＋167,200)	
(4)労働時間差異	(△304,000)	
(5)変動製造間接費予算差異	(＋418,000)	
(6)変動製造間接費能率差異	(△228,000)	
(7)変動販売費予算差異	(△19,000)	(＋57,000)
4．固定費差異		
(1)固定製造間接費差異	(＋7,200)	
(2)固定販売費差異	(△46,000)	
(3)固定一般管理費差異	(△14,000)	(△52,800)
5．実績営業利益		688,200

活動区分別差異分析表　（単位：円）

1．予算営業利益		704,000
2．販売部門差異		
(1)販売価格差異	(＋190,000)	
(2)販売数量差異	(△210,000)	
(3)変動販売費予算差異	(△19,000)	
(4)固定販売費差異	(△46,000)	(△85,000)
3．製造部門差異		
(1)材料価格差異	(△72,200)	
(2)材料消費数量差異	(＋95,000)	
(3)労働賃率差異	(＋167,200)	
(4)労働時間差異	(△304,000)	
(5)変動製造間接費予算差異	(＋418,000)	
(6)変動製造間接費能率差異	(△228,000)	
(7)固定製造間接費差異	(＋7,200)	(＋83,200)
4．一般管理部門差異		
固定一般管理費差異		(△14,000)
5．実績営業利益		688,200

解説

1．予算実績比較損益計算書の作成

予算実績比較損益計算書　（単位：円）

	予算	実績	差異	
売上高	12,000,000	11,590,000	△410,000	売上高差異
標準変動費				
製造原価	7,600,000	7,220,000	＋380,000	標準変動売上原価数量差異
販売費	200,000	190,000	＋10,000	標準変動販売費数量差異
計	7,800,000	7,410,000	＋390,000	
標準貢献利益	4,200,000	4,180,000	△20,000	標準貢献利益差異
標準変動費差異	—	57,000	＋57,000	標準変動費差異
実際貢献利益	4,200,000	4,237,000	＋37,000	
固定費				
製造間接費	2,050,000	2,042,800	＋7,200	固定製造間接費差異
販売費	800,000	846,000	△46,000	固定販売費差異
一般管理費	646,000	660,000	△14,000	固定一般管理費差異
計	3,496,000	3,548,800	△52,800	
営業利益	704,000	688,200	△15,800	

2．純額分析による差異の詳細分析

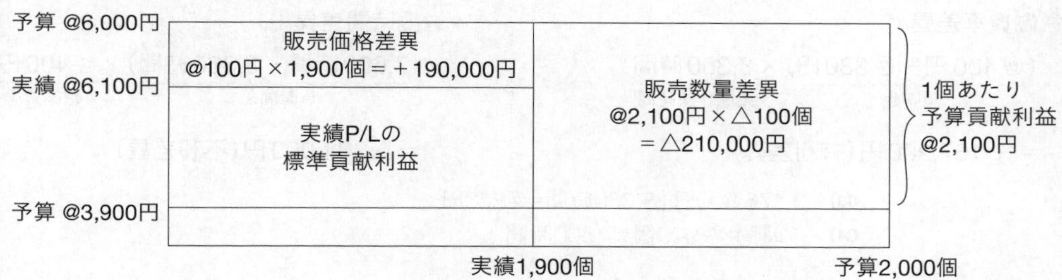

販売価格差異：

（@6,100円－@6,000円）×1,900個
価格差　実績数量

＝＋190,000円（有利差異）

販売数量差異：

（@6,000円－@3,900円）×
@予算貢献利益

（1,900個－2,000個）＝△210,000円（不利差異）
個数差

3．標準変動費差異の詳細分析

(1) 直接材料費差異

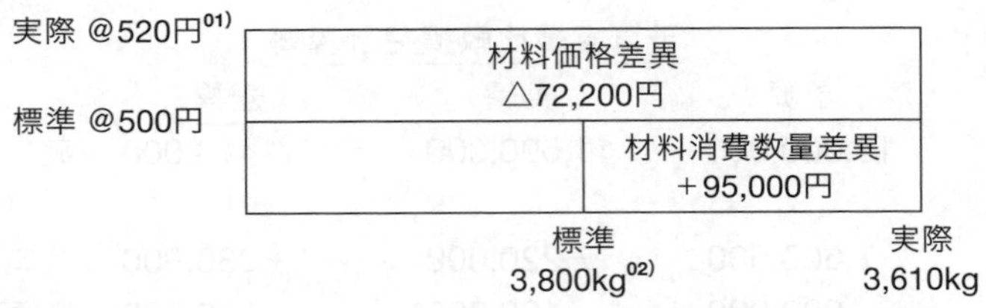

材料価格差異：

(@500円－@520円)×3,610kg
価格差　実際数量

＝△72,200円(不利差異)

材料消費数量差異：

(3,800kg－3,610kg)×@500円
数量差　標準価格

＝＋95,000円(有利差異)

01) 1,877,200円÷3,610kg=@520円

02) 2kg×1,900個=3,800個

(2) 直接労務費差異

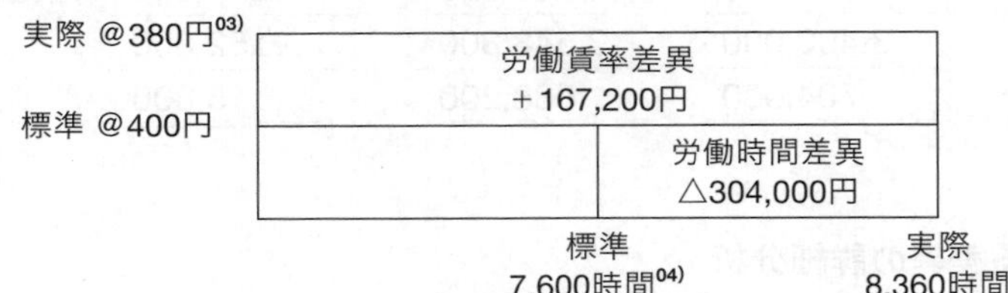

労働賃率差異：

(@400円－@380円)×8,360時間
賃率差　実際作業時間

＝＋167,200円(有利差異)

労働時間差異：

(7,600時間－8,360時間)×@400円
時間差　標準賃率

＝△304,000円(不利差異)

03) 3,176,800円÷8,360時間=@380円

04) 4時間×1,900個=7,600時間

(3) 変動製造間接費差異

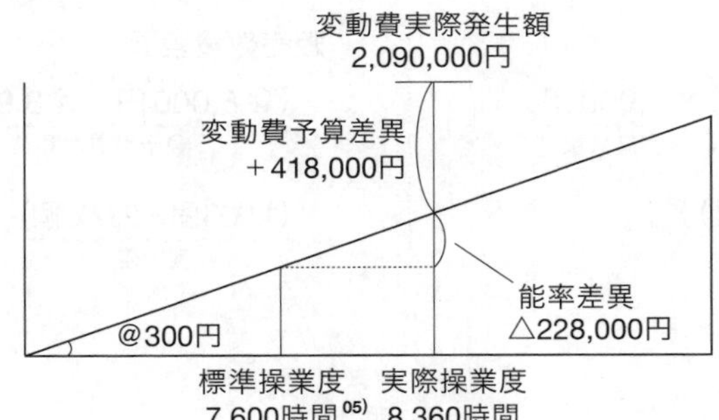

変動製造間接費予算差異：

@300円×8,360時間－2,090,000円

＝＋418,000円(有利差異)

変動製造間接費能率差異：

@300円×(7,600時間－8,360時間)

＝△228,000円(不利差異)

05) 4時間×1,900個=7,600時間

(4) 変動販売費予算差異

(@100円－@110円[06])×1,900個＝△19,000円(不利差異)
価格差　実績数量

06) 実際変動販売費209,000円÷1,900個＝@110円

Section 3 販売数量差異の細分化

問題8 市場占拠率差異と市場総需要量差異

解答

問1.

販売価格差異	960,000 円(＋)
販売数量差異	1,000,000 円(＋)

問2.

販売価格差異	960,000 円(＋)
販売数量差異	540,000 円(＋)

問3.

予算市場占拠率	20 %
実績市場占拠率	15 %

問4.

市場占拠率差異	4,320,000 円(－)
市場総需要量差異	4,860,000 円(＋)

解説

問1. 売上高差異の分析(総額分析)

予算 @5,000円
実績 @5,200円

販売価格差異
＋960,000円

販売数量差異
＋1,000,000円

実績 4,800個　予算 4,600個

販売価格差異：

(@5,200円－@5,000円)×4,800個
価格差　実績数量

＝＋960,000円(有利差異)

販売数量差異：

(4,800個－4,600個)×@5,000円
数量差　予算価格

＝＋1,000,000円(有利差異)

【解】Chapter 8 予算管理

問2．貢献利益差異の分析（純額分析）

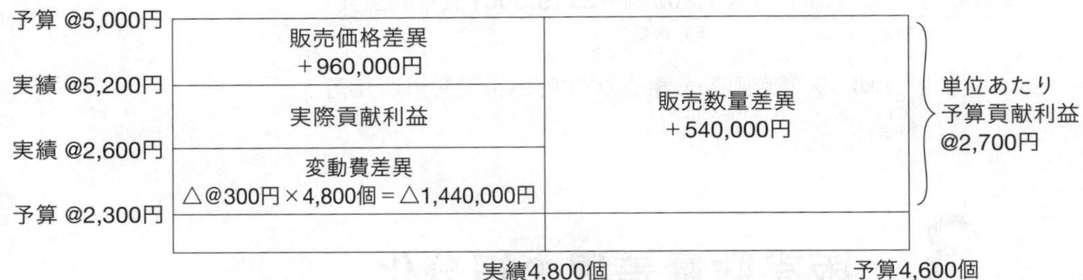

販売価格差異：

（@5,200円－@5,000円）×4,800個
（価格差）（実績数量）

＝＋960,000円（有利差異）

販売数量差異：

@2,700円×（4,800個－4,600個）
（予算貢献利益）（数量差）

＝＋540,000円（有利差異）

問3．市場占拠率の算定

予算市場占拠率：

4,600個÷23,000個＝20％

実績市場占拠率：

4,800個÷32,000個＝15％

問4．販売数量差異の詳細分析

予算貢献利益 @2,700円

市場占拠率差異	市場総需要量差異
△4,320,000円 （△1,600個）	＋4,860,000円 （＋1,800個）

	販売実績		予算
販売数量	4,800個	6,400個	4,600個
	॥	॥	॥
市場占拠率	実際15％	予算20％	予算20％
	×	×	×
市場総需要量	実際32,000個	実際32,000個	予算23,000個

問題 9　セールス・ミックス差異と総販売数量差異

|解答|

販売価格差異	9,000円（－）
販売数量差異	14,000円（＋）
変動費差異	63,000円（＋）

セールスミックス差異	216,000円（＋）
総販売数量差異	202,000円（－）

解説

本問では純額分析による数量差異の詳細分析を行っているため、貢献利益をベースとした分析を行います。

Ⅰ. 販売価格差異・販売数量差異の分析

【製品A】

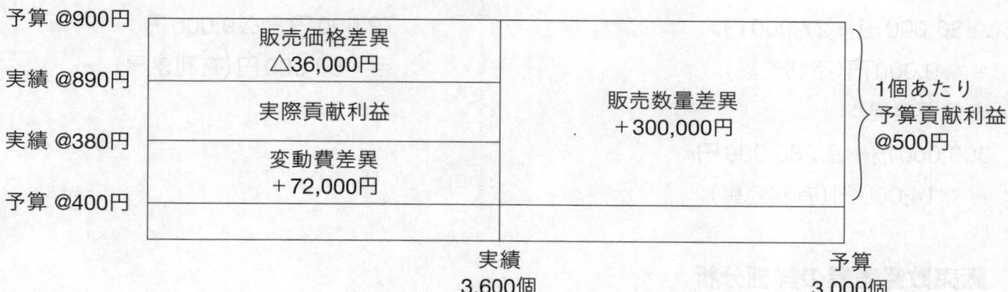

販売価格差異：

(@890円－@900円)×3,600個
価格差　実績数量

＝△36,000円(不利差異)

販売数量差異：

(@900円－@400円)×
@予算貢献利益

(3,600個－3,000個)＝＋300,000円(有利差異)
個数差

変動費差異：

(@400円－@380円)×3,600個
価格差　実績数量

＝＋72,000円(有利差異)

【製品B】

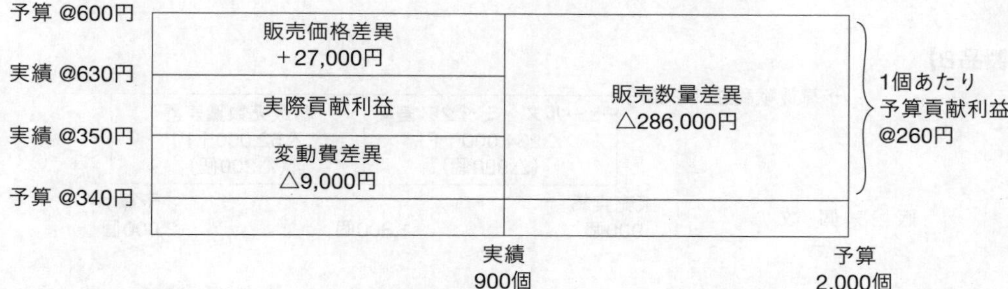

販売価格差異：

(@630円－@600円)×900個
価格差　実績数量

＝＋27,000円(有利差異)

販売数量差異：

(@600円－@340円)×(900個－2,000個)
@予算貢献利益　個数差

＝△286,000円(不利差異)

変動費差異：

(@340円－@350円)×900個
価格差　実績数量

＝△9,000円(不利差異)

【製品全体】

販売価格差異：
△36,000円＋27,000円
＝△9,000円（不利差異）

販売数量差異：
300,000円＋△286,000円
＝＋14,000円（有利差異）

変動費差異：
72,000円＋△9,000円
＝＋63,000円（有利差異）

2．販売数量差異の詳細分析

【製品A】

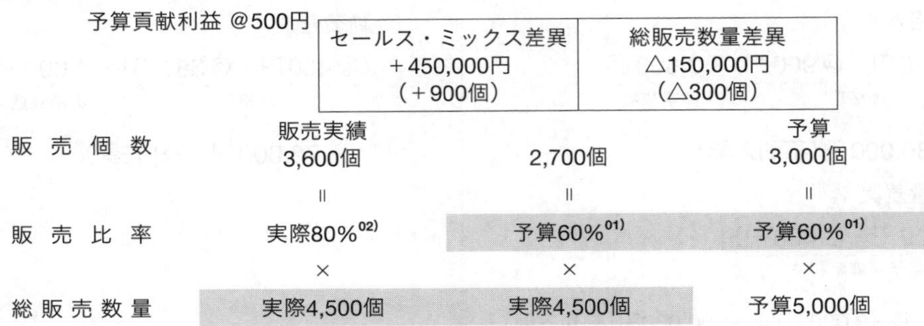

01） 3,000個÷5,000個=60%
02） 3,600個÷4,500個=80%

【製品B】

予算貢献利益 @260円

	セールス・ミックス差異 △234,000千円 （△900個）	総販売数量差異 △52,000千円 （△200個）

	販売実績		予算
販売個数	900個	1,800個	2,000個
	＝	＝	＝
販売比率	実際20%04)	予算40%03)	予算40%03)
	×	×	×
総販売数量	実際4,500個	実際4,500個	予算5,000個

03） 2,000個÷5,000個=40%
04） 900個÷4,500個=20%

【製品全体】

セールス・ミックス差異：
450,000千円＋△234,000千円
＝216,000千円（有利差異）

総販売数量差異：
△150,000千円＋△52,000千円
＝△202,000千円（不利差異）

問題10 会話文問題1（市場占拠率差異と市場総需要量差異）

解答

①	1,400	②	710	③	24,200
④	貢献利益率	⑤	高い	⑥	20
⑦	市場総需要量	⑧	20,000	⑨	市場占拠率
⑩	2,400	⑪	2,250	⑫	市場総需要量差異
⑬	2,700	⑭	市場占拠率差異	⑮	4,950

解説

会話の中から、何の差異の話をしているのかを読み取ることがポイントです。

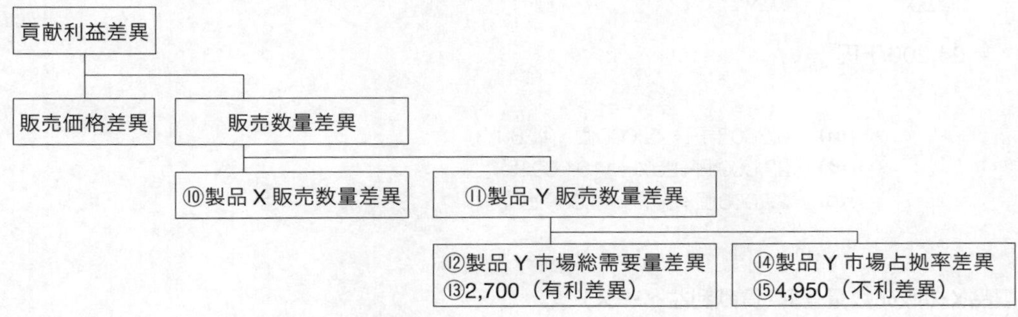

予算実績比較損益計算書　（製造原価を予算単価で算定）

	予算					実績					差異
製　品　X	価格(円)		数量(個)		金額(千円)	価格(円)		数量(個)		金額(千円)	金額(千円)
売　上　高	600	×	50,000	=	30,000	580	×	60,000	=	34,800	＋4,800
変動製造原価	330	×	50,000	=	16,500	330	×	60,000	=	19,800	△3,300
変動販売費	30	×	50,000	=	1,500	30	×	60,000	=	1,800	△300
貢献利益	240	×	50,000	=	12,000	220	×	60,000	=	13,200	＋1,200

	予算					実績					差異
製　品　Y	価格(円)		数量(個)		金額(千円)	価格(円)		数量(個)		金額(千円)	金額(千円)
売　上　高	900	×	27,000	=	24,300	950	×	22,000	=	20,900	△3,400
変動製造原価	400	×	27,000	=	10,800	400	×	22,000	=	8,800	＋2,000
変動販売費	50	×	27,000	=	1,350	50	×	22,000	=	1,100	＋250
貢献利益	450	×	27,000	=	12,150	500	×	22,000	=	11,000	△1,150

① (34,800千円＋20,900千円)
実績売上高

－(30,000千円＋24,300千円)
予算売上高

＝＋1,400千円(有利差異)

② (12,000千円＋11,440千円)
資料１の実績貢献利益

－(12,000千円＋12,150千円)
予算貢献利益

＝△710千円(不利差異)

③ 13,200千円＋11,000千円
製品Ｘ　　製品Ｙ

＝24,200千円

④・⑤文脈から利益率の話をしていることがわかります。本問では固定費が製品別に配賦されていないため、製品別の営業利益率は算定できません。したがって「**貢献利益率**の**高い**製品」が解答となります。

⑥ @400円－@380円 01)＝20円

⑧ 110,000個 02)－90,000個 03)
実際総需要量　予算総需要量

＝20,000個

01) 8,360千円÷22,000個＝@380円
02) 22,000個÷20%＝110,000個
03) 27,000個÷30%＝90,000個

⑩製品Ｘの販売数量差異(貢献利益ベース)

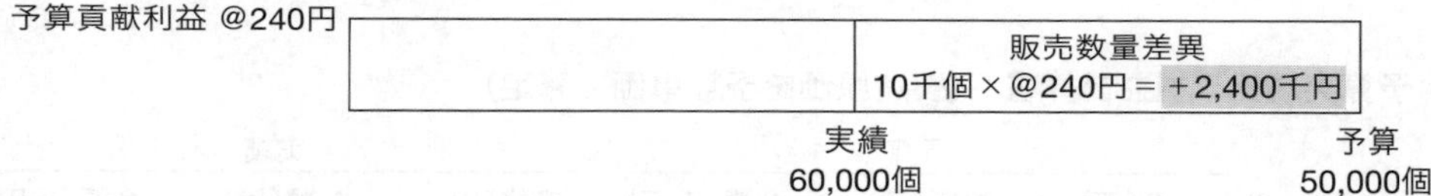

⑪製品Ｙの販売数量差異(貢献利益ベース)

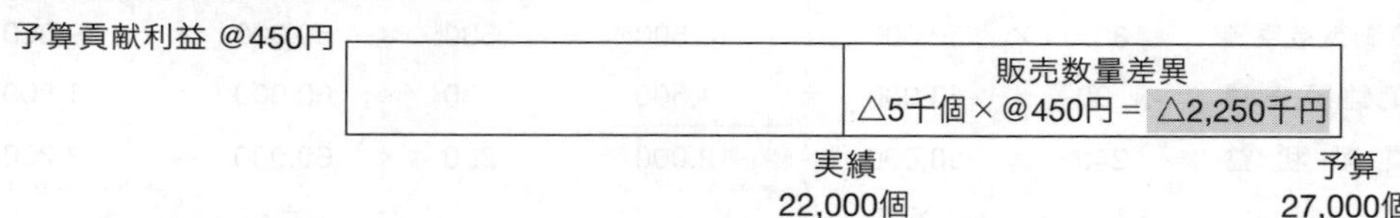

⑫⑬製品Ｙの市場総需要量差異・⑭⑮製品Ｙの市場占拠率差異

予算貢献利益 @450円

	市場占拠率差異 △4,950千円 (△11,000個)		市場総需要量差異 ＋2,700千円 (＋6,000個)	
販売個数	販売実績 22,000個	33,000個		予算 27,000個
	＝	＝		＝
占拠率	実際20%	予算30%		予算30%
	×	×		×
総需要量	実際110,000個	実際110,000個		予算90,000個

会話文問題2（セールス・ミックス差異を含む総合問題）

|解答|

①	販売数量差異	②	販売価格差異	③	変動費差異
④	37,500	⑤	62,000	⑥	3,100
⑦	セールス・ミックス差異	⑧	総販売数量差異	⑨	31,000
⑩	68,500	⑪	市場総需要量差異	⑫	市場占拠率差異
⑬	493,200	⑭	424,700		

解説

会話の中から、何の差異の話をしているのかを読み取ることがポイントです。

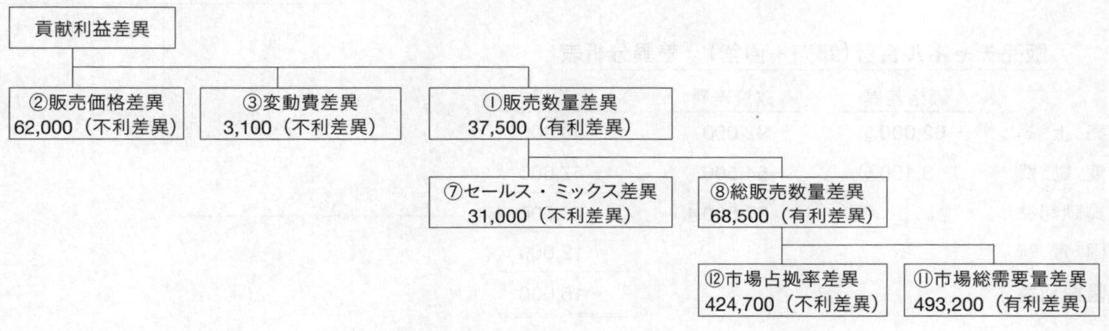

販売チャネル別予算実績比較損益計算書

【卸売】	予算			実績			差異　（単位：千円）		
	価格(円)	数量(個)	金額(千円)	価格(円)	数量(個)	金額(千円)	価格差異	数量差異	総差異
売上高	25,000	108,000	2,700,000	24,500	124,000	3,038,000	−62,000	400,000	338,000
変動費	12,000	108,000	1,296,000	12,000	124,000	1,488,000	0	−192,000	−192,000
貢献利益	13,000	108,000	1,404,000	12,500	124,000	1,550,000	−62,000	208,000	146,000
【直営】	予算			実績			差異		
	価格(円)	数量(個)	金額(千円)	価格(円)	数量(個)	金額(千円)	価格差異	数量差異	総差異
売上高	28,000	42,000	1,176,000	28,000	31,000	868,000	0	−308,000	−308,000
変動費	12,500	42,000	525,000	12,600	31,000	390,600	−3,100	137,500	134,400
貢献利益	15,500	42,000	651,000	15,400	31,000	477,400	−3,100	−170,500	−173,600

販売チャネル合計(卸売＋直営)　差異分析表

	価格差異	数量差異	総差異
売上高	−62,000⑤	92,000	30,000
変動費	−3,100⑥	−54,500	−57,600
貢献利益		37,500④	−27,600
固定費			12,000
営業利益			−15,600

⑦・⑧・⑨・⑩セールス・ミックス差異と総販売数量差異(貢献利益ベース)

【卸売】

予算貢献利益 @13,000円

セールス・ミックス差異	総販売数量差異
＋161,200千円 (＋12,400個)	＋46,800千円 (＋3,600個)

	販売実績		予算
販売個数	124,000個	111,600個	108,000個
	॥	॥	॥
販売比率	実際80%[01)]	予算72%[02)]	予算72%[02)]
	×	×	×
総販売数量	実際155,000個	実際155,000個	予算150,000個

01)　124,000個÷155,000個=80%

02)　108,000個÷150,000個=72%

【直営】

予算貢献利益 @15,500円

セールス・ミックス差異	総販売数量差異
△192,200千円 (△12,400個)	+21,700千円 (+1,400個)

	販売実績		予算
販売個数	31,000個	43,400個	42,000個
	॥	॥	॥
販売比率	実際20%[03]	予算28%[04]	予算28%[04]
	×	×	×
総販売数量	実際155,000個	実際155,000個	予算150,000個

03) 31,000個÷155,000個=20%

04) 42,000個÷150,000個=28%

【卸売】+【直営】

セールス・ミックス差異：

161,200千円+△192,200千円
=△31,000千円⑨(不利差異)

総販売数量差異：

46,800千円+21,700千円
=68,500千円⑩(有利差異)

⑪・⑫・⑬・⑭市場占拠率差異と市場総需要量差異(貢献利益ベース)

⑧の総販売数量差異は、販売数量差異からセールス・ミックス差異を分離した後の数量差異のことです。すなわち、卸売ルートと直営店ルートの販売比率を一定とみなし、全社ベースでみたときの数量差異を表しています(数量差異の先頭に「総」の文字が付くのはそのためです)。

総販売数量差異を分析するときには、この販売比率を一定とみなし、全社ベースでみたときの単位あたり貢献利益を用います。これは加重平均貢献利益と呼ばれ、以下の式で表されます。

@13,000円(卸売の予算貢献利益) × 72%(卸売の予算販売比率)
+@15,500円(直営の予算貢献利益) × 28%(直営の予算販売比率) = @13,700円

【全社ベース】

予算加重平均貢献利益
@13,700円

市場占拠率差異	市場総需要量差異
△424,700千円⑭ (△31,000個)	+493,200千円⑬ (+36,000個)

	販売実績		予算
販売個数	155,000個	186,000個	150,000個
	॥	॥	॥
占拠率	実際25%	予算30%	予算30%
	×	×	×
総需要量	実際620,000個[05]	実際620,000個	予算500,000個[06]

05) 155,000個÷25%=620,000個

06) 150,000個÷30%=500,000個

【解】 Chapter 8 予算管理

理論問題～予算編成と予算統制～

解答

ア	予算統制	イ	貨幣的	ウ	利益目標
エ	総合的管理	オ	期間計画	カ	含む
キ	標準原価	ク	費用予算	ケ	実績

解説

本問は、予算編成と予算統制について、原価計算基準の内容を問う問題です。いずれも、原価計算基準における原価計算の目的、原価計算の一般基準という原価計算基準の重要な部分(原価計算基準　第一章一、六)に規定されている内容であるため、しっかりと確認しておきましょう。

Chapter

9 セグメント別損益計算

Section

1 セグメント別損益計算

問題1 セグメント別損益計算書

解答

・貢献利益率

A 製品 **30** %

B 製品 **30** %

C 製品 **40** %

・結論

C製品については、製造・販売を継続すべきである。なぜなら、C製品の製造・販売により、1,200千円の貢献利益を獲得しており、C製品の製造・販売を中止すると、1,200千円の利益を失い、会社全体として営業損失を招くからである。

解説

本問は、セグメント別損益計算をもとにした製品の製造・販売に関する意思決定の問題です。

1．直接原価計算方式のセグメント別損益計算書[01]

（単位：千円）

	A製品	B製品	C製品	合計
Ⅰ 売上高	2,000	2,500	3,000	7,500
Ⅱ 変動売上原価	1,200	1,550	1,500	4,250
変動製造マージン	800	950	1,500	3,250
Ⅲ 変動販売費	200	200	300	700
貢献利益	600	750	1,200	2,550
Ⅳ 固定費				
1．製造間接費				1,500 [02]
2．販売費及び一般管理費				600
営業利益				450

2．各製品の変動売上原価

A：1,600千円－400千円＝1,200千円

B：1,750千円－200千円＝1,550千円

C：2,400千円－900千円＝1,500千円

3．各製品の変動販売費

A：300千円－100千円＝200千円

B：300千円－100千円＝200千円

C：700千円－400千円＝300千円

4．各製品の貢献利益率

A：600千円÷2,000千円×100（%）

＝30%

B：750千円÷2,500千円×100（%）

＝30%

C：1,200千円÷3,000千円×100（%）

＝40%

01) 直接原価計算方式のセグメント別損益計算書を作成します。

02) 固定費は当社全体で発生したものであり、いわゆる共通固定費です。一般に、直接原価計算方式のセグメント別損益計算書では、共通固定費は各製品に配賦しません。

2 事業部制のもとでの業績測定

問題2 事業部の業績測定

解答

問１．

事業部別損益計算書　(単位：千円)

	第１事業部	第２事業部	第３事業部
Ⅰ 売上高	(24,000)	(30,000)	(15,000)
Ⅱ 変動売上原価	(12,000)	(17,500)	(6,000)
(変動製造マージン)	(12,000)	(12,500)	(9,000)
Ⅲ 変動販売費	(3,000)	(2,500)	(3,600)
貢献利益	(9,000)	(10,000)	(5,400)
Ⅳ (管理可能個別固定費)	(3,600)	(7,100)	(2,400)
(管理可能利益)	(5,400)	(2,900)	(3,000)
Ⅴ (管理不能個別固定費)	(4,500)	(1,300)	(1,200)
(事業部貢献利益)	(900)	(1,600)	(1,800)
Ⅵ 共通固定費配賦額	(750)	(1,250)	(500)
事業部営業利益	(150)	(350)	(1,300)

問２．

事業部長の業績測定順位　１位　第 2 事業部　２位　第 1 事業部　３位　第 3 事業部

事業部自体の業績測定順位　１位　第 2 事業部　２位　第 3 事業部　３位　第 1 事業部

解説

本問は、セグメント別損益計算をもとにした業績測定の問題です。１つの損益計算書において、様々な利益を計算します。

１．変動売上原価

第１事業部(甲製品)

(120円＋ 90円＋190円)×30千個

＝12,000千円

第２事業部(乙製品)

(110円＋100円＋140円)×50千個

＝17,500千円

第３事業部(丙製品)

(100円＋ 80円＋120円)×20千個

＝ 6,000千円

２．全社的に発生した固定費

第１事業部

2,500千円÷100千個[01)]×30千個

＝750千円

第２事業部

2,500千円÷100千個×50千個

＝1,250千円

第３事業部

2,500千円÷100千個×20千個

＝500千円

３．事業部長の業績測定[02)]

第１事業部

5,400千円÷9,600千円×100（％）

≒56.3％※

第２事業部

2,900千円÷4,560千円×100（％）

≒63.6％※

第３事業部

3,000千円÷9,500千円×100（％）

≒31.6％※

※小数点第２位を四捨五入

4．事業部自体の業績測定[03)]

第１事業部

900千円÷10,000千円×100（％）

＝9％

第２事業部

1,600千円÷ 5,000千円×100（％）

＝32％

第３事業部

1,800千円÷10,000千円×100（％）

＝18％

01) 30千個+50千個+20千個=100千個

02) 事業部長の業績測定にさいしては以下の式を用います。

$$管理可能投下資本利益率=\frac{管理可能利益}{管理可能投資額}$$

03) 事業部自体の業績測定にさいしては以下の式を用います。

$$投下資本利益率=\frac{事業部貢献利益}{事業部総投資額}$$

問題３ 総合問題

|解答|

問１

損益分岐点売上高	1,890,000 万円
安全余裕率	16 ％

問２

①	161,180 万円

問３

②	2,000,000 万円

問４

	A事業部	B事業部	C事業部
ROI	9 ％	8.8 ％	9.09 ％

問５

	A事業部	B事業部	C事業部
目標売上高	2,290,000 万円	765,360 万円	2,040,000 万円

問６

	A事業部	B事業部	C事業部
管理可能残余利益	（＋）565,700 万円	（＋）187,100 万円	（＋）202,000 万円

解説

本問は、事業部制における業績測定を中心とする問題です。事業部制における業績測定では、多くの場合、共通費(本社固定費)の配賦方法や事業部・事業部長の業績測定指標が論点となり、設問に流れがあります。特に、より望ましい業績測定指標への変更に向けての流れの内容をよく確認してから、具体的な計算を始めるようにしましょう。

1. A事業部の損益分岐点売上高と安全余裕率の算定(問1)

本問では、製品の販売単価や変動費単価が示されていないため、貢献利益率を用いて損益分岐点売上高を計算します。

(1) A事業部の貢献利益率

$$\frac{1{,}102{,}500\text{万円}}{2{,}250{,}000\text{万円}} = 0.49$$

(2) 損益分岐点売上高

問題文に「なお、本社固定費の配賦を考慮する必要はない（以下の問2、問3についても同様)」とあり、事業部貢献利益段階での損益分岐点売上高が問われているため、計算上考慮する固定費は管理可能個別固定費と管理不能個別固定費です。

(400,000万円＋526,100万円)(固定費)
÷0.49（貢献利益率)＝1,890,000万円

(3) 安全余裕率

安全余裕率は、現在(または予算)の売上高が損益分岐点売上高をどれだけ上回っているか(損益分岐点までどれだけの余裕があるか)を示す比率です。下記に公式を示します。

安全余裕率＝

$$\frac{\text{現在（または予算）の売上高}-\text{損益分岐点売上高}}{\text{現在（または予算）の売上高}}$$

上記の公式に金額をあてはめると、

$$\frac{2{,}250{,}000\text{万円}-1{,}890{,}000\text{万円}}{2{,}250{,}000\text{万円}} = 16\%$$

2. B事業部の管理不能個別固定費の推定(問2)

問題文で与えられた損益分岐点売上高を用いてB事業部の管理不能個別固定費を推定するにあたって、まずはB事業部の貢献利益率を求めます。

(1) B事業部の貢献利益率

$$\text{B事業部：}\frac{375{,}000\text{万円}}{750{,}000\text{万円}} = 0.5$$

(2) B事業部の管理不能個別固定費

管理不能個別固定費をX(万円)と置くと、以下のような式が成り立ちます。

(157,500万円＋X)(固定費)÷0.5（貢献利益率)＝637,360万円(損益分岐点売上高)

157,500万円＋X＝318,680万円

X＝161,180万円

3. C事業部の売上高の推定(問3)

資料1.に変動費の金額が与えられているため、貢献利益を求めた上で売上高を逆算します。

(1) C事業部の貢献利益

C事業部の貢献利益を経営レバレッジ係数を用いて求めます。

$$\text{経営レバレッジ係数}=\frac{\text{貢献利益}}{\text{営業利益}^{01)}}$$

上式を変形すると、

貢献利益＝営業利益[01)]×経営レバレッジ係数

となり、この式に所与の金額を代入して計算します。

(2) C事業部の売上高

700,000万円(貢献利益)＋1,300,000万円(変動費)＝2,000,000万円

01) 問1、問2と同様「なお、本社固定費の配賦を考慮する必要はない」という問題文の指示により事業部貢献利益を上記の式の営業利益とみなして貢献利益を求めます。
140,000万円(事業部貢献利益)×5(経営レバレッジ係数)=700,000万円

前記２.および前記３.で求めた金額を用いて事業部別損益計算書を完成させると次のようになります。

事業部別損益計算書　　（単位：万円）

	Ａ事業部	Ｂ事業部	Ｃ事業部	合計
売上高	2,250,000	750,000	（②2,000,000）	（5,000,000）
変動費	1,147,500	375,000	1,300,000	2,822,500
貢献利益	1,102,500	375,000	（700,000）	（2,177,500）
管理可能個別固定費	400,000	157,500	430,000	987,500
管理可能利益	702,500	217,500	（270,000）	（1,190,000）
管理不能個別固定費	526,100	（①161,180）	（130,000）	（817,280）
事業部貢献利益	176,400	（56,320）	140,000	（372,720）
本社固定費				252,500
営業利益				（120,220）

４．各事業部のROIの算定（問４）

Ａ事業部：

$\frac{176,400\text{万円（事業部貢献利益）}}{1,960,000\text{万円（総投下資本）}}=9\%$

Ｂ事業部：

$\frac{56,320\text{万円}}{640,000\text{万円}}=8.8\%$

Ｃ事業部：

$\frac{140,000\text{万円}}{1,540,000\text{万円}}=9.090\cdots\%\rightarrow 9.09\%$

５．目標売上高の算定（問５）

ROIの目標が定められていることから、先に目標ROIから獲得すべき事業部貢献利益を求め、それをもとに目標売上高を計算します。

(1)　目標事業部貢献利益

Ａ事業部：

1,960,000万円（総投下資本）× 10%（目標ROI）＝ 196,000万円

Ｂ事業部：

640,000万円× 10% ＝ 64,000万円

Ｃ事業部：

1,540,000万円× 10% ＝ 154,000万円

(2)　目標売上高

①　Ａ事業部

（400,000万円＋526,100万円＋196,000万円（目標事業部貢献利益））÷ 0.49（貢献利益率）＝ 2,290,000万円

②　Ｂ事業部

（157,500万円＋161,180万円＋64,000万円）÷ 0.50 ＝ 765,360万円

③　Ｃ事業部

（430,000万円＋130,000万円＋154,000万円）÷ 0.35[02] ＝ 2,040,000万円

６．各事業部の管理可能残余利益の算定（問６）

管理可能利益は以下の式で求められます。

管理可能RI ＝管理可能利益－資本コスト
＝管理可能利益－管理可能投下資本×資本コスト率

Ａ事業部：

702,500万円（管理可能利益）－ 1,710,000万円（管理可能投下資本）× 8％（全社的資本コスト率）＝ 565,700万円

Ｂ事業部：

217,500万円－ 380,000万円× 8％
＝ 187,100万円

Ｃ事業部：

270,000万円－ 850,000万円× 8％
＝ 202,000万円

02)　700,000万円（Ｃ事業部貢献利益）÷2,000,000万円（Ｃ事業部売上高）=0.35

経済的付加価値

解答

①	~~増加~~、減少	⑤	**28,500**	万円
②	増加、~~減少~~	⑥	**7,840**	万円
③	~~採用する~~、採用しない	⑦	**8,500**	万円
④	採用する、~~採用しない~~	⑧	**2,030**	万円

解説

①～④投下資本利益率[01)]

1．投下資本利益率の計算

〈ピザ投資案導入前〉

新宿店ROI：

$$\frac{15{,}000\text{万円}\times(1-0.3)}{30{,}000\text{万円}}\times 100=35\%$$

渋谷店ROI：

$$\frac{2{,}700\text{万円}\times(1-0.3)}{6{,}000\text{万円}}\times 100=31.5\%$$

〈ピザ投資案導入後〉

新宿店ROI：

$$\frac{10{,}500\text{万円}+1{,}330\text{万円}}{30{,}000\text{万円}+4{,}000\text{万円}}\times 100$$

$$=34.79\cdots\%$$

渋谷店ROI：

$$\frac{1{,}890\text{万円}+1{,}330\text{万円}}{6{,}000\text{万円}+4{,}000\text{万円}}\times 100$$

$$=32.2\%$$

2．結論

ピザ投資案を採用すると、新宿店の投下資本利益率は35％から34.7…％へと①減少するので、新宿店長はピザ投資案を③採用しない。

一方、渋谷店の投下資本利益率は31.5％から33.20％へと②増加するので、渋谷店長はピザ投資案を④採用する。

⑤⑦資金使用資産総額（固定資産額と運転資本の合計額）[01)]

新宿店：

$$\underbrace{\underbrace{22{,}000\text{万円}}_{\text{固定資産}}+\underbrace{(8{,}000\text{万円}-5{,}000\text{万円})}_{\text{(正味)運転資本}}}_{\text{投資前の分}}+\underbrace{3{,}500\text{万円}}_{\text{ピザ投資の分}}=28{,}500\text{万円}$$

渋谷店：

$$\underbrace{\underbrace{2{,}000\text{万円}}_{\text{固定資産}}+\underbrace{(4{,}000\text{万円}-1{,}000\text{万円})}_{\text{(正味)運転資本}}}_{\text{投資前の分}}+\underbrace{3{,}500\text{万円}}_{\text{ピザ投資の分}}=8{,}500\text{万円}$$

⑥⑧経済的付加価値額[02)]

経済的付加価値額＝税引後利益－資金使用資産総額×加重平均資本コスト率

新宿店：

(10,500万円＋1,330万円)－28,500万円×14％＝7,840万円

渋谷店：

(1,890万円＋1,330万円)－ 8,500万円×14％＝2,030万円

01) 本問において、資金使用資産総額は固定資産と運転資本の合計です。(正味)運転資本は流動資産と流動負債の差としても表されます。

$$\text{資金使用資産総額}=\text{固定資産}+\underbrace{(\text{流動資産}-\text{流動負債})}_{\text{(正味)運転資本}}$$

02) 経済的付加価値(EVA: Economic Value Added)とは、問題文にもあるように残余利益の一種です。

残余利益(RI)＝利益－投下資本×資本コスト率

内部振替価格

|解答|

問１.

遊休生産能力をそのままとし、何もしない場合に比べて、（ **2,000,000** ）円〔（有利）・ 不利 〕であるため、会社全体としては製品Xを販売すべきで〔（ある）・ ない 〕。

問２.

全部原価基準により内部振替価格を設定する場合、製品事業部の利益は（ **500,000** ）円の〔 増加 ・（減少）〕が見込まれるため、製品事業部長は部品xを購入し、製品Xとして販売すべきで〔 ある ・（ない）〕と判断する。

問３.

変動費基準により内部振替価格を設定する場合、製品事業部の利益は（ **2,000,000** ）円の〔（増加）・ 減少 〕が見込まれるため、製品事業部長は部品xを購入し、製品Xとして販売すべきで〔（ある）・ ない 〕と判断する。

問４.

部品xを外部に販売する場合に比べて（ **1,600,000** ）円〔（有利）・ 不利 〕であるため、会社全体としては、製品Xとして外部に販売すべきで〔（ある）・ ない 〕。

問５.

内部振替価格に単純市価を用いた場合、製品事業部の利益は（ **1,600,000** ）円の〔（増加）・ 減少 〕が見込まれるため、製品事業部長は、部品xを受け入れて製品Xとして外部販売すべきで〔（ある）・ ない 〕と判断する。

解説

原価基準(問１～問３)

１．会社全体としての意思決定(問１)

現在、両事業部ともに設備に遊休生産能力が存在するということは、部品xおよび製品xを製造販売しても、その設備の固定費は増加せず、同額が発生することを意味しています。したがって、本問の意思決定において、固定費は無視することができます（問１以外でも同様です）。

そこで、製品事業部が部品事業部から部品x１万個を購入し、製品Xとして販売する場合を代替案aとし、遊休生産能力をそのままとし、何もしない場合を代替案bとして、会社全体としての意思決定について考察します。

各代替案を採用した場合の貢献利益の差額を算定します。

	代替案a	代替案b	差額
売上高			
製品X	1,000万円	ー 万円	1,000万円
変動費			
部品事業部	300万円	ー 万円	300万円
製品事業部	500万円	ー 万円	500万円
貢献利益	200万円	ー 万円	200万円

上記より、会社全体としては、代替案bに比べて代替案aの方が2,000,000円有利であるため、製品Xを販売すべきです。

【解】 Chapter 9 セグメント別損益計算

2．全部原価基準（問２）

内部振替価格を全部原価基準によって設定する場合の貢献利益は、次のように計算されます。

	部品事業部		製品事業部
売上高（外部）	—		1,000万円
売上高（振替）	550万円[02]	⟶	550万円[03]
変動費			
部品事業部	300万円		—
製品事業部	—		500万円
貢献利益	250万円		△50万円

02) 300万円（部品事業部の変動費）+250万円（部品事業部の固定費）=550万円

03) 製品事業部にとっては原価（変動費）です。

上記より、全部原価基準によれば、部品xを購入して製品Xとして販売すると、製品事業部では500,000円の損失が生じるため、製品事業部長は製品Xを販売すべきでないと判断します。

しかし、これでは、会社全体としての意思決定と製品事業部長の意思決定が一致せず、会社の利益を最大化することができなくなってしまいます。

したがって、全部原価基準により内部振替価格を設定することは、意思決定の観点から望ましくありません。

3．変動費基準（問３）

内部振替価格を変動費基準によって設定する場合の貢献利益は、次のように計算されます。

	部品事業部		製品事業部
売上高（外部）	—		1,000万円
売上高（振替）	300万円[04]	⟶	300万円
変動費			
部品事業部	300万円		—
製品事業部	—		500万円
貢献利益	0万円		200万円

04) 部品事業部の変動費

上記より、変動費基準によれば、部品xを購入して製品Xとして販売すると、製品事業部では2,000,000円の利益が生じるため、製品事業部長は製品Xを販売すべきであると判断します。

このように、変動費基準によれば、会社全体としてのあるべき意思決定と製品事業部長の意思決定が一致することになります。

したがって、変動費基準により内部振替価格を設定することは、意思決定の観点から望ましいといえます。

市価基準(問４・５)

１．会社全体としての意思決定(問４)

部品ｘの全量を製品事業部に振り替えて製品Ｘとして販売する場合を代替案ａとし、部品ｘを製品事業部に振り替えることなく、その全量を外部に販売する場合を代替案ｂとして、会社全体としての意思決定について考察します。

各代替案を採用した場合の貢献利益の差額を算定します。

	代替案a	代替案b	差　額
売上高			
製品X	1,000万円	—	1,000万円
部品x	—	340万円	△340万円
変動費			
部品事業部	300万円	300万円	—
製品事業部	500万円	—	500万円
貢献利益	200万円	40万円	160万円

上記より、会社全体としては、代替案ｂに比べて代替案ａの方が1,600,000円有利であるため、製品Ｘとして外部に販売すべきです。

２．製品事業部の意思決定(問５)

製品事業部が部品ｘの全量を受け入れるときの内部振替価格に単純市価を用いた場合（単純市価基準)の貢献利益を算定します。

	部品事業部		製品事業部
売上高(外部)	—		1,000万円
売上高(振替)	340万円	→	340万円
変動費			
部品事業部	300万円		—
製品事業部	—		500万円
貢献利益	40万円		160万円

上記より、単純市価基準によれば、製品事業部に1,600,000円の利益が生じるため、製品事業部長は部品ｘを受け入れて製品Ｘとして外部へ販売すべきであると判断します。

問４と問５の結果から、単純市価基準を用いた場合、会社全体としての意思決定と製品事業部の意思決定が一致することがわかりました。

もし、部品ｘの市価が500円を超える場合に、製品Ｘとして外部販売すると、製品事業部には損失が生じるため、他の投資案を模索することになります。このときも会社全体としてのあるべき意思決定と製品事業部の意思決定が一致することになります。

したがって、市価基準により内部振替価格を設定することは、意思決定の観点から望ましいです。

理論問題 ～内部振替価格～

解答

ア	事業部制	イ	内部振替価格	ウ	業績測定	エ	市価
オ	市価差引基準	カ	単純市価基準	キ	原価基準		

解説

本問は、事業部制における内部振替価格についての問題です。内部振替価格は、たとえば第Ⅰ事業部が製造した部品を第２事業部で受け入れ、第２事業部ではその部品を加工して製品にして外部へ販売するという場合の、第Ⅰ事業部から第２事業部への部品供給にさいしての価格をいいます。

事業部制では、独立採算制を前提として活動を行うため、内部振替価格は意思決定に役立つとともに業績測定にも役立つように設定する必要があります。

内部振替価格にはいくつかの設定方法があります。代表的なものをまとめると、次のとおりです。

前提条件	内部振替価格	特　　徴
競争市場が存在する場合	市価基準	業績測定および意思決定にとって最適。ただし、市価が必ず入手可能であるわけではない。 市価基準には市価から販売費を控除した「市価差引基準」と市価をそのまま用いる「単純市価基準」がある。
競争市場が存在しておらず、市価が利用できない場合など	原価基準	市価が利用できない場合の基準として原価基準があり、大きく分けて、「全部原価基準」と「変動費基準」がある。

Chapter

10 新しい原価計算と管理会計

Section

1 品質原価計算

問題1 品質原価計算

|解答|

(ア)	30,000,000	(イ)	12,500,000
(ウ)	22,500,000	(エ)	5,000,000
(オ)	有 利		

解説

品質原価計算と差額原価収益分析を組み合わせた問題です。

①評価原価[01)]

検査機器のレンタル料：30,000,000円

01) 品質規格に一致しない製品を発見するためのコストです。

②内部失敗原価

現在生じている仕損費を計算します。仕損品には処分価額があるので考慮する必要があります。

製品P1台あたり変動費：

40,000円＋10,000円＋5,000円＝55,000円

仕損品P1台あたり処分価額：30,000円

内部失敗原価：

(55,000円－30,000円)×50,000台×1%

＝12,500,000円

③差額収益

仕損の減少により製品P500台の増産が可能となります。

製品P1台あたり貢献利益：

100,000円－55,000円＝45,000円

差額収益：

45,000円×500台＝22,500,000円

④差額原価収益分析

検査機器を導入する案の差額利益：

差額収益　22,500,000円

差額原価

30,000,000円－12,500,000円

＝17,500,000円

5,000,000円

∴検査機器を導入する案は、1年間で5,000,000円だけ有利です。

Section 2 原価企画・原価維持・原価改善

問題2 原価企画

解答

問1.

A	成行	B	許容

問2.

26 万円／個

解説

問1.

空欄を正しく埋めると次の文章になります。

ＮＳ製造では，ある製品を開発中であるが，競合製品の市場価格や競合他社の動向を考慮して，新製品の販売価格は32万円／個を予定した。また，この製品の目標利益率を25％とした。

しかし、他の製品の過去の製造原価データやこの製品特有のコストなどを考慮して積み上げた（**成行**）原価は27万円／個であった。予定販売価格と目標利益から逆算した（**許容**）原価と（**成行**）原価の差額は大きく，販売開始までの間にこの差額を埋めるのは困難であると判断し，目標原価を（**許容**）原価に２万円を加算した金額に設定した。

問2.

目標原価は許容原価に２万円を加算した金額であるため、まずは許容原価を求めます。

許容原価：32万円（販売価格）×（1－目標利益率25％）＝24万円

目標原価：24万円＋２万円＝26万円

Section 3 ライフサイクル・コスティング

問題3 ライフサイクル・コスティング

解答

問1.

顧客が負担するコストの総額 **48,076** 円

問2.

現在の顧客が許容できる製品Sの購入原価の上限 **27,416** 円

解説

本問は、顧客からみたライフサイクル・コスティングの問題です。

問1.

ライフサイクル・コスト

	購入時点	1年後	2年後	3年後	4年後
購入原価	30,000円				
光熱費		4,000円	4,000円	4,000円	4,000円
メンテナンス費用			3,000円		
リサイクル費用					2,500円
合計	30,000円	4,000円	7,000円	4,000円	6,500円

＜現在価値計算＞

30,000円＋4,000円×0.9346＋7,000円×0.8734＋4,000円×0.8163＋6,500円×0.7629
＝48,076.25円　→48,076円(円未満四捨五入)

問2.

問1.より、現在の顧客が許容できるコストの総額は48,076.25円です。そこで、光熱費とリサイクル費用の変更後のライフサイクル・コストにおいて、現在の顧客が許容できる購入原価の条件を求めます。

ライフサイクル・コスト

	購入時点	1年後	2年後	3年後	4年後
購入原価	X 円				
光熱費		4,000円	4,200円[01)	4,410円[02)	4,630.5円[03)
メンテナンス費用			3,000円		
リサイクル費用	3,500円				
合計	X＋3,500円	4,000円	7,200円	4,410円	4,630.5円

01) 4,000円×1.05=4,200円
02) 4,200円×1.05=4,410円
03) 4,410円×1.05=4,630.5円

X円＋3,500円＋4,000円×0.9346＋7,200円×0.8734＋4,410円×0.8163＋4,630.5円×0.7629
＜48,076.25円

X円＋20,659.37145円＜48,076.25円

X円＜27,416.87855円

よって、現在の顧客が許容できる購入原価の上限は、27,416円となります。

Memorandum Sheet

日商簿記1級

簿記検定の最高峰、日商簿記１級の WEB 講座では、実務的な話も織り交ぜながら、誰もが納得できるよう分かりやすく講義を進めていきます。
また、WEB 講座であれば、自宅にいながら受講できる上、受講期間内であれば何度でも繰り返し納得いくまで受講できるため、範囲が広くて1つひとつの内容が高度な日商簿記１級の学習を無理なく進めることが可能です。
ネットスクールと一緒に、日商簿記１級に挑戦してみませんか？

標準コース　学習期間（約1年）

じっくり学習したい方向けのコースです。初学者の方や、実務経験のない方でも、わかり易く取引をイメージして学習していきます。お仕事が忙しくても１級にチャレンジされる方向きです。

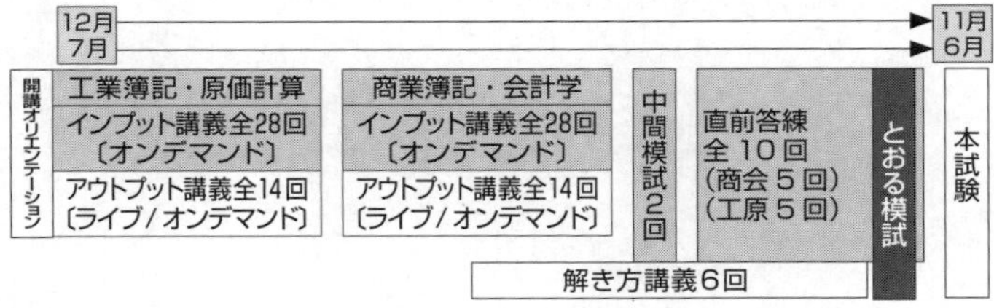

速修コース　学習期間（約6カ月）

短期間で集中して１級合格を目指すコースです。比較的残業が少ない等、一定の時間が取れる方向きです。また、税理士試験の受験資格が必要な方にもオススメのコースです。

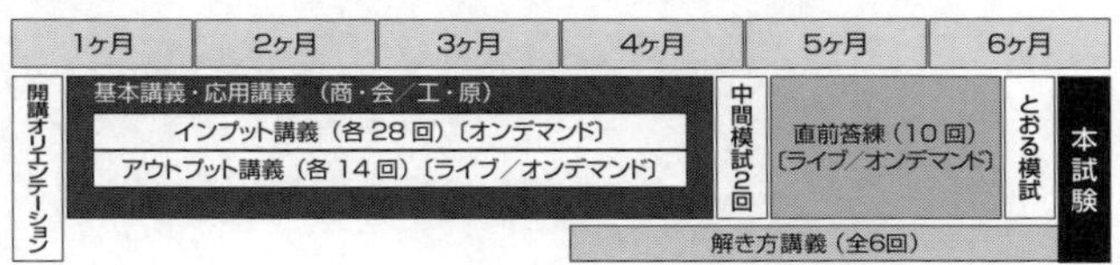

※１級標準・速修コースをお申し込みいただくと、特典として**２級インプット講義が本試験の前日まで学習いただけます。**
２級の内容に少し不安が…という場合でも安心してご受講いただけます。

Point

日商簿記1級WEB講座で採用『反転学習』とは？

【従　　来】　INPUT（集合授業）→ OUTPUT（各自の復習）

簿記の授業でも、これまでは上記のように問題演習を授業後の各自の復習に委ねられ、学習到達度の大きな差が生まれる原因を作っていました。そこで、ネットスクールの日商簿記対策 WEB 講座では、このスタイルを見直し、反転学習スタイルで講義を進めています。

【反 転 学 習】　INPUT（オンデマンド講義）→ OUTPUT（ライブ講義）

各自、オンデマンド講義でまずは必要な知識のインプットを行っていただき、その後のライブ講義で、インプットの復習とともに具体的な問題演習を行っていきます。ライブ講義とオンデマンド講義、それぞれの良い点を組み合わせた「反転学習」のスタイルを採用することにより、学習時間を有効活用しながら、早い段階で本試験レベルの問題にも対応できる実力が身につきます。

講義中は、先生がリアルタイムで質問に回答してくれます。対面式の授業だと、むしろここまで質問できない場合が多いと思います。

（loloさん）

ネットスクールが良かったことの1番は講義がよかったこと、これに尽きます。講師と生徒の距離がとても近く感じました。ライブに参加すると同じ時間を先生と全国の生徒が共有できる為、必然的に勉強する習慣が身につきました。

（みきさん）

試験の前日に桑原先生から激励の電話を直接いただきました。ほんとうにうれしかったです。ＷＥＢ講座の端々に先生の人柄がでており、めげずに再試験を受ける気持ちにさせてくれたのは、先生の言葉が大きかったと思います。

（りんさん）

合格出来たのは、ネットスクールに出会えたからだと思います。
40代、２児の母です。小さな会社の経理をしています。勉強できる時間は１日１時間がせいぜいでしたが、能率のよい講座のおかげで３回目の受験でやっと合格できました！

（M.Kさん）

WEB講座受講生の声

合格された皆様の喜びの声をお届けします！

本試験直前まで新しい予想問題を作って解説していただくなど、非常に充実したすばらしい講座でした。WEB講座を受講してなければ合格は無理だったと思います。

（としくんさん）

無事合格しました!!
平日休んで学校に通うわけにもいかず困っていましたが、WEB講座を知り、即申し込みました。桑原先生の解説は本当に解りやすく、テキストの独学だけでは合格出来なかったと思います。本当に申し込んで良かったと思っています。

（匿名希望さん）

専門学校に通うことを検討しましたが、仕事の関係で週末しか通えないこと、せっかくの休日が専門学校での勉強だけの時間になる事に不満を感じ断念しました。
WEB講座を選んだ事は、素晴らしい講師の授業を、自分の好きな時間に早朝でも深夜でも繰り返し受講できるので、大正解でした！

（ラナさん）

予想が面白いくらい的中して、試験中に「ニヤリ」としてしまいました。更なるステップアップを目指したいと思います。

（NMさん）

お問い合わせ・お申し込みは

ネットスクール WEB 講座 フリーコール **0120-979-919**（平日 10:00 ～ 18:00）

https://www.net-school.co.jp/

ネットスクールが誇る講師、スタッフが一丸となってこの1冊ができあがりました。
十分理解できましたか？
繰り返し学習し、合格の栄冠を勝ち取ってください。
制作スタッフ一同、心よりお祈り申し上げます。

■制作総指揮■
桑原　知之

■制作スタッフ■
中村　雄行／森田　文雄

■カバーデザイン■
久積　昌弘（B-rain）

■ DTP ■
株式会社 日本制作センター

■本文イラスト■
桑原　ふさみ

■編集コーディネート■
落合　明江

◆本書に関する制度改正及び訂正情報について◆

本書の発行後に公表された法令等及び試験制度の改正情報、並びに判明した誤りに関する訂正情報については、弊社 WEB サイト内の**『読者の方へ』**にてご案内しておりますので、ご確認下さい。

https://www.net-school.co.jp/

なお、万が一、誤りではないかと思われる箇所のうち、弊社 WEB サイトにて掲載がないものにつきましては、**書名（ＩＳＢＮコード）と誤りと思われる内容**のほか、お客様の**お名前**及び**ご連絡先（電話番号）**を明記の上、弊社まで**郵送または e-mail** にてお問い合わせ下さい。

〈郵送先〉　〒 101-0054
東京都千代田区神田錦町 3-23 メットライフ神田錦町ビル３階
ネットスクール株式会社　正誤問い合わせ係
〈e-mail〉　seisaku@net-school.co.jp

※正誤に関するもの以外のご質問にはお答えできません。
※**お電話によるお問い合わせはお受けできません。**ご了承下さい。
※解答及び内容確認のためにお電話を差し上げることがございますので、必ずご連絡先をお書き下さい。

〈別冊〉答案用紙

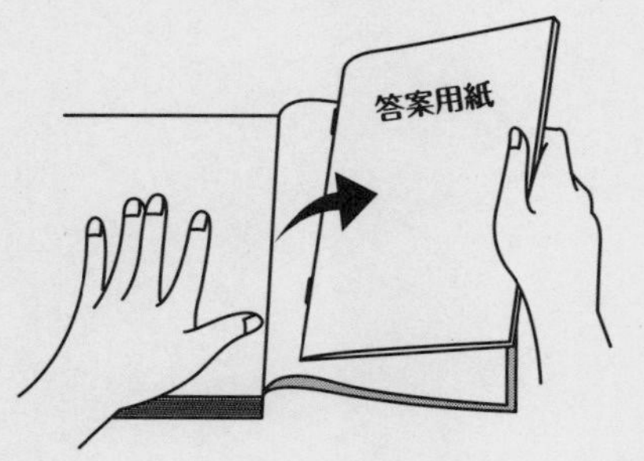

ご利用方法

以下の答案用紙は、この紙を残したままていねいに抜き取りご利用ください。

なお、抜取りのさいの損傷によるお取替えはご遠慮願います。

解き直しのさいには…
答案用紙ダウンロードサービス

ネットスクール HP（https://www.net-school.co.jp/）➡ 読者の方へをクリック

Chapter

1 工業簿記・原価計算の基礎

Section

1 「工業簿記・原価計算」と管理会計

理論問題～財務会計と管理会計～

解答・解説 P.1-1

1		2		3		4		5	

Section

2 原価計算の基礎

理論問題～原価計算の目的～

解答・解説 P.1-1

ア		イ		ウ		エ	

Chapter

2 CVP分析

Section

2 基本的なCVP分析

問題 1 損益分岐点・目標利益達成点

解答・解説 P.2-1

問１.

	損益計算書 （単位：円）
売上高	（ ）
変動費	（ ）
貢献利益	（ ）
固定費	（ ）
営業利益	（ ）

問２.

損益分岐点販売量 [ ] 個

損益分岐点売上高 [ ] 円

問３.

目標営業利益達成点売上高 [ ] 円

問４.

目標売上高営業利益率達成点販売量 [ ] 個

問題 2 経営レバレッジ係数と安全余裕率

解答・解説 P.2-3

問１.

経営レバレッジ係数 [ ]

問２.

安全余裕率 [ ] ％

問３.

営業利益増加率 [ ] ％

問題 3

理論問題～経営レバレッジ係数～

解答・解説 P.2-4

①		②		③	
④		⑤		⑥	

損益分岐点、安全余裕率

解答・解説 P.2-5

問1.

損益分岐点売上高 [　　　　] 万円　　　安全余裕率 [　　　　] %

問2.

[　　　　] ポイント

Section 3 応用的なCVP分析

感度分析

解答・解説 P.2-6

問1.

損益分岐点販売量 [　　　　] 個

問2.

営業利益は [　　　　] 円(　　　　)する。

【注意】(　　)内には増加・減少いずれかを記入すること。

製品種類が複数のときのCVP分析（販売量の割合が一定の場合）

解答・解説 P.2-7

製品Q [　　　　] 個

製品R [　　　　] 個

問題 7 製品種類が複数のときのCVP分析（売上高の割合が一定の場合）

解答・解説 P.2-8

① 損益分岐点販売量

製品X		個
製品Y		個
製品Z		個

② 安全余裕率 ＿＿＿ %

問題 8 全部原価計算によるCVP分析

解答・解説 P.2-9

損益分岐点販売量		個
安 全 余 裕 率		%

Section 4 原価の固変分解

問題 9 高低点法

解答・解説 P.2-10

製造間接費発生額 ＿＿＿ 円

問題 10 最小自乗法

解答・解説 P.2-11

変 動 費 率		万円／時間
月 間 固 定 費		万円

Chapter

3 最適セールス・ミックス

Section

1 最適セールス・ミックス

問題 1 最適セールス・ミックス1（共通の制約条件の数）

解答・解説 P.3-1

問1.

生産販売量　Z_1 [　　　] 個　Z_2 [　　　] 個　Z_3 [　　　] 個

営業利益 [　　　] 円

問2.

生産販売量　X [　　　] 個　Y [　　　] 個

営業利益 [　　　] 円

問題 2 最適セールス・ミックス2（最適セールス・ミックスの変化）

解答・解説 P.3-3

問1.

最適セールスミックス

製品A [　　　] 個

製品B [　　　] 個

年間営業利益 [　　　] 円

問2.

製品B１個あたりの貢献利益が [　　　] 円より少なければ、最適セールス・ミックスは変化する。

問題3 最適セールス・ミックス3（最低販売量）

解答・解説 P.3-5

問1.

変動加工費率 [　　　] 円／時間　固定加工費 [　　　] 万円

問2.

計画損益計算書 (単位：万円)

製品	A	B	C	D	合計
売上高	(　)	(　)	(　)	(　)	(　)
変動費	(　)	(　)	(　)	(　)	(　)
貢献利益	(　)	(　)	(　)	(　)	(　)
固定費					(　)
営業利益					(　)

問3.

製品A [　　　] 個　製品B [　　　] 個

製品C [　　　] 個　製品D [　　　] 個

営業利益増加額 [　　　] 万円

問題4 最適セールス・ミックス～生産ライン上のボトルネック～

解答・解説 P.3-7

問1.

[　　　　　　　　]

問2.

製品A [　　　] 単位　製品B [　　　] 単位　貢献利益 [　　　] 円

Chapter

4 業務的意思決定

Section

2 特殊原価と差額原価収益分析

問題 1 理論問題 ～意思決定会計における原価概念～

解答・解説 P.4-1

ア		イ		ウ	
エ		オ		カ	

Section

3 差額原価収益分析のケース・スタディ

追加加工の意思決定1（基本）

解答・解説 P.4-2

製品Xを追加加工し、製品Pとして生産・販売する方が［　　　　］円の

｛差額利益／差額損失｝となるので、追加加工すべきで｛ある／ない｝。

【注意】不要な方を二重線で消しなさい。

問題3 追加加工の意思決定2（連産品）

解答・解説 P.4-4

問1.

製　　品	B	C	D	合　計
製品単位あたり製造原価	円	円	円	―
売　上　総　利　益	万円	万円	万円	万円

【注】マイナスの場合は、金額の前に△を付すこと。

問2.

製　　品	B	C	D	合　計
売　上　総　利　益	万円	万円	万円	万円

【注】マイナスの場合は、金額の前に△を付すこと。

問3.

	工場全体の売上総利益
(1)	万円
(2)	万円
(3)	万円

【注】マイナスの場合は、金額の前に△を付すこと。

問題4 追加加工の意思決定3（連産品と副産物）

解答・解説 P.4-7

もっとも有利な意思決定は、連産品Aを(　　　　)kg追加加工し、連産品Bを(　　　　)kg追加加工することである。この場合、追加加工をまったく行わない場合を基準とする差額利益は(　　　　　　　)円である。

【注】連産品の追加加工をしないことが有利な場合は、追加加工量の記入欄に0を記入しなさい。

問題5 特別注文引受可否1（基本）

解答・解説 P.4-9

問1.

新規注文を引き受けた場合、営業利益が［　　　　］千円（増加・減少）する。
したがって、新規注文を（引き受ける・引き受けない）方が有利である。

【注意】不要な語句を二重線で消しなさい。

問2.

新規注文を引き受けた場合、営業利益が［　　　　］千円（増加・減少）する。
したがって、新規注文を（引き受ける・引き受けない）方が有利である。

【注意】不要な語句を二重線で消しなさい。

問3.

最低［　　　　］円を超える値上げを打診する必要がある。

問題6 特別注文引受可否2（引受時の原価）

解答・解説 P.4-12

X社の注文を引き受けた方が［　　　　］円｛差額利益／差額損失｝が出るので、

注文を引き受けるべきで｛ある／ない｝。

【注意】不要な方を二重線で消しなさい。

問題7 特別注文引受可否3（最適プロダクト・ミックス）

解答・解説 P.4-13

問１.

製品Ｘの生産量 ＝ [　　　　] 個

製品Ｙの生産量 ＝ [　　　　] 個

貢　献　利　益 ＝ [　　　　] 円

問２.

(1) 臨時の注文300個を引き受けた方が、引き受けない場合に比べて [　　　　] 円

だけ { 有利である。 / 不利である。 }

【注】いずれか適切な方を ◯ で囲み、不要な方を二重線で消しなさい。

(2) 臨時の注文450個を引き受けた方が、引き受けない場合に比べて [　　　　] 円

だけ { 有利である。 / 不利である。 }

【注】いずれか適切な方を ◯ で囲み、不要な方を二重線で消しなさい。

問題8 内製か購入かの意思決定1（遊休能力の利用）

解答・解説 P.4-16

問１.

部品Ｙを（内製する・購入する）方が、原価が [　　　　] 千円低く有利である。

【注意】不要な語句を二重線で消しなさい。

問２.

部品Ｙの年間必要量が [　　　　] 個以上ならば、部品Ｙを内製する方が有利である。

問３.

部品Ｙを（内製する・購入する）方が、原価が [　　　　] 千円低く有利である。

【注意】不要な語句を二重線で消しなさい。

問題9 内製か購入かの意思決定2（内製が有利になる条件）

解答・解説 P.4-18

問1.

翌期の生産量が［　　　　］台より｛多ければ／少なければ｝内製すべきである。

【注意】正しい方を○で囲むこと。

問2.

翌期の生産量が［　　　　］台より｛多ければ／少なければ｝内製すべきである。

【注意】正しい方を○で囲むこと。

問題10 経済的発注量

解答・解説 P.4-20

問1.

［　　　　］個

問2.

(1)［　　　　］円

(2)［　　　　］個

Chapter

5 設備投資意思決定の基本

Section

1 設備投資意思決定の基礎知識

問題1 理論問題～設備投資意思決定の基本～

解答・解説 P.5-1

ア		イ		ウ		エ	
オ		カ		キ			

問題2 貨幣の時間価値と投資

解答・解説 P.5-1

問１.

円

問２.

円

問３.

ア		イ	
ウ		エ	

問題3 現価係数と年金現価係数１（２つの係数の関係）

解答・解説 P.5-2

①		②		③		④	

問題4 現価係数と年金現価係数２（現在価値計算）

解答・解説 P.5-2

問１.

円

問２.

問３.

円

問４.

円

問題 5 加重平均資本コスト率

解答・解説 P.5-3

(1) ＿＿＿＿ %

(2) ＿＿＿＿ %

Section 2 設備投資案の評価方法Ⅰ

問題 6 正味現在価値法と収益性指数法１（税金を考慮しない場合）

解答・解説 P.5-4

問１.

正味現在価値 ＿＿＿＿ 円

収益性指数 ＿＿＿＿

問２.

正味現在価値 ＿＿＿＿ 円

収益性指数 ＿＿＿＿

問題 7 正味現在価値法と収益性指数法２（税金を考慮しない場合）

解答・解説 P.5-4

この投資案の正味現在価値は ＿＿＿＿ 円なので投資すべきで ｛ある／ない｝。

この投資案の収益性指数は ＿＿＿＿ なので投資すべきで ｛ある／ない｝。

【注意】不要な方を二重線で消しなさい。

問題 8 内部利益率法１（税金を考慮しない場合）

解答・解説 P.5-5

内 部 利 益 率 ＿＿＿＿ %

Section

3 キャッシュ・フローの見積り

問題 9 キャッシュ・フロー予測1（税金を考慮する場合）

解答・解説 P.5-6

問1.

(1)

投資時点	年々	投資終了時
万円	万円	万円

(2)

現時点	1年度	2年度	3年度	4年度
万円	万円	万円	万円	万円

問2.

(1)

投資時点	年々	投資終了時
万円	万円	万円

(2)

現時点	1年度	2年度	3年度	4年度
万円	万円	万円	万円	万円

問題 10 キャッシュ・フロー予測2（損益計算書からの計算）

解答・解説 P.5-8

［　　　　］円

問題 11 正味現在価値法と収益性指数法3（税金を考慮する場合）

解答・解説 P.5-9

問1.

正味現在価値が［　　　　］万円であるから採用すべきで｛ある／ない｝。

収益性指数が［　　　　］であるから採用すべきで｛ある／ない｝。

【注意】不要な方を二重線で消しなさい。

問2.

① 1年目　（　　　　　）万円
2年目　（　　　　　）万円
3年目　（　　　　　）万円

② 正味現在価値が［　　　　］万円であるから採用すべきで｛ある／ない｝。

収益性指数が［　　　　］であるから採用すべきで｛ある／ない｝。

【注意】不要な方を二重線で消しなさい。

問題 12 内部利益率法２（税金を考慮する場合）

解答・解説 P.5-10

問１．

内部利益率が（　　　　）％なので採用｛すべきである／すべきでない｝。

【注意】不要な方を二重線で消しなさい。

問２．

内部利益率はＡ案が（　　　　）％、Ｂ案が（　　　　）％、Ｃ案が（　　　　）％なので（　　）案を採用すべきである。

問題 13 新規投資１（正味現在価値法の総合問題）

解答・解説 P.5-14

問１．

０年度（現時点）	１年度末	２年度末	３年度末	４年度末
万円	万円	万円	万円	万円

問２．

０年度（現時点）	１年度末	２年度末	３年度末	４年度末
万円	万円	万円	万円	万円

問３．

正味現在価値が（　　　　　　　）円なので採用すべきで（　ある・ない　）。

【注意】不要な方を二重線で消しなさい。

問４．

自動化オプションを取り付ける前の正味現在価値は（　　　　　　　）円であるのに対して、取り付けた後の正味現在価値は（　　　　　　　）円なので取り付けた上で投資すべき（　である・ではない　）。

【注意】不要な方を二重線で消しなさい。

Section

4 設備投資案の評価方法 Ⅱ

問題 14 単純投下資本利益率法と単純回収期間法

解答・解説 P.5-18

投下資本利益率 [　　　　] %

回　収　期　間

(1) ネット・キャッシュ・フローの年間平均額を用いる方法 [　　　　] 年

(2) ネット・キャッシュ・フローの累計額を用いる方法 [　　　　] 年

問題 15 投資案の評価方法のまとめ

解答・解説 P.5-19

問１.

現時点	１年度	２年度	３年度	合計
万円	万円	万円	万円	万円

問２. [　　　　] %

問３. [　　年　　カ月]

問４. [　　年　　カ月]

問５. [　　　　] %

問６. [　　　　] 円

問７. [　　　　]

問題 16 推定問題

解答・解説 P.5-21

①		②		③	
④		⑤		⑥	
⑦		⑧		⑨	

問題 17 新規投資２（投資を行うための条件）

解答・解説 P.5-22

問１.

税金の支払を考慮しない場合 [　　　　] 万円

問２.

税金の支払を考慮する場合 [　　　　] 万円

Chapter

6 設備投資意思決定の応用

Section

1 設備投資意思決定の応用問題

問題 1 キャッシュ・フロー予測1（取替投資）

解答・解説 P.6-1

投資時点	年々	投資終了時
万円	万円	万円

問題 2 取替投資1（基本的な総合問題）

解答・解説 P.6-2

X案の正味現在価値は、［　　　　］千円、Y案の正味現在価値は［　　　　］千円である。したがって、［　］案の方が［　］案に比べて［　　　　］千円有利なので、［　］案を採用すべきである。

問題 3 取替投資2（応用的な総合問題）

解答・解説 P.6-4

最新鋭設備を導入する方が、正味現在価値が（　　　　　　　　）円（　高く・低く　）（　有利・不利　）である。

【注意】不要な方を二重線で消しなさい。

問題 4 キャッシュ・フロー予測2（拡張投資）

解答・解説 P.6-6

投資時点	年々	投資終了時
万円	万円	万円

Chapter 6 設備投資意思決定の応用

問題 5 耐用年数の異なる投資案の比較

解答・解説 P.6-7

問1.

A案の正味現在価値は(　　　　　　)円であり、B案の正味現在価値は(　　　　　　)円であるため、(　A案　・　B案　)の方が有利である。

【注意】不要な方を二重線で消すこと(問2についても同様)

問2.

A案の正味現在価値は(　　　　　　)円であり、B案の正味現在価値は(　　　　　　)円であるため、(　A案　・　B案　)の方が有利である。

問題 6 正味運転資本への投資

解答・解説 P.6-10

問1.

加重平均資本コスト率 [　　　　] %

問2.

正味運転資本のキャッシュ・フロー　(単位：万円)

20X0年度末	20X1年度末	20X2年度末	20X3年度末

問3.

固定資産の売却・処分にともなうキャッシュ・フロー　(単位：万円)

① 土地の売却にともなうキャッシュ・フロー	
② 建物の売却にともなうキャッシュ・フロー	
③ 設備の処分にともなうキャッシュ・フロー	

問4.

各年度末のキャッシュ・フロー　(単位：万円)

20X0年度末	20X1年度末	20X2年度末	20X3年度末

問5.

正味現在価値 [　　　　] 万円

【注】正味現在価値が負の値となるときは、金額の前に△を付すこと。

問6.

内部利益率 [　　　　] %

問題7 新規投資1（材料在庫の消費）

解答・解説 P.6-14

問1.

［　　　　］万円

【注】解答がマイナスとなる場合には金額の前に「△」を付すこと。

問2.

■節税効果に着目した方法

（単位：万円）

	1年後	2年後	3年後
製品Bの売上高	(　　)	(　　)	(　　)
材料xの購入額		△(　　)	△(　　)
税金考慮前差額キャッシュ・フロー	(　　)	(　　)	(　　)
税金考慮前差額キャッシュ・フロー×(1−30%)	(　　)	(　　)	(　　)
減価償却による節税効果	(　　)	(　　)	(　　)
材料x使用による節税効果	(　　)	(　　)	(　　)
税引後差額キャッシュ・フロー	(　　)	(　　)	(　　)

■キャッシュ・イン・フローとキャッシュ・アウト・フローに着目した方法

（単位：万円）

	1年後	2年後	3年後
製品Bの売上高	(　　)	(　　)	(　　)
売上原価	△(　　)	△(　　)	△(　　)
減価償却費	△(　　)	△(　　)	△(　　)
営業利益	(　　)	(　　)	(　　)
法人税額	(　　)	(　　)	(　　)
キャッシュ・イン・フロー	(　　)	(　　)	(　　)
キャッシュ・アウト・フロー			
材料購入額		△(　　)	△(　　)
法人税の支払	△(　　)	△(　　)	△(　　)
税引後差額キャッシュ・フロー	(　　)	(　　)	(　　)

問3.

［　　　　］万円

【注】解答がマイナスとなる場合には金額の前に「△」を付すこと。

問題 8 拡張投資

解答・解説 P.6-17

問1.

[　　　　　　]円

問2.

[　　　　　　]円

問3.

[　　　　　　]円

問4.

[　　　　　　]円

問5.

[　　　　　　]円

問題 9 新規投資2（設備の比較）

解答・解説 P.6-20

問1.

年間の製造・販売量が[　　　　　　]個以上であれば、採算がとれる。

問2.

年間の製造・販売量が[　　　　　　]個以上であれば、[　　　　　　]社製設備の方が有利である。

Chapter

7 直接原価計算

Section

1 直接実際原価計算

問題 1 直接原価計算と全部原価計算

解答・解説 P.7-1

問１．

損益計算書　（単位：円）

Ⅰ	売上高	（　　　）
Ⅱ	売上原価	（　　　）
	売上総利益	（　　　）
Ⅲ	販売費及び一般管理費	（　　　）
	営業利益	（　　　）

問２．

損益計算書　（単位：円）

Ⅰ	売上高		（　　　）
Ⅱ	変動売上原価		（　　　）
	（　　　）		（　　　）
Ⅲ	変動販売費		（　　　）
	（　　　）		（　　　）
Ⅳ	固定費		
	１．固定製造費	（　　　）	
	２．固定販売費	（　　　）	
	３．固定一般管理費	（　　　）	（　　　）
	営業利益		（　　　）

問題 2 固定費調整1 (ころがし計算法と一括調整法)

解答・解説 P.7-3

問1.

固定費調整　(単位：円)

直接原価計算の営業利益		(　　)
期末仕掛品固定費	(　　)	
期末製品固定費	(　　)	(　　)
期首仕掛品固定費	(　　)	
期首製品固定費	(　　)	(　　)
全部原価計算の営業利益		(　　)

問2.

固定費調整　(単位：円)

直接原価計算の営業利益		(　　)
期末仕掛品固定費	(　　)	
期末製品固定費	(　　)	(　　)
期首仕掛品固定費	(　　)	
期首製品固定費	(　　)	(　　)
全部原価計算の営業利益		(　　)

問題 3 固定費調整2 (加工費を予定配賦している場合)

解答・解説 P.7-6

直接原価計算の損益計算書　(単位：円)

売上高			3,150,000
変動売上原価	(　　)		
原価差額	(　　)	(　　)	(　　)
変動製造マージン			(　　)
変動販売費			126,000
貢献利益			(　　)
固定費			
製造固定費	(　　)		
固定販売費及び一般管理費	(　　)		(　　)
直接原価計算の営業利益			(　　)
固定費調整			
月末仕掛品固定費	(　　)		
月末製品固定費	(　　)		(　　)
月初仕掛品固定費	(　　)		
月初製品固定費	(　　)		(　　)
全部原価計算の営業利益			(　　)

Section **2** 直接標準原価計算

問題4 直接標準原価計算における標準原価差異分析

解答・解説 P.7-8

損益計算書　(単位：円)

Ⅰ 売上高			(　　)
Ⅱ 標準変動売上原価			(　　)
変動製造マージン			(　　)
Ⅲ 標準変動販売費			(　　)
標準貢献利益			(　　)
Ⅳ 原価差異			
1 価格差異 〔　〕	(　　)		
2 数量差異 〔　〕	(　　)		
3 賃率差異 〔　〕	(　　)		
4 作業時間差異 〔　〕	(　　)		
5 予算差異 〔　〕	(　　)		
6 能率差異 〔　〕	(　　)		
7 販売費差異 〔　〕	(　　)	〔　〕	(　　)
実際貢献利益			(　　)
Ⅴ 固定費			
1 固定製造原価	(　　)		
2 固定販売費	(　　)		(　　)
営業利益			(　　)

【注意】〔　〕内には有利差異の場合には＋（プラス）を、不利差異の場合には–（マイナス）を記入すること。

直接標準原価計算と固定費調整

解答・解説 P.7-10

損益計算書（全部原価計算）

（単位：円）

売　上　高			15,000,000
売 上 原 価			
期首製品棚卸高	（　　）		
当期製品製造原価	（　　）		
合　　計	（　　）		
期末製品棚卸高	（　　）		
	（　　）		
原 価 差 異			
予 算 差 異	（　　）	（　　）	
操 業 度 差 異	（　　）	（　　）	
差 異 合 計	（　　）	（　　）	（　　）
売 上 総 利 益			（　　）
販売費及び一般管理費			（　　）
営　業　利　益			（　　）

損益計算書（直接原価計算）

（単位：円）

売　上　高			15,000,000
変動売上原価			
期首製品棚卸高	（　　）		
当期製品製造原価	（　　）		
合　　計	（　　）		
期末製品棚卸高	（　　）		
	（　　）		
変動原価差異			
予 算 差 異	（　　）	（　　）	
差 異 合 計	（　　）	（　　）	（　　）
変動製造マージン			（　　）
変 動 販 売 費			400,000
貢　献　利　益			（　　）
固　定　費			
加　工　費	（　　）		
販売費及び一般管理費	（　　）		（　　）
直接原価計算の営業利益			（　　）
固 定 費 調 整			
期末仕掛品固定費	（　　）		
期末製品固定費	（　　）		（　　）
期首仕掛品固定費	（　　）		
期首製品固定費	（　　）		（　　）
全部原価計算の営業利益			（　　）

問題6 総合問題

解答・解説 P.7-12

問1.

20X2年4月～20X3年2月において発生している原価差異は(　　　　)千円の(有利・不利)差異である。

【注】(有利・不利)のうち、不適切な語句を二重線で消しなさい。

問2.

(1)　3月の生産量が80千個のとき、20X2年度の税引前営業利益は(　　　　)千円である。

(2)　3月の生産量が90千個のとき、20X2年度の税引前営業利益は(　　　　)千円である。

問3.

当社の生産能力、製品在庫能力、その他の在庫方針を考慮したときの20X2年度の税引前営業利益が最大となる3月の生産量は(　　　　)千個となる。このとき、20X2年度の税引前営業利益(　　　　)千円である。

問4.

3月の生産量は(　　　　)千個とすべきであり、このときの20X2年度の税引前営業利益は問3の計算結果と比較して(　　　　)千円だけ(増加する・減少する)。また、翌年度の生産量は(　　　　)千個とすべきであり、税引前営業利益は(　　　　)千円となる。

【注】(増加する・減少する)のうち、不適切な語句を二重線で消しなさい。

問5.

当社が直接標準原価計算を採用した場合、問3を前提とするときの直接標準原価計算による20X2年度の税引前営業利益は(　　　　)千円になる。また、全部標準原価計算のときと比べて20X2年度の税引前営業利益は(　　　　)千円(増加する・減少する)。

【注】(増加する・減少する)のうち、不適切な語句を二重線で消しなさい。

問題7 理論問題 ～直接原価計算と全部原価計算の関係～

解答・解説 P.7-18

①		②		③	
④		⑤			

Chapter

8 予算管理

Section

1 予算編成

問題 1 予算編成1（直接標準原価計算）

解答・解説 P.8-1

20X3年　予定損益計算書（単位：千円）

	5月	6月
売上高	（　　）	（　　）
変動売上原価	（　　）	（　　）
変動製造マージン	（　　）	（　　）
変動販売費	（　　）	（　　）
貢献利益	（　　）	（　　）
固定費		
製造間接費	（　　）	（　　）
販売費・一般管理費	（　　）	（　　）
固定費計	（　　）	（　　）
直接原価計算の営業利益	（　　）	（　　）
固定費調整額	（　　）	（　　）
全部原価計算の営業利益	（　　）	（　　）
支払利息	（　　）	（　　）
経常利益	（　　）	（　　）

20X3年　予定貸借対照表（単位：千円）

	5月末	6月末
流動資産		
現金	(　　)	(　　)
売掛金	(　　)	(　　)
製品	(　　)	(　　)
原材料	(　　)	(　　)
流動資産計	(　　)	(　　)
固定資産		
土地	(　　)	(　　)
建物・設備	(　　)	(　　)
固定資産計	(　　)	(　　)
資産合計	(　　)	(　　)
流動負債		
買掛金	(　　)	(　　)
短期借入金	(　　)	(　　)
流動負債計	(　　)	(　　)
固定負債	(　　)	(　　)
純資産		
資本金	(　　)	(　　)
資本剰余金	(　　)	(　　)
利益剰余金	(　　)	(　　)
純資産計	(　　)	(　　)
負債・純資産合計	(　　)	(　　)

Chapter 8 予算管理

問題 2 予算編成2（全部標準原価計算）

解答・解説 P.8-9

予定損益計算書（単位：千円）

	7月	8月
売上高	(　　)	(　　)
売上原価	(　　)	(　　)
売上総利益	(　　)	(　　)
販売費・一般管理費	(　　)	(　　)
営業利益	(　　)	(　　)
支払利息	(　　)	(　　)
経常利益	(　　)	(　　)
固定資産売却損益	(　　)	(　　)
税引前当期純利益	(　　)	(　　)
法人税等	(　　)	(　　)
当期純利益	(　　)	(　　)

【注】固定資産売却損益は、売却損の場合、金額の前に△をつけること。

予定貸借対照表（単位：千円）

	7月末	8月末
流動資産		
現金	(　)	(　)
売掛金	(　)	(　)
製品	(　)	(　)
原料	(　)	(　)
小計	(　)	(　)
固定資産		
土地	(　)	(　)
建物・設備	(　)	(　)
減価償却累計額	(　)	(　)
小計	(　)	(　)
合計	(　)	(　)
流動負債		
買掛金	(　)	(　)
借入金	(　)	(　)
未払法人税等	(　)	(　)
小計	(　)	(　)
固定負債	(　)	(　)
株主資本		
資本金	(　)	(　)
資本剰余金	(　)	(　)
利益剰余金	(　)	(　)
小計	(　)	(　)
合計	(　)	(　)

Section

2 予算実績差異分析

問題3 直接実際原価計算による予算実績差異分析

解答・解説 P.8-18

【総額分析】

営業利益差異分析表　（単位：円）

Ⅰ．予算営業利益		17,400,000
2．売上高差異		
(1)販売価格差異	（　　　）	
(2)販売数量差異	（　　　）	（　　　）
3．変動売上原価差異		
(1)売上原価価格差異	（　　　）	
(2)売上原価数量差異	（　　　）	（　　　）
4．変動販売費差異		
(1)変動販売費予算差異	（　　　）	
(2)変動販売費数量差異	（　　　）	（　　　）
5．貢献利益差異		（　　　）
6．固定費差異		
(1)固定製造間接費差異	（　　　）	
(2)固定販売費差異	（　　　）	
(3)固定一般管理費差異	（　　　）	（　　　）
6．実績営業利益		16,820,000

【純額分析】

営業利益差異分析表　（単位：円）

Ⅰ．予算営業利益		17,400,000
2．貢献利益差異		
(1)販売価格差異	（　　　）	
(2)販売数量差異	（　　　）	
(3)変動売上原価価格差異	（　　　）	
(4)変動販売費予算差異	（　　　）	（　　　）
3．固定費差異		
(1)固定製造間接費差異	（　　　）	
(2)固定販売費差異	（　　　）	
(3)固定一般管理費差異	（　　　）	（　　　）
4．実績営業利益		16,820,000

直接標準原価計算による予算実績差異分析

解答・解説 P.8-21

予算実績損益比較計算書 (単位：円)

	予算	実績	差異
売上高	(　　)	(　　)	(　　)
標準変動費			
製造原価	(　　)	(　　)	(　　)
販売費	(　　)	(　　)	(　　)
計	(　　)	(　　)	(　　)
標準貢献利益	(　　)	(　　)	(　　)
標準変動費差異	―	(　　)	(　　)
実際貢献利益	(　　)	(　　)	(　　)
固定費			
製造間接費	(　　)	(　　)	(　　)
販売費	(　　)	(　　)	(　　)
一般管理費	(　　)	(　　)	(　　)
計	(　　)	(　　)	(　　)
営業利益	(　　)	(　　)	(　　)

【総額分析】

営業利益差異分析表　　（単位：円）

1．予算営業利益		（　　）
2．売上高差異		
(1)販売価格差異	（　　）	
(2)販売数量差異	（　　）	（　　）
3．標準変動売上原価数量差異		（　　）
4．標準変動販売費数量差異		（　　）
5．標準貢献利益差異		（　　）
6．標準変動費差異		
(1)材料価格差異	（　　）	
(2)材料消費数量差異	（　　）	
(3)労働賃率差異	（　　）	
(4)労働時間差異	（　　）	
(5)変動製造間接費予算差異	（　　）	
(6)変動製造間接費能率差異	（　　）	
(7)変動販売費予算差異	（　　）	（　　）
7．固定費差異		
(1)固定製造間接費差異	（　　）	
(2)固定販売費差異	（　　）	
(3)固定一般管理費差異	（　　）	（　　）
8．実績営業利益		（　　）

【純額分析】

営業利益差異分析表　　（単位：円）

1．予算営業利益		（　　）
2．標準貢献利益差異		
(1)販売価格差異	（　　）	
(2)販売数量差異	（　　）	（　　）
3．標準変動費差異		
(1)材料価格差異	（　　）	
(2)材料消費数量差異	（　　）	
(3)労働賃率差異	（　　）	
(4)労働時間差異	（　　）	
(5)変動製造間接費予算差異	（　　）	
(6)変動製造間接費能率差異	（　　）	
(7)変動販売費予算差異	（　　）	（　　）
4．固定費差異		
(1)固定製造間接費差異	（　　）	
(2)固定販売費差異	（　　）	
(3)固定一般管理費差異	（　　）	（　　）
5．実績営業利益		（　　）

問題 5 全部実際原価計算による予算実績差異分析

解答・解説 P.8-25

【総額分析（項目別分析）】

営業利益差異分析表　（単位：円）

1．予算営業利益		17,400,000
2．売上高差異		
(1)販売価格差異	(　　)	
(2)販売数量差異	(　　)	(　　)
3．売上原価差異		
(1)売上原価価格差異	(　　)	
(2)売上原価数量差異	(　　)	(　　)
4．売上総利益差異		(　　)
5．販売費・一般管理費差異		
(1)販売費差異	(　　)	
(2)一般管理費差異	(　　)	(　　)
6．実績営業利益		16,820,000

【純額分析（要因別分析）】

営業利益差異分析表　（単位：円）

1．予算営業利益		17,400,000
2．売上総利益差異		
(1)販売価格差異	(　　)	
(2)販売数量差異	(　　)	
(3)売上原価価格差異	(　　)	(　　)
3．販売費・一般管理費差異		
(1)販売費差異	(　　)	
(2)一般管理費差異	(　　)	(　　)
4．実績営業利益		16,820,000

問題6 全部標準原価計算による予算実績差異分析

解答・解説 P.8-27

予算実績比較損益計算書　（単位：円）

	予算	実績	差異
売上高	（　　）	（　　）	（　　）
標準売上原価	（　　）	（　　）	（　　）
標準売上総利益	（　　）	（　　）	（　　）
標準原価差異	—	（　　）	（　　）
実際売上総利益	（　　）	（　　）	（　　）
販売費・一般管理費			
販売費	（　　）	（　　）	（　　）
一般管理費	（　　）	（　　）	（　　）
計	（　　）	（　　）	（　　）
営業利益	（　　）	（　　）	（　　）

【総額分析】

営業利益差異分析表　（単位：円）

1．予算営業利益		（　　）
2．売上高差異		
(1)販売価格差異	（　　）	
(2)販売数量差異	（　　）	（　　）
3．標準売上原価数量差異		（　　）
4．標準売上総利益差異		（　　）
5．標準原価差異		
(1)材料価格差異	（　　）	
(2)材料消費数量差異	（　　）	
(3)労働賃率差異	（　　）	
(4)労働時間差異	（　　）	
(5)変動製造間接費予算差異	（　　）	
(6)固定製造間接費予算差異	（　　）	
(7)製造間接費能率差異	（　　）	
(8)操業度差異	（　　）	（　　）
6．販売費・一般管理費		
(1)販売費差異	（　　）	
(2)一般管理費差異	（　　）	（　　）
7．実績営業利益		（　　）

【純額分析】

営業利益差異分析表		(単位：円)
1．予算営業利益		(　　　　)
2．標準売上総利益差異		
(1)販売価格差異	(　　　　)	
(2)販売数量差異	(　　　　)	(　　　　)
3．標準原価差異		
(1)材料価格差異	(　　　　)	
(2)材料消費数量差異	(　　　　)	
(3)労働賃率差異	(　　　　)	
(4)労働時間差異	(　　　　)	
(5)変動製造間接費予算差異	(　　　　)	
(6)固定製造間接費予算差異	(　　　　)	
(7)製造間接費能率差異	(　　　　)	
(8)操業度差異	(　　　　)	(　　　　)
4．販売費・一般管理費		
(1)販売費差異	(　　　　)	
(2)一般管理費差異	(　　　　)	(　　　　)
5．実績営業利益		(　　　　)

問題 7

活動区分別の営業利益差異分析

解答・解説 P.8-32

営業利益差異分析表　　(単位：円)

1．予算営業利益		704,000
2．標準貢献利益差異		
(1)販売価格差異	(　　)	
(2)販売数量差異	(　　)	(　　)
3．標準変動費差異		
(1)材料価格差異	(　　)	
(2)材料消費数量差異	(　　)	
(3)労働賃率差異	(　　)	
(4)労働時間差異	(　　)	
(5)変動製造間接費予算差異	(　　)	
(6)変動製造間接費能率差異	(　　)	
(7)変動販売費予算差異	(　　)	(　　)
4．固定費差異		
(1)固定製造間接費差異	(　　)	
(2)固定販売費差異	(　　)	
(3)固定一般管理費差異	(　　)	(　　)
5．実績営業利益		688,200

活動区分別差異分析表　　(単位：円)

1．予算営業利益		704,000
2．販売部門差異		
(1)販売価格差異	(　　)	
(2)販売数量差異	(　　)	
(3)変動販売費予算差異	(　　)	
(4)固定販売費差異	(　　)	(　　)
3．製造部門差異		
(1)材料価格差異	(　　)	
(2)材料消費数量差異	(　　)	
(3)労働賃率差異	(　　)	
(4)労働時間差異	(　　)	
(5)変動製造間接費予算差異	(　　)	
(6)変動製造間接費能率差異	(　　)	
(7)固定製造間接費差異	(　　)	(　　)
4．一般管理部門差異		
固定一般管理費差異		(　　)
5．実績営業利益		688,200

Section

3 販売数量差異の細分化

問題 8 市場占拠率差異と市場総需要量差異

解答・解説 P.8-35

問1.

販売価格差異	円（　　）
販売数量差異	円（　　）

問2.

販売価格差異	円（　　）
販売数量差異	円（　　）

問3.

予算市場占拠率	%
実績市場占拠率	%

問4.

市場占拠率差異	円（　　）
市場総需要量差異	円（　　）

問題 9 セールス・ミックス差異と総販売数量差異

解答・解説 P.8-36

販売価格差異	円（　　）		
販売数量差異	円（　　）	セールスミックス差異	円（　　）
		総販売数量差異	円（　　）
変動費差異	円（　　）		

問題 10 会話文問題1（市場占拠率差異と市場総需要量差異）

解答・解説 P.8-39

①		②		③	
④		⑤		⑥	
⑦		⑧		⑨	
⑩		⑪		⑫	
⑬		⑭		⑮	

問題 11 会話文問題2（セールス・ミックス差異を含む総合問題）

解答・解説 P.8-41

①		②		③	
④		⑤		⑥	
⑦		⑧		⑨	
⑩		⑪		⑫	
⑬		⑭			

問題 12 理論問題 〜予算編成と予算統制〜

解答・解説 P.8-44

ア		イ		ウ	
エ		オ		カ	
キ		ク		ケ	

Chapter

9 セグメント別損益計算

Section

1 セグメント別損益計算

問題 1 セグメント別損益計算書

解答・解説 P.9-1

・貢献利益率

A　製　品　[　　　　　] %

B　製　品　[　　　　　] %

C　製　品　[　　　　　] %

・結　論　[　　　　　　　　　　　　]

Section

2 事業部制のもとでの業績測定

問題 2 事業部の業績測定

解答・解説 P.9-2

問1.

事業部別損益計算書　(単位：千円)

	第1事業部	第2事業部	第3事業部
Ⅰ 売上高	(　　)	(　　)	(　　)
Ⅱ 変動売上原価	(　　)	(　　)	(　　)
(　　　　)	(　　)	(　　)	(　　)
Ⅲ 変動販売費	(　　)	(　　)	(　　)
貢献利益	(　　)	(　　)	(　　)
Ⅳ(　　　　)	(　　)	(　　)	(　　)
(　　　　)	(　　)	(　　)	(　　)
Ⅴ(　　　　)	(　　)	(　　)	(　　)
(　　　　)	(　　)	(　　)	(　　)
Ⅵ 共通固定費配賦額	(　　)	(　　)	(　　)
事業部営業利益	(　　)	(　　)	(　　)

問2.

事業部長の業績測定順位　1位 第[　]事業部　2位 第[　]事業部　3位 第[　]事業部

事業部自体の業績測定順位　1位 第[　]事業部　2位 第[　]事業部　3位 第[　]事業部

問題3 総合問題

解答・解説 P.9-3

問1.

損益分岐点売上高	万円
安全余裕率	%

問2.

①	万円

問3.

②	万円

問4.

②	A事業部	B事業部	C事業部
ROI	%	%	%

問5.

②	A事業部	B事業部	C事業部
目標売上高	万円	万円	万円

問6.

②	A事業部	B事業部	C事業部
管理可能残余利益	(　) 万円	(　) 万円	(　) 万円

【注】(　)内には、「+」または「−」の記号を記入すること。

問題4 経済的付加価値

解答・解説 P.9-6

①	増加、減少	⑤	万円
②	増加、減少	⑥	万円
③	採用する、採用しない	⑦	万円
④	採用する、採用しない	⑧	万円

【注】①、②、③、④は，不要な文字を二重線で消しなさい。

内部振替価格

解答・解説 P.9-7

問1.

遊休生産能力をそのままとし、何もしない場合に比べて、(　　　　　)円〔 有利 ・ 不利 〕であるため、会社全体としては製品Xを販売すべきで〔 ある ・ ない 〕。

【注】〔　〕の中は、適切と思われる方を○で囲みなさい。

問2.

全部原価基準により内部振替価格を設定する場合、製品事業部の利益は(　　　　　)円の〔 増加 ・ 減少 〕が見込まれるため、製品事業部長は部品xを購入し、製品Xとして販売すべきで〔 ある ・ ない 〕と判断する。

【注】〔　〕の中は、適切と思われる方を○で囲みなさい。

問3.

変動費基準により内部振替価格を設定する場合、製品事業部の利益は(　　　　　)円の〔 増加 ・ 減少 〕が見込まれるため、製品事業部長は部品xを購入し、製品Xとして販売すべきで〔 ある ・ ない 〕と判断する。

【注】〔　〕の中は、適切と思われる方を○で囲みなさい。

問4.

部品xを外部に販売する場合に比べて(　　　　　)円〔 有利 ・ 不利 〕であるため、会社全体としては、製品Xとして外部に販売すべきで〔 ある ・ ない 〕。

【注】〔　〕の中は、適切と思われる方を○で囲みなさい。

問5.

内部振替価格に単純市価を用いた場合、製品事業部の利益は(　　　　　)円の〔 増加 ・ 減少 〕が見込まれるため、製品事業部長は、部品xを受け入れて製品Xとして外部販売すべきで〔 ある ・ ない 〕と判断する。

【注】〔　〕の中は、適切と思われる方を○で囲みなさい。

問題 6

理論問題 〜内部振替価格〜

解答・解説 P.9-10

ア		イ		ウ		エ	
オ		カ		キ			

Chapter

10 新しい原価計算と管理会計

Section

1 品質原価計算

問題 1

品質原価計算

解答・解説 P.10-1

問1.

（ア）		（イ）	
（ウ）		（エ）	
（オ）			

Section

2 原価企画・原価維持・原価改善

原価企画

解答・解説 P.10-2

問1.

A		B	

問2.

［　　　］万円／個

Section
3 ライフサイクル・コスティング

問題 3 ライフサイクル・コスティング

解答・解説 P.10-3

問1.

顧客が負担するコストの総額 ［　　　　　］円

問2.

現在の顧客が許容できる製品Ｓの購入原価の上限 ［　　　　　］円

Memorandum Sheet

ネットスクール出版